Maréchal DE MOLTKE

QUESTIONS
DE
TACTIQUE APPLIQUÉE
TRAITÉES DE 1858 A 1882
AU GRAND ÉTAT-MAJOR ALLEMAND

THÈMES, SOLUTIONS ET CRITIQUES
DU MARÉCHAL

Publiés par la section historique du Grand État-Major allemand

Accompagnés de 27 cartes et de 11 croquis

TRADUIT DE L'ALLEMAND

Par le Capitaine RICHERT
PROFESSEUR A L'ÉCOLE SUPÉRIEURE DE GUERRE

PARIS
LIBRAIRIE MILITAIRE DE L. BAUDOIN
IMPRIMEUR-ÉDITEUR
30, Rue et Passage Dauphine, 30

1895

THÈMES TACTIQUES

SOLUTIONS ET CRITIQUES

DU

MARÉCHAL DE MOLTKE

PARIS. — IMPRIMERIE L. BAUDOIN, 2, RUE CHRISTINE.

Maréchal DE MOLTKE

QUESTIONS

DE

TACTIQUE APPLIQUÉE

TRAITÉES DE 1858 A 1882

AU GRAND ÉTAT-MAJOR ALLEMAND

THÈMES, SOLUTIONS ET CRITIQUES

DU MARÉCHAL

Publiés par la section historique du Grand État-Major allemand

Accompagnés de 27 cartes et de 11 croquis

TRADUIT DE L'ALLEMAND

Par le Capitaine RICHERT

PROFESSEUR A L'ÉCOLE SUPÉRIEURE DE GUERRE

PARIS

LIBRAIRIE MILITAIRE DE L. BAUDOIN

IMPRIMEUR-ÉDITEUR

30, Rue et Passage Dauphine, 30

1895

PRÉFACE

Pour répondre à un vœu maintes fois exprimé par l'armée, l'État-Major général s'est décidé à publier les *Thèmes tactiques*, que feu le général-feldmaréchal comte de Moltke a donné à traiter, de 1858 à 1882, en sa qualité de chef de l'État-Major général de l'armée. Nous y joignons les solutions, du moins toutes celles qu'on peut attribuer avec certitude au général de Moltke. Malheureusement il n'a pas été possible de retrouver quelques-unes d'entre elles. En revanche, nous avons pu donner, pour certains thèmes, non seulement la solution écrite du général, mais encore d'amples commentaires, ou bien la reproduction textuelle de sa critique verbale.

Il est évident qu'un certain nombre de thèmes et de solutions paraîtront aujourd'hui un peu surannés, si l'on se place au point de vue des idées qui ont maintenant cours, en matière de conduite des troupes. D'autres, au contraire, continuent à répondre à nos conceptions actuelles, et les solutions tactiques proposées seraient encore à peu près valables de nos jours.

Quoi qu'il en soit, thèmes et solutions seront toujours des modèles, en raison de leur clarté, et souvent, de leur simplicité étonnante, et dans leur manière originale, ils contiennent une foule d'enseignements et ouvrent bien des horizons.

TABLE DES ABRÉVIATIONS

RENCONTRÉES DANS LE TEXTE OU RELEVÉES SUR LES CARTES

B.................... Bach, *ruisseau.*
B..................... Berg, *montagne, hauteur.*
Bhf..................... Bahnhof, *gare.*
Brkgr..................... Braunkohlengrube, *mine de charbon.*
B. W. N°............. Bahn-Wärter N°, *maison de garde-barrière n°.*
Ch. H................. Chaussee-Haus, *maison du préposé d'un péage, péage.*
Ch. W................. Chaussee-Wärter, *maison de cantonnier.*
d. gr.................. der grosse, *le grand.*
Fab., Fb............... Fabrik, *fabrique.*
F. H.................. Förster-Haus, *maison forestière.*
Fl..................... Fluss, *rivière.*
Fl. Br................. Fliegende Brücke, *pont volant.*
F. P. M................ Friedens-Pulver-Magazin, *magasin à poudre de chasse.*
G., Gb.................. Gebirg, *montagnes, chaîne de montagnes, massif.*
Gr..................... Graben, *ru, fossé.*
Gr..................... Gross, *grand.*
Gr..................... Grube, *fosse, puits de descente, carrière.*
Gr..................... Grund, *bas-fond, fond.*
H...................... Höhe, *hauteur.*
Hgl.................... Hügel, *colline.*
Hsr.................... Häuser, *groupe de maisons, hameau.*
H. St.................. Halte-Stelle, *station.*
I...................... Insel, *île.*
Kap.................... Kapelle, *chapelle.*
K. F................... Kahn-Fähre, *bac.*
Kirchhf................ Kirchhof, *cimetière.*
Kl..................... Klein, *petit.*
K. P. M................ Kriegspulver-Magazin, *magasin à poudre de guerre.*
Kön.................... Königlich, *royal.*

K. O..................	Kalk-Ofen, *four à chaux.*
Kegr..................	Kiesgrube, *carrière de gravier.*
Ks. u. S. Gr..........	Kies- u. Sand-Grube, *carrière de gravier et de sable.*
Lgr...................	Lehmgrube, *carrière de glaise.*
L. M..................	Loh-Mühle, *tannerie.*
L. u. Mgl. Gr.........	Lehm- u. Mergel-Grube, *carrière de glaise et de marne.*
M.....................	Mühle, *moulin à eau.*
Ndr...................	Nieder, *bas.*
Ob., Obr..............	Ober, *supérieur, haut.*
Obst. Pl..............	Obst-Plantation, *verger.*
Ö. M.	Ölmühle, *moulin à huile.*
Pf....................	Pfuhl, *mare.*
Pl....................	Platz, *place.*
P. M..................	Papiermühle, *papéterie.*
Pv. M.................	Pulvermühle, *poudrerie.*
S.....................	See, *lac, étang.*
Schäf, Schf...........	Schäferei, *bergerie.*
Schl..................	Schleuse, *écluse.*
Schl..................	Schloss, *château.*
Sgr...................	Sandgrube, *carrière de sable.*
S. M..................	Säge-Mühle *scierie.*
St. Br................	Steinbruch, *carrière de pierre.*
T.....................	Teich, *étang.*
T. O..................	Teer-Ofen, *usine à goudron.*
U. F..................	Unter-Försterei, *maison de brigadier-forestier.*
Vw....................	Vorwerk, *ferme.*
W.....................	Wald, *forêt.*
Wein B................	Weinberg, *vignoble.*
W. F..................	Wagenfähre, *bac à traille.*
W. M..................	Walkmühle, *teinturerie, moulin à foulon.*
Wn....................	Wiesen, *prés.*
Z. Fb.................	Zucker-Fabrik, *sucrerie.*
Zgl...................	Ziegelei, *briqueterie, tuilerie.*

EXPLICATION

DE QUELQUES AUTRES TERMES TOPOGRAPHIQUES

Bruch.............. *bas-fond marécageux.*

Busch............... *bois, bouquet d'arbres, buisson.*

Damm............... *digue.*

Fähre............... *bac.*

Fliess............... *ru, petit canal, fossé.*

Forst............... *forêt domaniale, grande forêt.*

Furt................ *gué.*

Fuss................ *pied. Les cartes qui accompagnent le texte sont cotées soit en mètres, soit en pieds. Sur les cartes nos 1, 4, 11, 18, le pied (duodécimal) vaut 0m,37662, et sur celles nos 6, 7, 9, 15, 21, 23, 26, 27, le pied (décimal) vaut 0m,31385.* Les autres cartes sont cotées en mètres.

Heide............... *lande, bruyère.*

Luch................ *bas-fond marécageux* (**Prusse**).

Massstab............ *échelle. (Les cartes jointes au texte sont, en général, au $\frac{1}{100.000}$ de types différents. Il y en a également au $\frac{1}{80.000}$ et à une échelle plus grande.*

Meile............... *mille* (7,500 mètres environ).

Revier.............. *district forestier, verderie.*

Wasser.............. *cours d'eau.*

OBSERVATIONS

Il va de soi que les termes topographiques employés dans le texte n'ont pu être traduits, puisque ceux qui leur correspondent sur la carte ne l'ont pas été. L'article placé devant certains d'entre eux correspond exactement au genre du substantif allemand; ex.: *der* Fenn-Berg, *le* Fenn-Berg, etc. L'article neutre *das* a été traduit par *le*.

Le Traducteur.

PREMIÈRE PARTIE

THÈMES

THÈME 1 (1858)

(CARTE N° 1)

L'avant-garde (1) d'un corps d'armée venant du sud et marchant sur *Magdeburg* est arrivée à *Cöthen*, où elle apprend qu'un détachement tiré de la garnison de *Magdeburg* a été chargé de défendre la ligne de la *Saale*.

Des renseignements dignes de foi font connaître que *Bernburg* et le château sur la rive droite sont occupés par un bataillon, et que des préparatifs ont été faits pour faire sauter le pont de la *Saale*.

Le reste du détachement de *Magdeburg*, à l'effectif de 2 bataillons, d'un demi-escadron et de la batterie de sortie (8 pièces de 6 livres), se trouve en arrière de *Calbe*. Tous les bacs ont été amenés sur la rive opposée; le pont du chemin de fer en aval de *Calbe* est détruit.

Le commandant de l'avant-garde du corps du Sud demande à son chef d'état-major un projet d'opération indiquant :

1° Le point sur lequel devra être effectué le passage de la *Saale*, le lendemain;

2° Le rôle assigné dans cette opération aux divers éléments de l'avant-garde.

La *Saale* a, en moyenne, une largeur de 50 pas. Il n'y a pas de prés humides; les endiguements, qu'on trouve sur certains points, n'ont pas plus de 4 à 5 pieds de hauteur. Le temps est clair.

---

(1) *Composition de l'avant-garde du corps du Sud :*

3 bataillons d'infanterie (1er, 2e et bataillon de fusiliers).
1 batterie de 12 livres (à 8 pièces).
2 escadrons.
1 équipage de pont, avec son personnel de pionniers.

THÈME 2 (1858)

(CARTE N° 2 ET CROQUIS D'ENSEMBLE N° 1)

Une armée venant de l'est poursuit l'ennemi depuis *Coblenz*, dans la direction de *Trier* (Trèves).

A *Lützerath* elle apprend qu'une division venant de la Meuse arrive, par *Malmédy*, au secours de l'armée de l'Ouest; en conséquence, elle détache également une division au delà de *Gérolstein*, pour ne pas être gênée dans sa poursuite.

La division de l'Est est arrivée à *Büdesheim*, d'où elle a fait reconnaître l'ennemi arrêté derrière la *Prüm*. La forêt de *Tetenbusch* est occupée par l'adversaire. Trois bataillons et une batterie bivouaquent à l'extrémité sud de cette forêt. Trois autres bataillons, deux escadrons et une batterie s'étaient établis entre *Prüm* et *Nieder-Prüm*, sur les pentes orientales du *Calvarienberg* (mont du Calvaire). En outre, il y a une batterie à la sortie sud-ouest de *Prüm*.

Les habitants prétendent que les forces de l'ennemi se composent exactement de 12 bataillons, 8 escadrons, 5 batteries.

Celles de la division de l'Est comprennent :

12 bataillons, 12 escadrons, 6 batteries.

Dispositions à prendre pour attaquer l'ennemi, le lendemain, dans sa position derrière la *Prüm*.

THÈME 3 (1858)

(CARTE N° 3)

Une armée de l'Ouest doit être rassemblée à *Paderborn*. Pour couvrir ce rassemblement, ainsi que les nombreux magasins organisés à cet effet, un corps de troupes (1) s'est installé à l'est de la ville, le long de la *Landwehr*, et sous des abris improvisés.

L'avant-garde poussée en avant du côté de *Driburg*, rend compte que dans l'après-midi l'ennemi, fort de 20,000 hommes, a dépassé *Brakel* et s'est installé au bivouac à l'ouest de cette localité.

Un officier d'état-major est chargé de rechercher, entre *Paderborn* et *Driburg*, une position sur laquelle le corps de l'Ouest puisse attendre demain l'ennemi et accepter la bataille.

Tout en tenant compte du terrain choisi et des éventualités du combat du lendemain, il devra s'entendre avec le

---

(1) *Composition :*

Avant-garde..	1er régiment d'infanterie à 3 bataillons. 2 escadrons du 1er régiment de cavalerie. 1/2 batterie de 6 n° 1 (4 pièces).	18 bataillons. 12 escadrons. 5 batteries.
Gros........	3e, 4e, 5e, 6e régiments d'infanterie. 2 batteries de 6 nos 2 et 3 (à 8 pièces). 3e régiment de cavalerie.	
Réserve......	2e régiment d'infanterie. 2e régiment de cavalerie. 2 escadrons du 1er régiment. La batterie à cheval (à 8 pièces). 1 batterie de 12 (à 8 pièces). 1/2 batterie de 6 n° 1 (4 pièces).	

commandant de l'avant-garde pour assigner à celle-ci une position pour la nuit, et lui indiquer la direction à suivre, lorsqu'elle devra se replier sur le gros.

Cet officier traitera par écrit les questions à résoudre, et adressera son rapport au commandant du corps.

La répartition des troupes sur la position choisie devra être figurée sur un croquis, pour l'établissement duquel on se contentera de relever quelques points seulement sur la carte.

THÈME 4 (1858)

(CARTE N° 4 (1) ET CROQUIS D'ENSEMBLE N° 2)

Un corps de l'Ouest (2) a battu, dans les environs d'*Eisleben*, un corps de l'Est d'un effectif à peu près égal au sien, et ayant sa base d'opérations à *Leipzig*. Il se propose d'exécuter une poursuite des plus énergiques pour rendre sa victoire décisive.

A cet effet, son avant-garde est constituée au moyen de la 1re brigade d'infanterie et de la batterie de 12. De plus, elle est renforcée par 16 escadrons et une batterie à cheval.

---

(1) Le chemin de fer qui passe à Rohrlagge n'était pas encore construit en 1858, et il n'y avait pas de pont en cet endroit. (*Note du traducteur.*)

(2) *Composition du corps de l'Ouest :*

Avant-garde	1re brigade d'infanterie (6 bataillons). 1 bataillon de chasseurs. 1 batterie de 12 (à 8 pièces). 1 brigade de cavalerie (16 escadrons). La batterie à cheval (à 8 pièces).
Gros	2e division (3e et 4e brigades). 2 batteries de 6 (à 8 pièces). 1 régiment de cavalerie de la 2e brigade de cavalerie.
Réserve	2e brigade d'infanterie. 1 batterie de 6 (à 8 pièces). 2e brigade de cavalerie (3 régiments).
Réserve d'artillerie	7 batteries (à 8 pièces). 1 détachement de pionniers. L'équipage de pont. Colonnes de munitions et convois administratifs.

L'adversaire se retire par *Langenbogen* et *Schraplau*, sur *Halle* et *Merseburg*. Le gros de son infanterie, l'artillerie et les convois se retirent sur *Halle*. La majeure partie de sa cavalerie a pris la direction de *Merseburg*.

L'arrière-garde du corps de l'Est a résisté vigoureusement dans les fortes positions en avant de *Bennstedt* et derrière *Deutschenthal*, et ce n'est que vers le soir qu'on réussit à l'en déloger. Toutefois, l'arrière-garde se retirant par la route de *Halle* fait de nouveau front à *Nietleben*. Elle se maintient en position sur la *Dölauer Heide*, et l'on constate qu'une colonne d'infanterie revient sur ses pas et se porte de *Halle* sur *Passendorf*. Un très grand nombre de voitures stationnent encore sur la route, en deçà du long défilé de la *Saale*.

Comme l'adversaire fait bonne contenance et que la nuit tombe déjà, le commandant de l'avant-garde ordonne de ne pas dépasser, dans cette journée, la ligne *Zscherben — Linden-Berg*.

Pendant ce temps, le gros du corps de l'Ouest est arrivé tout entier à *Langenbogen*, où il bivouaque.

Le commandant du corps d'armée n'est pas satisfait des résultats obtenus par son avant-garde.

Il ordonne de faire suivre l'ennemi, qui se retire sur *Merseburg*, par un détachement de cavalerie qui se contentera de l'observer, et de concentrer tout le reste des forces contre le gros, qui bat en retraite sur *Halle*.

Il demande à son chef d'état-major :

1° Un projet ferme de l'opération à effectuer le lendemain, pour faire le plus de mal possible à l'ennemi, l'empêcher de s'arrêter derrière la *Saale*, et de se rallier derrière cette coupure pour tenir tête de nouveau ;

2° Un ordre rédigé dans le même sens et devant être adressé aux commandants des unités, pour assurer l'exécution de l'opération projetée. Le temps est clair et sec. Il commence à faire jour à 6 heures du matin.

THÈME 5 (1858)

(CARTE N° 5 ET CROQUIS D'ENSEMBLE N° 3)

Un corps de l'Est, à l'effectif d'un corps d'armée prussien mobilisé (1), part de *Posen* et s'avance vers l'*Oder* pour empêcher l'ennemi de franchir ce fleuve, ou du moins arrêter son offensive.

Le gros du corps de l'Est est arrivé le 12 mars au soir à *Drossen;* sa première division, forte de 12 bataillons, 8 escadrons, 1 batterie de 12, 1 de 6, marche sur *Frankfurt* (*Francfort*).

A *Zohlow*, le commandant de la 1re division est informé par sa pointe d'avant-garde, que les *Laudons-Berge* (hauteurs de *Laudon*) ont été trouvés occupés et mis en état de défense, que 6 bataillons avec un peu d'infanterie bivouaquent au sud de *Damm-Vorstadt* (faubourg de la digue), que l'on voit de gros rassemblements de troupes sur les hauteurs en arrière de la ville, et que des troupes ne cessent de défiler sur le pont (pour passer de la rive gauche sur la rive droite).

Ce rapport est parti à 4 heures du soir. Il fera encore jour pendant 2 heures. Le commandant de la division sait que le corps de l'Ouest est à peu près de la même force que le corps de l'Est, mais que la cavalerie du premier est un peu plus nombreuse que celle du second.

Quelle résolution prendra le commandant de la division en cette circonstance? Quelles dispositions adoptera-t-il pour la mettre à exécution?

---

(1) Il ressort des thèmes suivants et de leurs solutions que le corps de l'Est comprend 2 divisions d'infanterie (à 12 bataillons chacune), une division de cavalerie (24 escadrons) et une réserve d'artillerie (6 batteries).

THÈME 6 (1858)

(CARTE N° 5 ET CROQUIS D'ENSEMBLE N° 3)

CORPS DE L'OUEST.

1re division :	13 bataillons,	4 escadrons,	2 batteries.
2e —	12 —	4 —	2 —
1re division de cavalerie :		32 —	1 batterie.
Réserve d'artillerie............			6 batteries.
TOTAL.	25 bataillons	40 escadrons	11 batteries.

Le corps de l'Ouest, qui est maître des ponts de l'Oder à *Cüstrin*, *Frankfurt* et *Crossen*, s'est concentré à *Frankfurt* et a fait occuper par la 1re brigade les ouvrages de défense élevés sur les *Laudons-Berge* (les hauteurs de Laudon), à *Rothe Vorwerk* (ferme rouge) et à *Damm-Vorstadt* (faubourg de la digue); la 2e brigade reste en arrière en soutien.

Le 12, à midi, on apprend qu'une colonne ennemie arrive par *Drossen*. Le commandant du corps d'armée décide que, le soir même, la 2e division d'infanterie passerait sur la rive droite de l'Oder. La division de cavalerie et la réserve d'artillerie ne suivront ce mouvement que le 13 au matin, de façon que tout le corps d'armée réuni en arrière des *Laudons-Berge* soit prêt à se mettre en marche à 8 heures du matin.

Une reconnaissance ordonnée le 12 au soir a rejeté les pointes de l'ennemi, mais elle trouve le secteur de *Kunersdorf* occupé par de l'infanterie et de l'artillerie. La nuit, qui tombait déjà, empêche de tenter quoi que ce soit contre cette position.

Des nouvelles dignes de foi font connaître que le 12,

au matin, une division ennemie a quitté *Drossen* pour marcher sur *Frankfurt*, et que dans la soirée deux autres divisions (1) sont arrivées à *Drossen*.

Le corps de l'Ouest a pour mission de chercher la bataille, de couper le cas échéant l'ennemi de sa ligne de retraite par *Posen*, et de le rejeter dans le *Warthe-Bruch* (marécages de la *Wartha*).

Les reconnaissances faites précédemment ont démontré que le long du *Dreist-und Hauptgraben* les prés sont humides, et qu'on ne peut les traverser que sur de mauvais chemins. Les collines sablonneuses sont couvertes de hautes futaies de pins ; les chemins et même les percées qu'on y rencontre sont praticables aux voitures.

Rédiger l'ordre du corps d'armée pour la journée du 13.

Remarque. — Un seul et même ordre sera adressé aux trois divisions et au commandant de l'avant-garde. Il devra indiquer clairement les intentions du commandant du corps d'armée ; par contre, il ne devra rien contenir qui puisse être prescrit par les commandants des unités subordonnées, chargées de l'exécution.

De même qu'il ne faudra pas entrer dans des détails, on s'abstiendra de donner des motifs. S'il y avait cependant lieu de le faire on les mettrait en marge, ou bien on les donnerait séparément.

---

(1) La 2e division d'infanterie et la division de cavalerie du corps de l'Est.

THÈME 7 (1858)

(CARTE N° 5 ET CROQUIS D'ENSEMBLE N° 3)

CORPS DE L'EST.

Le corps de l'Est, chargé de couvrir le siège de *Posen*, n'ayant pas réussi à empêcher l'ennemi de franchir l'*Oder*, marche, le 13 à 6 heures du matin, sur *Zohlow* pour recueillir sa 1re division.

Il reçoit de cette division le rapport suivant :

Kunersdorf, 13 mars, à 11 heures du matin.

« Vers 10 heures du matin, le détachement couvrant mon flanc gauche a été attaqué par des forces supérieures en nombre, arrivant par le *Schwetiger Forstrevier*. Conformément aux instructions qu'il a reçues, il se retire lentement sur *Sorge*, où il devra opposer à l'ennemi la résistance la plus opiniâtre.

« A 10 heures passées, l'ennemi, à l'effectif d'une division, attaquait ma position de front. Il a fait ouvrir sur moi le feu de 24 pièces ; mais il ne montre pas encore son infanterie.

« A 10 h. 1/2, les têtes de colonne de l'ennemi, qui ont chassé ma flanc-garde, apparaissaient sur mon flanc gauche à la sortie du *Frankfurter Forst*. J'ai envoyé à leur rencontre 3 bataillons, 2 escadrons et 1 batterie tirés de la réserve, et les ai empêchées jusqu'à présent de déboucher.

« L'ennemi n'ayant, jusqu'à présent, montré nulle part de grosses masses de cavalerie, il est à supposer qu'elles se sont engagées dans le *Neuendorfer Forst* (1).

(1) *Königlicher Reppenscher Forst.*

« Pour ne pas me trouver dans une situation trop désavantageuse, j'ai donc résolu de battre en retraite.

« *Kunersdorf* sera livré aux flammes, le passage au sud sera défendu le plus longtemps possible par l'artillerie. L'arrière-garde prendra position dans la forêt. Si l'ennemi me serrait de trop près, je serais peut-être obligé de franchir le *Hühner-Fliess*, en aval de la route de *Drossen*, et de me retirer par le terrain accidenté du côté de *Bischofsee*. N. N. »

Le commandant du corps d'armée reçoit ce rapport à 11 h. 1/2 à *Zohlow*, où vient d'arriver la tête du gros.

Quelle résolution prendra-t-il?

THÈME 8 (1858)

(CARTE N° 6 ET CROQUIS D'ENSEMBLE N° 4)

Le 6e corps mobilisé se rassemble dans les environs de *Schweidnitz*. La 12e division d'infanterie, à laquelle on a affecté le 6e régiment de hussards, 1 batterie de 12 et 1 de 6 du 6e régiment d'artillerie, est dirigée sur le comté de *Glatz* pour couvrir l'armement des places de *Glatz*, *Silberberg*, *Neisse*, contre les tentatives d'un ennemi qui se rassemble à *Königgrätz*, en Bohême.

Des détachements ennemis établis à *Rothwasser*, *Nachod* et *Braunau*, empêchent de savoir ce qui se passe de l'autre côté de la crête des *Sudètes*, encore couverte de neige, et de ce fait impraticable. Mais il est hors de doute que l'adversaire, fort d'environ 16,000 hommes, se propose de pénétrer dans le *Comté* par une ou plusieurs des routes existantes. Le parcours entre *Braunau* et *Obersteine*, bien qu'il ne soit pas empierré, est cependant praticable aux voitures.

Par quels moyens le commandant de la 12e division résoudra-t-il sa tâche ? Où placera-t-il ses troupes à cet effet ?

THÈME 9 (1859)

(CARTE N° 7 ET CROQUIS D'ENSEMBLE N° 9)

Une division d'infanterie mobilisée, et renforcée par deux régiments de cavalerie, se porte sur *Werneuchen*, pour couvrir *Berlin* du côté de l'Oder.

Des renseignements dignes de foi font connaître que l'ennemi a passé aujourd'hui ce fleuve en deux colonnes, fortes de 10,000 hommes chacune, à *Freienwalde* et à *Wrietzen*.

La division s'est installée au bivouac à *Vorwerk Werftpfuhl* (ferme de *Werftpfuhl*). Les avant-postes sont établis de *Heidekrug* à *Freudenberg* par *Tiefensee*. On voit les feux de bivouac de l'ennemi derrière *Prötzel* et du côté de *Vorwerk Torgelow* (ferme de *Torgelow*).

De quelle façon le commandant de la division procédera-t-il en cette circonstance, pour couvrir le mieux possible la capitale ?

Ordre donné à cet effet.

THÈME 10 (1859)

(CARTE N° 8 ET CROQUIS D'ENSEMBLE N° 3)

Une division de l'Ouest : 12 bataillons, 12 escadrons, 1 batterie à cheval et 2 batteries de 6, avait été poussée jusqu'à *Storkow*, et elle se retire aujourd'hui sur *Senzig*, à l'approche de l'adversaire fort de 15 bataillons, 8 escadrons et 3 batteries. L'arrière-garde est restée à *Bindow;* pendant qu'il est encore en marche, le commandant de la division de l'Ouest est avisé que l'ennemi dirige une forte avant-garde sur *Bindow*, mais fait passer son gros par *Prieros;* il apprend en outre que deux bataillons et une batterie de 12, arrivés pour le renforcer, ont occupé le solide défilé de *Königs-Wusterhausen*.

Le commandant de la division prend la résolution de s'arrêter derrière une coupure favorable et de livrer bataille, s'il y est obligé, pour couvrir la capitale.

Les ponts de *Cöpenick* et de *Schmöckwitz* sont détruits. La dépression du *Fang-Graben* (1) et celle de la *Notte* ne peuvent être franchies que sur les routes existantes ; le reste des prairies est sec.

Quels ordres le commandant de la division donnera-t-il aujourd'hui même à son avant-garde ?

Quels sont les secteurs qu'occupera la division ? Où bivouaquera-t-elle ? Où se battra-t-elle, le cas échéant ?

---

(1) Déversoir de l'étang de *Zeesen* dans la *Dahme*.

THÈME 11 (1860)

(CARTE N° 9 ET CROQUIS D'ENSEMBLE N° 3)

Un corps de l'Est s'avance à marches forcées par *Cüstrin* et *Frankfurt*, afin d'arriver à *Berlin* avant qu'on y puisse rassembler des forces d'une certaine importance, pour protéger la ville.

Une division de l'Ouest : 13 bataillons, 8 escadrons, 3 batteries, a pris position entre *Vogelsdorf et Tasdorf* avec la mission de protéger la capitale. Le défilé de *Tasdorf* est retranché.

Le commandant de cette division apprend, le 1er juin, que, dans chacune des localités de *Müncheberg* et *Fürstenwalde*, on a requis les fournitures nécessaires à 10,000 hommes, qui doivent y arriver dans la soirée et s'y installer au bivouac.

Les reconnaissances envoyées dans ces deux directions rencontrent l'ennemi en force à *Heidekrug* et *Hinter-Heide* (entre *Kl.-Wall*, sur la *Löcknitz*, et *Alt-Mönchwinkel*, sur la *Sprée*).

Quels sont les projets du général commandant la division de l'Ouest pour la journée du 2 juin ?

THÈME 12 (1860)

(CARTE N° 9 ET CROQUIS D'ENSEMBLE N° 3)

Le 2 juin, de bon matin, la division de l'Ouest avait pris position en arrière de *Hertzfelde*, à l'abri des vues de l'ennemi. Son avant-garde n'empêcha pas l'ennemi de franchir le ruisseau de *Zinndorf*, et elle se retira derrière le *Biesel Berg*.

L'ennemi s'étant laissé entraîner à la poursuite, la division vint l'attaquer avec toutes ses forces et le rejeta derrière les défilés de *Heidekrug* et de *Liebenberg*, après lui avoir fait subir des pertes considérables. Toutefois, on vit dans l'après-midi des fractions ennemies marcher de *Mittel-Heide* sur *Kagel;* mais elles trouvèrent ce village déjà occupé. Dans la soirée, de fortes colonnes apparurent derrière la *Löcknitz*, à *Kienbaum*.

Pendant la nuit, l'ennemi est établi à *Heidekrug*, *Liebenberg* et *Kienbaum*. On y voit de nombreux feux de bivouac, ainsi qu'à *Hoppegarten*.

Quelle est la position occupée par la division de l'Ouest dans la soirée du 2, et quels sont ses projets pour la journée du 3 juin ?

THÈME 13 (1860)

(CARTE N° 9 ET CROQUIS D'ENSEMBLE N° 3)

La division a résolu de renoncer à l'offensive contre l'adversaire, supérieur en nombre depuis que les deux colonnes de ce dernier ont fait leur jonction ; mais elle se propose de continuer à l'observer le plus possible.

Un renfort de 2 bataillons et d'une batterie occupe, aujourd'hui 3 juin, les retranchements de *Tasdorf*.

L'avant-garde, ayant poussé de grand matin une pointe du côté des avant-postes de l'ennemi, est reçue vigoureusement par eux.

Cependant, vers 10 heures, *Kienbaum*, *Liebenberg*, et enfin *Heide-Krug* sont évacués.

Une fraction, qui a suivi l'ennemi sur la route de *Müncheberg*, rend compte que l'arrière-garde ennemie, en quittant *Hoppegarten*, a fait un crochet au nord dans la *Sieversdorfer Heide* et que *Neubodengrün* est occupé par l'ennemi.

La cavalerie ennemie, à *Eggersdorf*, empêche nos patrouilles de dépasser *Schönfeld*.

Un rapport, arrivé dans la soirée de *Wrietzen* (au sud de *Trébus*), fait connaître qu'un bataillon ennemi s'est montré de ce côté.

Quelles conclusions faut-il tirer de l'ensemble de ces renseignements ?

Quelles sont les nouvelles dispositions à prendre par la division ?

THÈME 14 (1861)

(CARTE N° 10 ET CROQUIS D'ENSEMBLE N° 5)

SITUATION GÉNÉRALE.

APPLICABLE ÉGALEMENT AUX DEUX THÈMES SUIVANTS.

Pendant que l'armée prussienne borde le Rhin, un corps ennemi débarqué à *Wollin* a investi *Alt-Damm* et a envoyé des troupes contre *Colberg* et *Greiffenberg*. Une division s'est avancée jusqu'à *Labes* pour couvrir le siège de *Stettin*, qu'on a l'intention de commencer dès qu'un second débarquement aura été effectué.

Une division prussienne s'est rassemblée à *Schneidemühl* et a marché sur *Falkenburg*.

THÈME.

Comme les événements qui viennent de se produire n'étaient pas prévus, le commandant de la division de l'Est manque d'instructions précises ; les mesures à prendre sont laissées entièrement à son initiative.

Colberg a sa garnison de guerre au complet et est approvisionné abondamment. *Stettin* est faiblement occupé, mais protégé provisoirement par sa situation sur la rive gauche de l'*Oder*.

On a reçu de *Greiffenberg* la nouvelle qu'il y a sur ce point : 2 bataillons, 1 escadron, 1/2 batterie restant dans l'expectative.

A *Alt-Damm*, il y a : 3 bataillons, 1 escadron, 1 batterie. Les forces de l'ennemi, à *Labes*, sont évaluées à :

9 bataillons, 2 escadrons, 2 batteries. Les avant-postes sont établis à *Woitzel* et à *Bonin*.

La division de l'Est compte : 13 bataillons, 4 escadrons, 3 batteries. Pour le moment, elle ne doit pas compter être renforcée.

A cause des prés humides qu'on rencontre jusqu'à *Dramburg*, la *Drage* ne peut être franchie que sur les chemins existants ; il en est de même du *Mühlen-Fliess* (ru du moulin) qui sort du *Dolgen-See* (1).

En aval de *Dramburg* (ville peu facile à défendre), il est possible de jeter un pont sur la *Drage*. Le ruisseau de l'*Ahlbach* est marécageux. A *Rosenfelde*, il y a une forte position qui fait face à l'est. *Labes* est peu propre à la défense ; mais il y a lieu de faire des préparatifs, si l'on veut franchir la *Rega*.

Comment le général commandant la division envisagera-t-il sa situation et quel but se proposera-t-il ? Quelles sont les fractions ennemies qu'il attaquera tout d'abord et quelle direction donnera-t-il à son attaque ?

Conformément aux résolutions arrêtées, il y aura lieu d'indiquer :

1° Où bivouaquera ce soir, 1er avril, la division rassemblée autour de *Falkenburg* et quels seront les emplacements de l'avant-garde et des avant-postes ;

2° Ordre de mouvement pour demain, 2 avril.

---

(1) Il s'agit ici du *Dolgen-See* entre *Dramburg* et *Schönwalde*, ainsi que du cours d'eau qui s'en échappe et se déverse au nord dans le *Mandelkow-See*.

THÈME 15

(CARTE N° 10 ET CROQUIS D'ENSEMBLE N° 5)

Le 2 avril, à midi, la division de l'Est a pris position à *Sarranzig*, jusqu'à ce qu'elle ait été renseignée par son avant-garde, au *Dolgen-See*, sur les mesures adoptées par l'ennemi.

La cavalerie de l'avant-garde trouva *Woitzel* et *Bonin* évacués par l'ennemi, et *Labes* faiblement occupé. On apprit que, dans la matinée, l'ennemi s'était retiré de bonne heure par la route de *Wangerin*.

Un détachement qui couvrait le flanc gauche de l'avant-garde rencontra à la ferme de *Louisenhof*, près du *Sabitz-See*, de l'infanterie ennemie qui se retira. Une batterie ennemie ouvrit le feu pour la recueillir derrière le pont de *Rosenfelde*.

Disposition pour le 2 et ordre pour la journée du 3 avril.

THÈME 16 (1861)

(CARTE N° 10 ET CROQUIS D'ENSEMBLE N° 5)

Le 3 avril, l'avant-garde attaqua la position de *Rosenfelde*, mais seulement dans l'intention d'y maintenir l'ennemi ; elle y réussit du reste.

Pendant ce temps, le gros de la division marcha avec l'artillerie sur *Schönwalde ;* la cavalerie, se défilant sous bois, se porta sur *Bonin* par *Aalkist*, chassa sans coup férir les postes de l'ennemi à *Lessentiner Mühle* et occupa le pont en cet endroit, ainsi que celui sur lequel passe la route.

Bivouac dans la *Boniner Heide* (bruyères de *Bonin*) (1) sans feux de bivouac. *Labes* et *Vorwerk Kotentow* (ferme de *Kotentow*) sont observés.

Une fois la nuit venue, l'avant-garde rentra à *Kotentow ; Rosenfelder Mühle* et *Vorwerk Louisenhof* ne sont plus observés que par de la cavalerie.

Le 4, la division est sur le point de marcher à l'attaque par la route de *Wangerin* et celle de *Klaushagen*, quand la fraction, faisant face à *Labes*, est tout à coup attaquée vivement et canonnée ; elle est rejetée par l'infanterie ennemie, supérieure en nombre, et poursuivie par la cavalerie jusqu'au ruisseau de *Heide-Bach*.

Comment interpréter cette attaque et quelles sont les résolutions à prendre ce jour-là ?

---

(1) *Vor-Heide.*

THÈME 17 (1862)

(CARTE N° 11 ET CROQUIS D'ENSEMBLE N° 2)

Une armée du Sud, rassemblée entre *Gera* et *Altenburg*, a poussé une division (1) sur *Weissenfels*, à la rencontre d'une armée du Nord qu'on s'attend à voir arriver par *Querfurt* et *Artern*.

La division du Sud s'est arrêtée le 1er juin, au soir, à *Dippelsdorf*. Son avant-garde rencontre déjà à *Weissenfels* la pointe de l'ennemi ; elle l'en chasse et occupe le pont de la route et celui du chemin de fer.

Il en résulte un combat, à la suite duquel l'adversaire prend les armes pour repousser éventuellement une attaque. De la rive droite, qui est escarpée, on distingue une batterie de 16 pièces qui prend position à l'ouest de *Kaffeehaus* et l'on compte 10 bataillons, 4 escadrons et 16 autres pièces occupant le terrain découvert entre *Markwerben* et *Burgwerben*. Il n'est pas possible de recon-

---

(1) *Composition de la division du Sud :*

Avant-garde....	4e régiment d'infanterie (à 3 bataillons). 1 escadron de uhlans. 1 batterie montée de 6 (à 8 pièces).
Gros..........	3 régiments d'infanterie (1er, 2e, 3e). 1 bataillon de chasseurs à pied. 1 détachement de pionniers. 1 régiment de uhlans (moins 1 escadron). 1 régiment de hussards. 1 batterie de 12 } à 8 pièces. 1 batterie à cheval } à 8 pièces. 1 batterie de canons rayés } à 8 pièces.

naître les autres forces placées dans ces deux villages ou plus en arrière.

En réponse à son compte rendu de la situation, le commandant de la division reçoit l'ordre de tenir à *Weissenfels*, et de s'assurer si l'armée principale de l'ennemi suit la division poussée sur *Weissenfels*, ou si elle se dirige sur un autre point de la *Saale*.

Les prés le long de la *Saale* étant inondés pour le moment, il n'y a pas lieu d'admettre qu'on puisse jeter des ponts sur la rivière. Par contre, aucun des ponts fixes de la *Saale* n'a été détruit, et ils sont praticables aux troupes de toutes armes.

Quelles dispositions prendra le commandant de la division pour le 2 juin ?

THÈME 18 (1862)

(CARTE N° 11 ET CROQUIS D'ENSEMBLE N° 2)

La division du Sud est restée le 2 juin à *Dippelsdorf*. L'avant-garde, renforcée par une demi-batterie de 12, est avisée qu'elle devra repousser toute attaque dirigée contre le défilé de *Weissenfels*, qu'il est difficile de forcer.

Dans le but de faire une reconnaissance,

le 3e régiment d'infanterie,
2 compagnies de chasseurs,
1 compagnie de pionniers,
6 escadrons et une demi-batterie à cheval

passent, sur la rive gauche de la Saale, par *Plotha* et le pont du chemin de fer en amont d'*Eulau*.

Arrivé à destination, ce détachement envoya 1 bataillon à *Nackte-Henne* (1/4 de mille au nord de *Naumburg*) (1). Un bataillon se porta sur *Goseck* par *Eulau*. Le reste de l'infanterie et des chasseurs, avec deux pièces, occupa la forêt à l'ouest de *Goseck* et le saillant du bois, au sud de *Dobichau*. A 10 heures du matin, la cavalerie, avec deux pièces, déboucha au trot entre ces deux points d'appui, tourna *Marckröhlitz* et s'avança jusqu'à *Luftschiff*. Bien qu'elle eût des vues très étendues, elle ne put pas découvrir l'ennemi.

Des reconnaissances, composées chacune d'un officier et de quelques cavaliers bien montés, poussèrent des pointes jusqu'à *Zeuchfeld*, *Gröst* et *Lunstädt*.

(1) Point où la route de Freiburg rencontre la Saale.

Le détachement de *Nackte-Henne* envoya des patrouilles jusqu'à *Freiburg ;* mais on ne rencontra l'ennemi nulle part.

A 9 heures du matin, l'adversaire avait envoyé sur *Weissenfels* une reconnaissance qui fut canonnée par la batterie de 12 établie à *Trompete.* Inquiété sur son flanc droit, à *Uechteritz*, par les troupes de *Goseck*, il renonça aussitôt à l'attaque, mais continua à tenir le débouché de *Weissenfels* sous le feu efficace d'une batterie enterrée, établie sur les rebords de la vallée, à l'est de *Marckwerben.* A midi, il occupa *Uechteritz* et envoya de la cavalerie et de l'artillerie sur *Obschütz*, ce qui détermina la cavalerie de la division du Sud à se replier sur son infanterie.

A *Dürrenberg* et à *Merseburg*, nulle trace de l'ennemi. Les derniers rapports, arrivés à 6 heures du soir, ne signalent rien de nouveau.

L'armée du Sud s'est avancée aujourd'hui jusqu'à la *Rippach*, entre *Teuchern* et *Mölsen.* Elle projette de continuer sa marche par *Weissenfels.*

Le général en chef demande :

1° A être renseigné brièvement sur la conclusion, qu'on peut tirer des résultats négatifs donnés par la reconnaissance, en ce qui touche la marche de la principale armée ennemie ;

2° Des propositions au sujet des mesures à prendre par la division du Sud, pour faciliter et assurer le débouché de l'armée principale par *Weissenfels.*

THÈME 19 (1862)

(CARTE N° 11 ET CROQUIS D'ENSEMBLE N° 2)

L'armée du Nord s'était fait précéder, à deux journées de marche, par une avant-garde forte d'une division (1), chargée de s'assurer du passage de la Saale à *Weissenfels*. L'ennemi l'y avait prévenue grâce à une avance de quelques heures seulement.

La division du Nord se contenta, le 2 juin, d'empêcher l'ennemi de franchir le défilé; mais elle se vit menacée sur son flanc droit.

Si cette attaque avait été exécutée avec des forces suffisantes, la division aurait dû nécessairement abandonner sa position devant *Weissenfels;* mais, presque partout, l'ennemi ne montrait que de la cavalerie et se retirait devant celle de la division du Nord.

Dans la soirée, l'armée principale arrive sur le tard en arrière de *Mücheln*.

Le général en chef ne demande pas mieux que l'ennemi franchisse la Saale. Il désire accepter la bataille sur une position à *Pettstädt*, ayant son aile gauche vers *Lunstädt*, son aile droite au sud de *Bornthal*. En l'y attaquant, l'adversaire est adossé à des défilés.

La division du Nord doit procurer à l'armée le temps nécessaire pour occuper, sans se presser, la position désignée, après que les troupes auront fait la soupe.

Comment la division du Nord remplira-t-elle sa tâche dans la journée du 3 juin?

---

(1) *Composition de la division du Nord:*

15 bataillons. — 8 escadrons. — 4 batteries.

THÈME 20 (1862)

(CARTE N° 11 ET CROQUIS D'ENSEMBLE N° 2)

La division du Nord avait fait occuper *Markwerben* par 2 bataillons, *Uechteritz* par 1 bataillon, et avait laissé devant *Weissenfels* 1 batterie à cheval avec un soutien de 2 escadrons.

A *Marckröhlitz* il y avait 1 bataillon ; en arrière de cette localité il y avait 2 bataillons, 2 escadrons et 1 batterie placés en réserve.

Le reste de la division, 9 bataillons, 4 escadrons, 2 batteries, était rassemblé dans le *Brosig-Grund*, à l'abri des vues de l'ennemi.

Le 3 juin, à 6 heures du matin, l'artillerie ennemie, établie sur les hauteurs au nord de *Weissenfels*, ouvrit vivement le feu. A 9 heures du matin, une batterie rayée, installée à *Beutitz*, obligea la batterie à cheval de la division du Nord à se retirer ; aussitôt après, l'infanterie du sud déboucha du pont. La batterie à cheval prit de nouveau position au chemin creux conduisant à *Tagewerben*, et son feu efficace arrêta l'offensive de l'adversaire, jusqu'à ce que celui-ci eût également amené de l'artillerie. Elle rallia alors le détachement de *Markwerben*, et une brigade ennemie se déploya entre *Burgwerben* et *Kaffeehaus*.

Sur l'aile droite, une brigade d'infanterie ennemie avec de la cavalerie et de l'artillerie arrivant par la route de *Naumburg* ou débouchant de la forêt de *Goseck*, s'était avancée à 9 heures du matin contre *Marckröhlitz*.

Son artillerie se mit à canonner le village.

En même temps, trois bataillons marchaient de *Lobitsch* sur *Uechteritz;* mais ils furent obligés de s'arrêter, étant attaqués sur leur flanc gauche par de l'infanterie sortie du *Brosig-Grund.*

Sur ces entrefaites, *Markwerben* était tombé aux mains de l'ennemi et sa garnison se retirait sur *Storkau* et *Obschütz. Uechteritz* fut ensuite évacué de plein gré.

Le combat violent livré autour de *Marckröhlitz*, énergiquement défendu par la division du Nord, durait encore quand on vit, vers midi, les têtes de colonnes de l'armée du Nord arriver sur les hauteurs de *Pettstädt.* L'ennemi ne dépassa pas *Markwerben* et cessa le combat devant *Marckröhlitz.*

Il n'y eut pas de nouvelles attaques dans le courant de la journée.

Une forte reconnaissance trouva, au soir, *Goseck, Dobichau* et *Pödelist* occupés et y rencontra une résistance opiniâtre.

Que conclure de tous ces faits au sujet des intentions de l'armée du Sud, arrivée la veille sur la *Rippach* et sachant que l'armée du Nord doit encore recevoir des renforts ?

THÈME 21 (1863)

(CARTE N° 9 ET CROQUIS D'ENSEMBLE N° 3)

Une armée de l'Est marche vers l'*Oder* pour se porter sur *Berlin* par *Frankfurt*.

Le corps d'armée de tête part le 1er mars de *Drossen* et parait devant *Cüstrin*. Il occupe en même temps *Frankfurt* avec la 1re brigade mixte composée de 7 bataillons, 8 escadrons, 1 batterie rayée de 6 et 1 batterie à cheval de 6.

A la nouvelle, qu'une division partie de Berlin à l'effectif de 10,000 à 12,000 hommes était, d'après les bruits qui couraient, déjà en marche vers l'*Oder*, la 2e brigade, forte de 6 bataillons, 4 escadrons, 2 batteries de 12, franchit également l'Oder, le 2 mars, un peu en amont de *Cüstrin*.

Le commandant de la division, à *Frankfurt*, reçoit l'ordre de laisser un bataillon sur place, de s'avancer aussitôt avec la 1re brigade sur la route de *Berlin*, pour surveiller les opérations de l'adversaire, de faire sa jonction au point voulu avec la 2e brigade venant de *Cüstrin*, d'assurer en tout cas le débouché ultérieur de l'armée par *Frankfurt* et, si c'était possible, de chasser l'ennemi, pour que l'armée ne rencontre aucun obstacle dans sa marche sur *Berlin*.

En conséquence, la 1re brigade s'est avancée le 3 mars jusqu'à la hauteur de *Heinersdorf* et a poussé son avant-garde forte de 2 bataillons, 4 escadrons, 2 pièces (de la batterie à cheval) sur *Münchèberg*.

La pointe de la 2e brigade est arrivée à *Diedersdorf*, son gros s'est arrêté à *Seelow*.

Pendant la marche même, le général de division apprend que l'ennemi a atteint aujourd'hui *Hoppegarten*, et que le gros de ses troupes bivouaque à peu de distance en arrière de cette localité.

TRAVAIL A EXÉCUTER.

1° Quelles sont les résolutions du commandant de la division de l'Est pour la journée du 4 mars ?

2° Quels ordres donnera-t-il en conséquence :

a) à la 2e brigade pour la journée de demain ;

b) à l'avant-garde qui se trouve encore en marche sur *Müncheberg*, pour aujourd'hui et demain ?

THÈME 22 (1863)

(CARTES Nos 9 ET 12 ET CROQUIS D'ENSEMBLE No 3)

Le commandant de la division de l'Est a rappelé son avant-garde, avant qu'elle ait été attaquée. Il veut s'opposer à *Heinersdorf* à la marche de l'ennemi sur *Frankfurt*.

La 2e brigade reçoit l'ordre de se diriger par *Diedersdorf* sur *Marxdorf*, où elle recevra de nouveaux ordres.

A 9 heures, cette brigade a pris une formation de rassemblement entre *Marxdorf* et le *Krumme-See;* son régiment de cavalerie s'est placé hors des vues de l'ennemi, à la lisière ouest de la *Behlendorfer Heide*.

Si la marche de l'ennemi, observée par la cavalerie de l'avant-garde et visible de loin, s'effectue par la route de *Müncheberg*, la 2e brigade prendra l'offensive par *Behlendorf* et tombera sur le flanc gauche de l'ennemi, quand il produira son attaque.

Si, par contre, l'ennemi s'avance par *Tempelberg*, la brigade longera le *Heinersdorfer See* au sud et viendra occuper la position défensive, tenue jusqu'alors par la 1re brigade seulement.

Il y a donc lieu de chercher tout d'abord près de *Heinersdorf* une position où la 1re brigade puisse résister à une première attaque.

En occupant les points les plus importants du terrain, il y aura lieu de tenir compte de la possibilité d'une entrée en ligne de la 2e brigade.

TRAVAIL A EXÉCUTER.

1° Délimiter sur la carte la position choisie.

Marquer les emplacements des diverses fractions de la

1re brigade, en supposant qu'on s'attende à être attaqué à bref délai, sans connaître cependant la direction suivie par l'ennemi.

2° Indiquer les emplacements assignés aux fractions de la 2e brigade (en se servant d'une autre couleur ou d'un crayon différent), en supposant que l'attaque de l'ennemi soit prononcée par *Tempelberg* et que la 2e brigade soit entrée en ligne.

THÈME 23 (1863)

(CARTE N° 9 ET CROQUIS D'ENSEMBLE N° 3)

La division de l'Ouest est chargée de rejeter au delà de l'Oder l'ennemi, qui s'est avancé par *Frankfurt*. Elle doit s'emparer du pont de *Frankfurt*, que les corps les plus avancés de l'armée de l'Est ne peuvent pas atteindre avant 4 ou 5 jours.

La division avait laissé aux défilés retranchés de *Tasdorf* et d'*Erkner* les troupes nécessaires pour les tenir solidement, et s'était portée au delà du *Rothe Luch* avec les 9 bataillons, 8 escadrons, 4 batteries restant disponibles.

Sur ces entrefaites, on apprit qu'une deuxième troupe ennemie avait franchi l'*Oder* à *Cüstrin*. On ignorait la force et le plus ou moins de proximité de cette troupe. Il ne parut donc pas prudent d'attaquer immédiatement l'ennemi posté à *Heinersdorf*.

Le 4 mars, la division n'avait envoyé de ce côté que de la cavalerie. Elle-même s'était portée sur *Müncheberg* et avait poussé ses reconnaissances au delà de *Jahnsfelde*. On reconnut alors que les deux colonnes ennemies, à l'effectif d'environ 14,000 hommes, étaient déjà concentrées entre *Marxdorf* et *Heinersdorf*.

Jusqu'au soir des fractions d'une certaine importance n'ont pas franchi cette ligne.

Pour renforcer la division de l'Ouest, une brigade, forte de 6 bataillons, 8 escadrons, 1 batterie, a été envoyée par chemin de fer de *Stettin* sur *Eberwalde*. Elle arrivera demain, 5 mars au soir, à *Tiefensee* (4 milles 1/2 en arrière de *Müncheberg*).

TRAVAIL A EXÉCUTER.

1. Comment le général commandant la division compte-t-il opérer dans la suite?

2. Quel sera l'emplacement occupé par la division le 4 mars au soir?

3. Quels ordres le commandant de la division adressera-t-il :

a) à la division pour le 5 mars;

b) à la brigade de *Tiefensee* pour le 6 mars?

THÈME 24 (1863)

(CARTE Nº 9 ET CROQUIS D'ENSEMBLE Nº 3)

La division de l'Ouest a quitté, le 5 mars, *Müncheberg* et est revenue en arrière, en contournant le *Rothe Luch* par le nord.

Favorisée par une série de défilés, l'arrière-garde a retardé pendant toute la journée la marche de l'ennemi, et c'est seulement au soir qu'elle est expulsée de *Wüstensieversdorf*.

La brigade de *Stettin* fait savoir que demain, 6 mars à 10 heures du matin, elle se trouvera infailliblement derrière *Klosterdorf*, prête à se porter en ligne.

Jusqu'à cette heure-là, la division résistera demain, sur un point convenablement choisi, à l'ennemi supérieur en nombre ; mais dès que ses renforts arriveront, elle prendra immédiatement l'offensive.

Il y a lieu d'admettre que l'adversaire ignore l'envoi de la brigade de *Stettin*, et le commandant de la division compte sur la subite entrée en ligne de cette brigade, qui devra intervenir, si c'est possible, au moment où l'ennemi aura déjà engagé le combat.

Où bivouaquera dans ces conditions la division, où bivouaquera son arrière-garde dans la nuit du 5 au 6 mars ?

Les raisons qui détermineront le choix des emplacements devront être motivées par les projets possibles ou probables attribués à l'ennemi.

THÈME 25 (1864)

(CARTE N° 13 ET CROQUIS D'ENSEMBLE N° 1)

SITUATION GÉNÉRALE

ÉGALEMENT APPLICABLE AUX TROIS THÈMES SUIVANTS.

La 16ᵉ division d'infanterie a pris position à *Sirzenich*, près de *Trier*. Elle doit défendre la ligne de la Moselle pour donner à des renforts, venant de *Cöln* et de *Coblentz*, le temps d'arriver.

Un corps ennemi a investi *Saarlouis*, le 1ᵉʳ avril, et il dispose encore de 20,000 hommes.

Si ce corps marche directement sur *Trier* ou s'il se dirige sur *Echternach* à l'ouest, la division attendra son attaque derrière la *Moselle* ou la *Sauer*, où le terrain compense largement la supériorité de l'adversaire. Si, par contre, le corps prend plus à l'est, s'il se dirige, par exemple, vers le cours inférieur de la Moselle, la division ne pourra pas rester à *Trier*. Pour atteindre, par exemple, *Berncastel*, l'ennemi devra faire quatre étapes, tandis que la division en fera seulement deux; mais, pour se mettre en route au moment opportun, il faut qu'elle ait des renseignements certains sur les mouvements de l'adversaire.

C'est pourquoi la 16ᵉ division a occupé en avant de sa position *Waserbillig*, *Conz* et *Schweich*. Une avant-garde placée à *Pellingen* observe *Saarburg* et *Niederzerf*. En outre, un détachement devant opérer isolément et composé des 1ᵉʳ et 2ᵉ bataillons du 40ᵉ régiment de fusiliers, des 1ᵉʳ et 2ᵉ escadrons du 9ᵉ régiment de hussards et de 4 pièces de 6 est envoyé sur *Nonnweiler*. Il aura toute initiative et agira suivant les circonstances, pour se procurer des renseignements sur les mouvements que l'ennemi peut exécuter sur la rive droite de la Moselle.

TRAVAIL A EXÉCUTER.

Dans sa marche sur *Nonnweiler*, le détachement est arrivé le 2 avril à midi vers *Hermeskeil*. Il s'arrête derrière le *Dörrenbach* pour faire la soupe. Deux compagnies occupent *Hermeskeil*; des patrouilles de cavalerie sont envoyées sur *Nonnweiler* par la route.

Lorsqu'à 4 heures du soir le détachement se remet en route, les patrouilles reviennent à *Hermeskeil* poursuivies par un escadron ennemi. Bientôt après, on voit de l'infanterie sur la lisière du bois au sud de la localité. Trois bataillons s'y établissent, et une batterie prend position à côté de la route.

Ce déploiement dure un quart d'heure.

Quelle résolution a été prise dans l'intervalle par le commandant du détachement?

Que pense-t-il faire dans la suite pour continuer à remplir sa mission?

THÈME 26 (1864)

(CARTE N° 13 ET CROQUIS D'ENSEMBLE N° 1)

A l'apparition de l'ennemi arrivant par *Nonnweiler*, le détachement a pris position à cheval sur la route de *Thalfang*, et, comme l'adversaire s'est contenté d'envoyer seulement sa pointe jusqu'à *Kolonie Thiergarten*, le détachement s'est arrêté derrière le ruisseau de *Thron-Bach*.

Quel emplacement choisira-t-il pour la nuit du 2 au 3 avril, et quelles sont les mesures de sûreté qu'il adoptera ?

Que faudra-t-il faire si l'ennemi attaque demain ? Que faire s'il ne poursuit pas sa marche dans la même direction ?

THÈME 27 (1864)

(CARTE N° 13 ET CROQUIS D'ENSEMBLE N° 1)

Le 3 avril, à 11 heures du matin, les mêmes troupes qui se sont montrées hier devant *Hermeskeil* paraissent sur la hauteur en avant de *Malborn*.

Un détachement, envoyé sur *Hüttgeswasen* par *Büsch*, y a surpris une patrouille ennemie. Les prisonniers qu'il a faits appartenaient à une colonne composée de troupes de toutes armes, qui doit entrer aujourd'hui à *Birkenfeld*.

Des renseignements fournis par des habitants du pays confirment que plusieurs milliers d'hommes sont aujourd'hui annoncés à *Birkenfeld*.

De *Trier* on fait savoir au détachement que les postes de *Wasserbillig*, *Conz*, *Pellingen* et *Schweich* n'ont pas été attaqués jusqu'ici.

Comment le chef de détachement comprendra-t-il la situation générale?

Dans quelle direction l'ennemi va-t-il se porter en avant? Où sont aujourd'hui ses forces?

Quelle conduite le détachement tiendra-t-il aujourd'hui?

THÈME 28 (1864)

(CARTE N° 13 ET CROQUIS D'ENSEMBLE N° 1)

La division ayant reçu les renseignements envoyés par le détachement, peut-elle arriver assez à temps sur la Moselle inférieure pour la défendre ?

Peut-elle franchir la Moselle inférieure pour prendre l'offensive ?

THÈME 29 (1865)

(CARTE N° 14 ET CROQUIS D'ENSEMBLE N° 3)

Une armée de l'Ouest assiège *Magdeburg*, dont elle couvre l'investissement au moyen d'une division (1) qu'elle détache le 1er juin sur la rive droite de l'Elbe, et qu'elle pousse jusqu'à *Ziesar*.

On sait qu'à *Berlin* 12,000 à 13,000 hommes sont disponibles et qu'ils y étaient encore le 1er juin. Un autre corps de 3,000 hommes avait déjà quitté *Potsdam* et s'était porté vers l'ouest.

Le chemin de fer de *Berlin* à *Brandeburg* ne peut être utilisé à cause d'événements antérieurs.

Le 1er juin au soir, à l'arrivée de la division de l'Ouest à *Glieneke*, à l'est de *Ziesar*, les fractions envoyées en reconnaissance rendent compte de *Zitz* et de *Rogäsen* que des patrouilles de cavalerie ennemie se sont retirées par *Warchau* et *Wusterwitz*. Un rapport, daté de *Wenzlow*, fait connaître qu'à *Grüningen* on a rencontré des postes d'infanterie.

Une patrouille de cavalerie, envoyée sur *Golzow*, n'a pas rencontré l'ennemi.

Quelle conclusion tirer de ces renseignements, au sujet de la position et des intentions de l'ennemi ?

---

(1) *Composition de la division de l'Ouest :*

1re brigade (1er et 2e régiments à 3 bataillons).
2e brigade (3e et 4e régiments à 3 bataillons).
2 régiments de cavalerie (1 de dragons, 1 de hussards).
3 batteries d'artillerie à 6 pièces.

Quels sont les moyens les plus judicieux à employer par la division de l'Est, pour rejeter celle de l'Ouest, plus faible qu'elle, et rompre l'investissement de *Magdeburg?*

Que compte faire la division de l'Ouest pour déjouer les projets de celle de l'Est?

Ordre de mouvement de la division de l'Ouest pour le 2 juin.

THÈME 30 (1865)

(CARTE N° 14 ET CROQUIS D'ENSEMBLE N° 3)

La division de l'Est (1) est partie le 2 juin de *Berlin* pour *Potsdam.*

Son avant-garde, qui l'a précédée à *Brandeburg*, s'est soustraite à une attaque dessinée par des forces supérieures du côté de *Rietz*, en se retirant derrière la *Havel*. Elle occupe l'*Altstadt* (le vieux *Brandeburg*), et fait garder le passage de *Plaue* par un détachement placé au débouché.

L'ennemi a allumé de nombreux feux de bivouac à *Rotscherlinde*.

La pluie a rendu les prairies impraticables.

Par quelle opération la division de l'Est pense-t-elle rompre l'investissement de *Magdeburg* sur la rive droite de l'Elbe ?

Ordre de mouvement pour le 3 juin.

---

(1) *Composition de la division de l'Est :*

Avant-garde à Brandeburg..
- 1 bataillon de chasseurs.
- 2 bataillons de fusiliers.
- 2 escadrons de hussards.
- 2/3 de la batterie n° 1 (4 pièces).

Gros à Potsdam.
- 1re brigade.
  - 1er régiment (à 2 bataillons).
  - 2e régiment (à 3 bataillons).
- 2e brigade.
  - 3e régiment (à 2 bataillons).
  - 4e régiment (à 3 bataillons).
- 1 régiment de dragons.
- 1/2 régiment de hussards.
- 3 batteries 1/3.

THÈME 31 (1865)

(CARTE N° 14 ET CROQUIS D'ENSEMBLE N° 3)

Le 2 juin au soir, après que l'avant-garde ennemie eut été rejetée sur la rive droite de la *Havel* par *Brandenburg*, le gros de la division de l'Ouest s'est arrêté du côté de *Rotscherlinde*, et s'est mis au bivouac. L'*Altstadt* de *Brandeburg* (le vieux *Brandeburg*) est toujours occupé par l'ennemi; un détachement est en position devant *Plaue*; en ces deux points les ponts sont détruits. Le reste de la division de l'Est est, dit-on, arrivé à *Potsdam* et aux alentours de la ville.

Les travaux du siège de *Magdeburg* sont tellement avancés, qu'il faut empêcher l'ennemi de venir les troubler. Il n'y a pas lieu d'espérer que la division de l'Ouest puisse pour le moment être renforcée. Elle devra s'opposer à l'ennemi là où elle rencontrera le plus de facilités.

Le général commandant la division de l'Ouest prend la résolution de livrer combat du côté de *Lehnin*.

Comment répartira-t-il ses forces à cet effet?

Il y a lieu d'indiquer particulièrement les emplacements des troupes, qui restent disponibles pour le combat projeté.

THÈME 32 (1866)

(CARTE N° 15 ET CROQUIS D'ENSEMBLE N° 3)

Un corps du Sud a investi la tête de pont de *Torgau* et a rejeté la division du Nord, qui avait pris position à *Herzberg*; il envoie un détachement sur *Wittenberg* et poursuit avec le reste (1) de ses forces l'ennemi en retraite sur *Berlin*.

Le 1er juin, le corps arrive du côté de *Zossen* et à l'est de cette localité. Son avant-garde a enlevé *Gr.-Machnow* et a fait occuper par un détachement le point de passage, à *Mittenwalde*.

L'arrière-garde de l'ennemi a rétrogradé de *Gr.-Machnow* sur *Kl.-Kienitz*. De grands feux de bivouac autour

---

(1) *Corps du Sud :*

Avant-garde.	1er régiment d'infanterie. 1/2 régiment de cavalerie (n° 1). 1re batterie de 6 (à 8 pièces).
Gros........	3e régiment d'infanterie. 4e régiment d'infanterie. 1/2 régiment de cavalerie (n° 1). 2e batterie de 6 (à 8 pièces). 1re batterie de 12 (à 8 pièces).
Réserve.....	2e régiment d'infanterie. 5e régiment d'infanterie. 2e, 3e, 4e régiments de cavalerie. 3e batterie de 6. La batterie d'obusiers. 2e batterie de 12.

Total : 15 bataillons, 16 escadrons, 6 batteries (18,000 hommes, 48 pièces).

de *Dahlewitz* et de *Gr.-Kienitz*, permettent de conclure que son gros y bivouaque.

La force de l'adversaire est connue (1). On sait que le 35e régiment d'infanterie, qui fait partie de la division, a quitté ses garnisons du temps de paix pour aller à *Berlin*, et que pour le moment on n'y dispose pas d'autres troupes.

Dans ces conditions, le corps du Sud a été chargé de s'emparer de la capitale de l'ennemi.

TRAVAIL A EXÉCUTER.

Ordre de mouvement du corps du Sud pour la journée du 2 juin. — Donner séparément les raisons qui auront motivé l'ordre.

---

(1) *Division du Nord :*

24e régiment d'infanterie.
64e —
60e —
11e régiment de uhlans.
6e régiment de cuirassiers.
3e régiment de hussards.
1re batterie à cheval.
1re batterie de 12.
4e — de 12.
1re — de 6.
1re — de 4.
1re compagnie de pionniers.

Total : 9 bataillons, 12 escadrons, 5 batteries (12,000 hommes, 28 pièces).

THÈME 33 (1866)

(CARTE N° 15 ET CROQUIS D'ENSEMBLE N° 3)

La division du Nord (1) bivouaque le 1er juin, au soir, à *Gr.-Kienitz* et *Dahlewitz*; son arrière-garde a été chassée de *Gr.-Machnow* et s'est arrêtée à *Kl.-Kienitz*.

En raison de l'approche tout à fait inattendue d'un corps ennemi venant du sud, on n'a pas fait de préparatifs de défense à *Berlin*, tels que construction de retranchements, organisation de cadres et de noyaux, levée de troupes pour la défense locale, etc.

A *Berlin*, il n'y a que le 3e bataillon du 35e régiment; les deux autres ont été dirigés le 1er juin de *Potsdam* sur *Ruhlsdorf*, et y stationnent au soir, à la disposition du commandant de la division, qui a pour mission de retar-

---

(1) *Composition de la division du Nord :*

Arrière-garde.	Bataillon de fusiliers du 24e régiment. Bataillon de fusiliers du 64e — 2 escadrons du 3e régiment de hussards. 1 batterie de 4 (6 pièces).
Gros.........	64e régiment d'infanterie (1er et 2e bataillons). 24e — (1er et 2e bataillons). 2 escadrons du 3e régiment de hussards. 1re batterie de 12 (6 pièces).
Réserve......	60e régiment d'infanterie (3 bataillons). 11e régiment de uhlans. 6e régiment de cuirassiers. 1 batterie à cheval (4 pièces). 4e batterie de 12 (6 pièces). 1re batterie de 6 (6 pièces). 1 compagnie de pionniers.

der autant que possible l'offensive de l'adversaire, afin qu'on ait le temps de diriger des troupes par chemin de fer sur *Berlin*.

TRAVAIL A EXÉCUTER.

Ordre de mouvement de la division du Nord pour le 2 juin.

Figurer en marge la formation de combat de la division pour ce jour-là.

THÈME 34 (1866)

(CARTE N° 15 ET CROQUIS D'ENSEMBLE N° 3)

Le 2 juin, au matin, l'avant-garde du corps du Sud, en poursuivant vivement l'arrière-garde ennemie du côté de *Lichtenrade*, a été subitement attaquée en flanc, par des forces supérieures débouchant de *Mahlow*, et rejetée sur *Selchow* et *Wassmannsdorf*. Les têtes du gros, qui débouchaient précisément par *Glasow* ou franchissaient le ru plus à l'est, sont refoulées.

Mais le corps du Sud n'a pas tardé à reprendre possession de ces défilés; les fractions de l'avant-garde dispersée sont reformées et placées en réserve; une nouvelle avant-garde est constituée et dirigée dans l'après-midi avec les plus grandes précautions sur *Mahlow*; de plus, un régiment de cavalerie, avec 2 pièces, est détaché du côté de *Berlin*.

L'ennemi, sous la protection de sa cavalerie, s'était retiré du côté de *Giesendorf*. L'avant-garde du corps du Sud trouva le ruisseau de la *Becke* occupé par de l'infanterie, et s'arrêta au soir à *Osdorf*.

Le détachement poussé sur Berlin rencontra de l'infanterie ennemie à *Neu-Schöneberg*, *Brauerei* (Brasserie) et *Hasenheide*. Il se plaça en observation en arrière de *Tempelhof*, où il ne fut pas inquiété. Berlin n'avait pas encore reçu de renforts.

Le gros du corps bivouaque entre *Mahlow* et *Lichtenrade*.

TRAVAIL A EXÉCUTER.

Quels peuvent être les projets de la division du Nord pour empêcher l'occupation de Berlin?

Comment le corps du Sud devra-t-il opérer, le 3 juin, pour les déjouer ?

THÈME 35 (1868)

(CARTE N° 13 ET CROQUIS D'ENSEMBLE N° 1)

10 bataillons, 9 escadrons, 3 batteries de la 16e division sont réunis du côté de *Trier* (Trèves); des renforts partis de *Cöln* et de *Coblenz* sont en marche sur *Daun* et *Kaiseresch*.

La division devra empêcher l'ennemi de s'avancer contre les places fortes du Rhin, ou du moins retarder le plus possible la marche de l'adversaire.

Un corps de l'Ouest a investi *Saarlouis* et est arrivé le 1er mai à *Saarburg*, à l'effectif de 19 bataillons, 12 escadrons, 6 batteries.

Le chef d'état-major du corps de l'Ouest établira un projet d'opérations pour les deux ou trois premiers jours, conçu de telle façon que le corps puisse mettre à profit la grande supériorité numérique, qu'il possède au début.

THÈME 36 (1868)

(CARTE N° 13 ET CROQUIS D'ENSEMBLE N° 1)

Le 2 mai, l'ennemi n'a pas attaqué sérieusement *Trier*. Le chef d'état-major de la 16e division est invité à fournir un rapport pour déterminer le point où il paraîtrait peut-être convenable d'accepter un combat, lors même que les renforts attendus ne seraient pas arrivés. Dans le cas où il trouverait un terrain favorable, il devra indiquer les emplacements à occuper, au moyen d'un croquis (amplification au $\frac{1}{25\,000}$ de la carte au $\frac{1}{100\,000}$).

THÈME 37 (1868)

(CARTE N° 8 ET CROQUIS D'ENSEMBLE N° 3)

Pendant qu'une armée du Nord et une armée du Sud se font face en *Silésie*, une division du Sud s'avance sur Berlin par la *Mark* (*Marche*), afin d'obliger l'adversaire à s'affaiblir, par l'envoi d'un détachement destiné à protéger la capitale dégarnie de troupes.

Cependant, l'armée du Nord ne détache qu'une brigade de 6 bataillons avec une batterie par *Frankfurt a. O.* (*Francfort-sur-l'Oder*); à cette brigade devront se réunir deux régiments de cavalerie constitués par des dépôts et ayant achevé leur formation à *Fürstenwalde* et *Beeskow*.

La division du Sud, à l'effectif de 10 bataillons, 4 escadrons, 3 batteries, arrive le 1er juin à *Zossen* et *Schöneiche*. Son avant-garde trouve *Gr.-Machnow* inoccupé, mais rencontre, en revanche, à *Mittenwalde* et *Gallun*, de la cavalerie ennemie, qui se retire sur *Deutsch-Wusterhausen* et *Schenkendorf*, où elle est recueillie par des fractions d'infanterie.

Dans la nuit on observe des feux de bivouac allumés à *Königs-Wusterhausen*, *Neue Mühle* et *Senzig*. Les grandes prairies le long de la *Notte*, en amont de *Schenkendorf* et de *Deutsch-Wusterhausen*, ont été rendues impraticables par la pluie.

Appréciation de la situation.

Quelle résolution prendra le commandant de la division du Sud ?

THÈME 38 (1869)

(CARTE N° 16)

Un corps de l'Ouest, à l'effectif d'environ 24,000 hommes, arrive de *Frankfurt a. M.* (*Francfort-sur-le-Mein*) pour assiéger *Erfurt*.

L'inondation autour de la place n'est pas encore complètement tendue, et les fossés ne sont pas tous remplis d'eau; pour le moment, la place n'est donc pas à l'abri d'un assaut.

La 8e division d'infanterie mobilisée (1) se rassemble dans des cantonnements entre *Arnstadt* et *Gotha* et s'y trouve au complet à la date du 1er mai. Elle doit empêcher l'ennemi de s'avancer ou du moins, par sa résistance, retarder la marche de l'adversaire.

Dans le courant de la journée, on reçoit la nouvelle que les pointes du corps ennemi sont arrivées hier au soir à *Meiningen*, *Walldorf* et *Wernshausen* sur la *Werra*, et que dans ces localités on a requis, pour ce soir, le logement et la subsistance pour des troupes d'un effectif considérable.

Par quels moyens le commandant de la 8e division se propose-t-il de remplir sa mission?

Quelles dispositions prendra-t-il pour le lendemain 2 mai?

---

(1) *Composition de la 8e division d'infanterie :*

15e brigade. Régiments nos 31 et 71 à 3 bataillons.
16e — Régiments nos 72 et 96 —
Régiment de hussards de Thuringe n° 12 (5 escadrons).
1 groupe de batteries montées. { de 6 livres, n° 1 ; de 6 livres, n° 2 / de 4 livres, n° 1 ; de 4 livres, n° 2 } à 6 pièces.
1 compagnie de pionniers.

THÈME 39 (1869)

(CARTE Nº 16)

La division s'est concentrée le 2 mai, au matin, autour d'*Ohrdruf* et a formé trois avant-gardes (composées chacune d'un bataillon du régiment nº 31, de 2 pièces de la batterie de 4 nº 1, d'un détachement de pionniers et de quelques cavaliers pour la transmission des renseignements) qui se portent en avant sur les routes de *Tambach*, *Oberhof* et *Schmücke* jusqu'au *Rennsteig*.

C'est par ce dernier chemin que les trois détachements assureront leur liaison et s'éclaireront sur leurs flancs, tout en occupant en avant les cols, auxquels aboutissent les vallées ascendantes, et en s'y retranchant solidement.

Cependant le bataillon de fusiliers trouva déjà *Schmücke* occupé par l'ennemi arrivé de *Zella*.

Le 3 mai, l'ennemi prononça des attaques par les trois routes. Le bataillon de fusiliers fut refoulé, et à midi l'ennemi débouchait des montagnes à *Gräfenroda;* en revanche, il n'avait pas réussi jusque-là à forcer la résistance opposée sur les deux autres routes.

Se basant sur ces renseignements, le général commandant la division s'est porté avec tout son gros à *Frankenhayn*.

L'ennemi, qui n'avait de ce côté qu'une brigade, fut attaqué par des forces supérieures en nombre et rejeté, après avoir subi de grandes pertes, sur *Ilmenau* où il fut poursuivi, lorsque le général fut informé qu'à quatre heures du soir les deux autres avant-gardes avaient été obligées d'évacuer leur position, et qu'à six heures du soir de fortes colonnes ennemies débouchaient de *Schönau*,

Georgenthal, *Gräfenhayn* et *Stutzhaus*. Les deux avant-gardes avaient opéré leur jonction en arrière d'*Ohrdruf*, occupé par une arrière-garde qu'ils y avaient laissée.

Quelle décision prendra le commandant de la division? L'offensive devra-t-elle être continuée le 4 août, dans le but de couvrir *Erfurt*, ou faudra-t-il se mettre sur la défensive?

Donner à part l'ordre de mouvement répondant à l'une ou l'autre des deux solutions.

THÈME 40 (1870)

(CARTE N° 9 ET CROQUIS D'ENSEMBLE N° 3)

Une armée du Sud, arrivant de la *Lausitz* (*Lusace*), marche sur *Berlin*. Son aile droite (le corps du Sud) refoule une division ennemie par *Cottbus* et *Beeskow*.

Dans la soirée même du 31 mars, l'avant-garde du corps du Sud (1) a délogé l'adversaire de *Fürstenwalde* et s'est emparée de la ville et des ponts de la *Sprée* en cet endroit. On distingue les feux de bivouac de l'ennemi entre *Neuendorf* et le *Trebuser See* (*Étang de Trebus*).

La direction, que cette division a suivie jusqu'ici dans sa retraite, ne permet pas encore de juger si elle veut se

---

(1) *Composition du corps du Sud :*

1re brigade.....	1er bataillon de chasseurs.
	1er régiment d'infanterie (3 bataillons).
	2e — (3 bataillons).
	1re batterie de 4 (8 pièces).
2e brigade.. ...	2e bataillon de chasseurs.
	3e régiment d'infanterie (3 bataillons).
	4e régiment d'infanterie (3 bataillons).
	2e batterie de 4 (8 pièces).
3e brigade	3e bataillon de chasseurs.
	5e régiment d'infanterie (3 bataillons).
	6e — (3 bataillons).
	3e batterie de 4 (8 pièces).
1re brigade de cavalerie légère.	1er régiment de hussards (5 escadrons).
	1er régiment de dragons (5 escadrons).
Réserve d'artillerie du corps..	1re batterie de 8 (8 pièces).
	2e — (8 pièces).
	1re batterie à cheval.

Total : 21 bataillons, 10 escadrons, 48 pièces.

soustraire à la poursuite en franchissant l'*Oder* du côté de *Wrietzen*, ou si elle cherche à gagner *Eberswalde*, pour se maintenir sur la rive gauche du fleuve.

Dans son bivouac, situé immédiatement au sud de *Fürstenwalde*, le corps reçoit l'ordre de battre encore une fois cette division, avant la prochaine arrivée du gros de l'armée devant *Berlin*, et, dans le cas où il ne pourrait l'obliger à s'arrêter, de la refouler au delà de l'*Oder* et d'empêcher, aussitôt après, des renforts arrivant par chemin de fer de *Stettin*, de débarquer à *Berlin* où ils sont attendus.

TRAVAUX A EXÉCUTER.

1. Quelles sont les dispositions prises par le commandant de l'avant-garde (3e brigade et un escadron de hussards), dans la soirée du 31 mars, pour assurer le débouché du corps, le lendemain matin?

2. Rédaction de l'ordre de mouvement du corps d'armée pour le 1er avril. Les projets servant de base au travail no 2 pourront au besoin être exposés dans une notice à part.

THÈME 41 (1870)

(CARTE N° 9 ET CROQUIS D'ENSEMBLE N° 3)

La 1re division d'infanterie (1), renforcée par de la cavalerie, avait reçu mission de détourner de *Berlin* un corps ennemi arrivant de la *Nieder-Lausitz* (*Basse Lusace*).

Elle doit en outre couvrir le mouvement de la 3e division, dirigée de *Stettin* sur *Berlin*, partie par chemin de fer, partie à pied, par la route de *Freienwalde — Alt-Landsberg*.

Le 1er avril, la division a continué sa retraite sous la protection de sa cavalerie, et s'est portée de *Fürstenwalde* derrière la *Gumnitz* et le *Schlagentin-See* (étang de *Schlagentin*), où elle bivouaque.

Un officier envoyé en reconnaissance rend compte que le terrain jusqu'à *Buckow* est sillonné de ruisseaux marécageux, de fossés, de dépressions où l'on rencontre des bourbiers et des tourbières. Des mamelons isolés, les uns boisés, les autres dénudés, offrent dans tous les sens de petites positions, mais ne permettent nulle

---

(1) *Composition de la division :*

1re brigade d'infanterie (régiments nos 41 et 1 à 3 bataillons).

2e brigade d'infanterie (régiments n° 43, n° 3 et bataillon de chasseurs n° 1).

1er groupe d'artillerie montée (batteries de 4, nos 1 et 2; batteries de 6, nos 1 et 2, à 6 pièces).

1re division de cavalerie (régiments de uhlans, nos 8 et 12; de cuirassiers, n° 3; de dragons, n° 1).

1re et 2e batteries à cheval (à 6 pièces).

part le déploiement de forces d'une certaine importance. Les chemins sont sablonneux; sous bois, quatre hommes seulement peuvent y passer de front; ils sont partout praticables aux voitures. Au delà de ce secteur, la hauteur, entre *Berg-Schäferei* et *Vorwerk Abendroth*, a été déboisée. Le *Rothe Luch* ne peut être franchi qu'en trois points, où il y a des ponts de bois.

L'ennemi a allumé des feux de bivouac entre *Eggersdorf* et *Schönfeld*.

TRAVAIL A EXÉCUTER:

Rapport écrit du chef d'état-major sur la meilleure conduite à tenir par la division, le 2 avril. Répartition des troupes en conséquence.

THÈME 42 (1870)

(CARTE N° 9 ET CROQUIS D'ENSEMBLE N° 3)

Le 2 avril, le dernier échelon de la 3e division : la 6e brigade (régiments d'infanterie nos 14 et 54), les batteries de 6 nos 5 et 6, et le régiment de dragons n° 3, étaient déjà partis de *Werneuchen*.

Ces troupes étaient encore en marche lorsqu'on entendit le bruit d'un combat livré du côté de *Bückow*. Leur chef prit sur lui de prendre à gauche, à partir de *Landsberg*, et la brigade bivouaqua au soir dans le *Stadtforst* (forêt communale) au sud du *Bötz-See*.

La 1re division a rétrogradé jusque derrière la coupure de *Garzin*; un ordre venu de *Berlin* met la 6e brigade à sa disposition, le 3 avril.

TRAVAIL A EXÉCUTER.

Quelles sont les dispositions prises par la 1re division pour le 3 avril ?

THÈME 43 (1872)

(CARTE N° 17 ET CROQUIS D'ENSEMBLE N° 6)

Consulter en outre les feuilles n°s 100 (Lure) et 101 (Altkirch) (Mulhouse) de la carte de France au $\frac{1}{80.000}$.

Une armée se concentre aux environs de *Mulhouse*, pour prendre ensuite l'offensive en s'avançant par *Belfort* (1).

Le 3 mars, la 29e division (2) est à *Mulhouse*, prête à marcher dès le lendemain.

Le 4 mars, les dernières fractions de la 28e division débarqueront à *Merxheim;* les dernières fractions de la 30e division doivent débarquer le même jour à *Mulhouse*.

On sait que le 1er mars, des troupes françaises, fortes de 20,000 à 24,000 hommes, se sont avancées jusqu'à *Remiremont*, et qu'elles occupent depuis cette date les défilés des Vosges. Une de leurs colonnes volantes est

---

(1) Les troupes allemandes occupaient encore, à cette époque, la place de Belfort. Les nouveaux forts n'existaient pas; Belfort n'avait qu'une ceinture d'ouvrages rapprochés : la Miotte, la Justice, Hautes et Basses Perches, Bellevue, les Barres. Le thème est basé sur cette situation. (*Note du traducteur.*)

(2) *29e division d'infanterie :*

57e brigade.

Régiments badois n°s 113 et 114.

58e brigade.

Régiment badois n° 112; régiment westphalien n° 17.

Régiment de dragons n° 14.

3e et 4e batteries lourdes; 3e et 4e batteries légères.
2e et 3e compagnies du bataillon de pionniers n° 14.

parvenue à couper le chemin de fer près de *Valdieu*, à l'ouest de *Dannemarie*; la voie a été rendue impraticable pour longtemps.

La garnison de *Belfort* doit être renforcée, aussitôt que possible, par trois bataillons de landwehr badoise; l'approvisionnement de la place doit être complété.

Le commandant de la 29e division a pour mission d'assurer cette double opération; 400 voitures de réquisition, toutes chargées, sont mises à sa disposition à *Mulhouse* (1).

Le gouverneur de *Belfort* fait connaître, le 3 mars au soir, que les environs de la place sont encore libres, et que les postes de surveillance, établis à *Giromagny* et *Frahier* n'ont pas été refoulés jusqu'à présent.

Comment le commandant de la 29e division, tenant compte de toutes les circonstances énumérées ci-dessus, fera-t-il pour remplir la mission dont il est chargé? — Ordre de mouvement pour le premier jour d'opérations. — Avis et comptes rendus (les indiquer sommairement).

---

(1) Ainsi que les trois bataillons de landwehr. (*Note du traducteur.*)

THÈME 44 (1872)

(CARTE N° 17 ET CROQUIS D'ENSEMBLE N° 6)

Le 1er corps français (1) est chargé d'investir *Belfort* et

---

(1) **1er corps d'armée.**

1re DIVISION.

1re brigade d'infanterie.

1er et 2e régiments d'infanterie; 1er bataillon de chasseurs.

2e brigade d'infanterie.

3e et 4e régiments d'infanterie.
Batteries d'artillerie I, 1 et 2.
1re compagnie du génie.

2e DIVISION.

3e brigade d'infanterie.

5e et 6e régiments d'infanterie.
2e bataillon de chasseurs.

4e brigade d'infanterie.

7e et 8e régiments d'infanterie.
Batteries d'artillerie II, 3 et 4.
2e compagnie du génie.

3e DIVISION.

5e brigade d'infanterie.

9e et 10e régiments d'infanterie.
3e bataillon de chasseurs.

6e brigade d'infanterie.

11e et 12e régiments d'infanterie.
Batteries d'artillerie III, 5 et 6.
3e compagnie du génie.

d'en empêcher le ravitaillement ; la place est faiblement occupée, et on a l'intention d'en faire le siège (1).

Le 12e régiment d'infanterie et la moitié de la 5e batterie appartenant à la 3e division, ont occupé dans la montagne les nœuds de route de *Saint-Maurice* et de *Felleringen;* ils s'y sont retranchés. Un bataillon et deux pièces ont été poussés jusqu'à *Thann* pour surveiller la plaine.

Une colonne volante est parvenue à couper la voie ferrée à *Valdieu*.

La 1re division a débarqué à *Lure;* elle est arrivée le 4 mars au soir, dans les environs de *Champagney*. A la même date, le reste de la 3e division, la 2e division et la division de cavalerie, débarqués à *Remiremont*, se sont avancés jusque dans les environs de *Giromagny*. Un détachement ennemi, posté à *Giromagny*, s'est retiré sur *Eloie*.

D'après des nouvelles venues de *Felleringen*, une division ennemie s'est portée dans la matinée du 4 sur *Thann*. Le détachement qui se trouvait en ce point s'est retiré sur *Saint-Amarin*, où il a repris position, l'ennemi n'ayant pas poussé plus loin sa poursuite.

Un espion sûr fait connaître d'*Altkirch*, qu'à midi un convoi fortement escorté a traversé cette ville et a continué

Division de cavalerie.

1re brigade de cavalerie.	2e brigade de cavalerie.
1er et 2e hussards.	1er et 2e dragons.

Réserve d'artillerie.

Batteries I, II, 1, 2, 3 et 4 (à 6 pièces).

Réserve du génie.

2 compagnies.

(Les batteries dont le numéro est indiqué en chiffres romains sont des batteries de mitrailleuses.)

(1) Voir la note 1 du thème 43.

sa marche par la route de *Dannemarie*. D'une façon générale, on sait que des troupes ennemies, en nombre considérable, sont en train de se rassembler aux environs de *Mulhouse*, mais qu'une partie seulement d'entre elles ont atteint la rive gauche du *Rhin*.

Propositions de l'officier d'état-major au sujet des opérations à entreprendre.

THÈME 45 (1872)

(CARTE N° 17 ET CROQUIS D'ENSEMBLE N° 6)

Le 5 mars, dans la matinée, la 29e division avait atteint *Soppe-le-Bas*, lorsque son avant-garde, qui était arrivée près de la *Chapelle*, lui fit connaître que la cavalerie lancée en reconnaissance sur *Saint-Germain* avait été accueillie par des feux d'infanterie, partant de ce village, et que de très fortes colonnes de troupes de toutes armes s'avançaient par *Anjoutey*.

Le détachement qui couvrait la marche du convoi annonça qu'il avait pris position devant *Bessoncourt* pour résister à des fractions de cavalerie ennemie, et que le convoi se rapprochait de *Belfort* sans être inquiété.

Dans ces conditions, le commandant de la division se décida à ne pas s'engager contre des forces supérieures.

Il fit prendre au gros la route qui se dirige vers le sud sur *Traubach;* le détachement de flanc rappelé de *Soppe-le-Haut* suivit le mouvement, et l'avant-garde couvrit la marche de la colonne en longeant la rive orientale du ruisseau de *Saint-Nicolas*, dont elle occupa les passages. A midi, l'ennemi ayant poussé des forces importantes de *Saint-Germain* et *Menoncourt* sur *La Rivière* et *Fontaine*, cette avant-garde prit le rôle d'arrière-garde et se replia en tiraillant dans la direction de *Traubach*.

Le gros de l'adversaire ne franchit pas le ruisseau; sa cavalerie seule continua la poursuite au delà du cours d'eau.

L'arrière-garde de la division occupa alors *Bréchaumont* et le bois d'*Elbach;* la division s'établit au bivouac à *Traubach*.

Le 6 mars, au matin, les troupes suivantes sont prêtes à entrer en opérations, et sont placées avec la 29e division sous les ordres du général commandant le XIVe corps d'armée :

La 28e division à *Cernay;*

La 30e division et l'artillerie de corps du XIVe corps d'armée à *Mulhouse;* quatre régiments de cavalerie disponibles sont réunis pour former une division de cavalerie.

Il s'agit de couvrir vers l'ouest les concentrations de troupes qui doivent se faire ultérieurement à *Mulhouse*, et d'empêcher l'investissement de *Belfort*.

Instructions du commandant du corps d'armée aux trois généraux de division pour le 6 mars.

THÈME 46 (1873)

(CARTE N° 18 ET CROQUIS D'ENSEMBLE N° 3)

A la suite d'un combat défavorable livré sur la rive droite de l'*Oder*, le 2e corps d'armée avait rétrogradé sur *Cüstrin* et la 5e division sur *Frankfurt*. L'ennemi les y suivit avec des forces supérieures en nombre.

Le 1er mars, le IIe corps d'armée, qui a pris position sur les rebords de la vallée devant *Seelow*, surveille la rivière en amont de la place forte, jusqu'à *Reitwein*.

Le même jour, dans l'après-midi, la 5e division (1) a été chassée de *Frankfurt;* le pont n'a pu être détruit qu'en partie. L'avant-garde de l'ennemi a occupé *Boosen*, et elle pousse dans la soirée ses reconnaissances jusqu'à *Trepplin* et *Sieversdorf*.

Pendant la nuit, la division bivouaque à *Petershagen*. A cette même date nous n'avons pas de troupes à Berlin.

Par quels moyens et sur quels points le commandant de la 5e division songe-t-il à s'opposer à l'offensive de l'ennemi?

---

(1) *Composition de la 5e division d'infanterie :*

9e brigade d'infanterie.

Régiment d'infanterie n° 48 (3 bataillons).
Régiment de grenadiers de la garde du corps n° 8 (3 bataillons).

10e brigade d'infanterie.

Régiment d'infanterie n° 52 (à 3 bataillons).
Régiment de grenadiers n° 12 (à 3 bataillons).
Bataillon de chasseurs n° 3.
Régiment de dragons n° 12.
Un groupe d'artillerie de campagne (4 batteries à 6 pièces)..
1 compagnie de pionniers.

THÈME 47 (1873)

(CARTE N° 18 ET CROQUIS D'ENSEMBLE N° 3)

Indiquer sur la carte la position sur laquelle la division veut attendre l'ennemi, le 2 mars, à l'ouest de la série d'étangs de *Falkenhagen*, et y figurer la formation préparatoire qu'elle adoptera.

THÈME 48 (1873)

(CARTE N° 18 ET CROQUIS D'ENSEMBLE N° 3)

Le IIe corps d'armée n'a pu terminer que dans le courant du 2 mars son passage à travers *Cüstrin*, et a pris position à *Seelow*.

La 8e brigade d'infanterie, renforcée par le 5e régiment de hussards et une batterie, a occupé *Dolgelin*, d'où elle envoie des patrouilles sur *Reitwein*, *Podelzig* et *Karzig*. Des fractions ennemies peu importantes se montrèrent du côté de *Lebus*. Un poste d'observation établi à *Reitwein* ne fut cependant pas attaqué ; il ne remarqua rien qui ressemblât à des préparatifs, en vue de la construction d'un pont en amont de *Cüstrin*.

Un renseignement envoyé de *Frankfurt* fait connaître que le pont en cet endroit est fortement endommagé, et qu'on est en train de jeter un pont militaire du côté de *Lebuser Vorstadt* (faubourg de *Lebus* à *Frankfurt*).

Sur les *Kietzer Wiesen* (*prairies de Kietz*) devant *Cüstrin*, on a aperçu des fractions ennemies qui se sont cependant tenues hors de portée du canon de la place. Des feux de bivouac qui, dans la nuit du 1er au 2 mars, étaient allumés sur une grande étendue du côté de *Sonnenburg*, sont éteints ce soir.

La 5e division d'infanterie qui, dans la matinée du 2, a occupé la position de *Falkenhagen—Arensdorf*, fait savoir qu'elle n'y a pas été attaquée. Son arrière-garde à *Trepplin* fut cependant plusieurs fois obligée de prendre les armes ; elle fut même rejetée de l'autre côté du défilé des étangs ; mais au soir elle put réoccuper le village.

A *Boosen*, *Wüst-Kunersdorf* et *Rosengarten* on voit de grands bivouacs de l'ennemi.

Ordre de mouvement adressé par le général commandant le IIe corps aux trois divisions, pour le 3 mars.

THÈME 49 (1874)

(CARTE N° 10)

Le 16 août, jusqu'à 5 heures du soir, le grand quartier général de Sa Majesté, à *Pont-à-Mousson*, reçut des renseignements, d'après lesquels le IIIe et le Xe corps étaient aux prises avec les troupes françaises, à l'ouest de *Metz* (selon toute apparence avec les forces principales), et qu'ils ne se maintenaient plus sur leurs positions qu'au prix des plus grands efforts.

Dans la soirée du 16, la IIe armée se trouvait dans la situation suivante :

Le IIe corps était parvenu, après de très fortes marches, jusqu'à *Buchy* à deux milles (15 kilom.) de *Metz*.

Le IVe corps se trouvait aux *Saizeraies*, son avant-garde face à *Toul*.

Le corps de la garde avait son quartier général à *Bernecourt*, son avant-garde à *Rambucourt;* la brigade de *uhlans* avait été poussée sur la ligne *Commercy—Saint-Mihiel*.

Le XIIe corps était cantonné autour de *Pont-à-Mousson*, son quartier général à *Fey-en-Haye*, son avant-garde à *Règnéville-en-Haye*, la 12e division de cavalerie à *Vigneulles*.

Le IXe corps se trouvait encore en partie sur la rive droite de la Moselle ; mais sa pointe était arrivée sur le champ de bataille.

Dans la 1re armée,

Le 1er corps devait rester en observation devant *Metz* et assurer les communications en arrière.

En revanche, les VIIe et VIIIe corps s'étaient déjà avancés jusqu'à *Corny* et *Arry-sur-Moselle*, dans le but de passer le lendemain la Moselle sur les ponts de ces deux localités, mais à la suite du IXe corps seulement.

Le prince Frédéric-Charles se trouvait sur le champ de bataille ; on ignorait où il passerait la nuit ; le quartier général de Steinmetz était à *Coin-sur-Seille*.

Fey-en-Haye et *Bernecourt* étaient reliés au grand quartier général par le télégraphe de campagne.

THÈME.

Les corps d'armée qui, dans le courant de la journée du 17 août, peuvent arriver sur le champ de bataille, devront y être amenés aussitôt que possible. Avant tout, il s'agit de renforcer l'aile gauche à *Mars-la-Tour*.

De ce point, il faudra pousser la cavalerie jusqu'aux routes de *Metz* à *Étain* et à *Briey*.

On devra continuer à observer *Toul*, mais on ne laissera devant la Meuse que la brigade de uhlans de la garde.

Les deux corps disponibles de la 1re armée devront être amenés, par le chemin le plus court, à l'aile droite de la ligne de bataille, à *Vionville*.

On devra éviter des croisements entre les troupes appelées sur le champ de bataille, ainsi que tout arrêt prolongé. Ne pas oublier le remplacement des munitions.

Les rapports adressés directement à Sa Majesté devront être envoyés sur les hauteurs au sud de *Flavigny*.

Les ordres pour le 17 août seront donnés au grand quartier général à *Pont-à-Mousson*, le 16 à 7 heures du soir ; ils seront communiqués, autant que possible, par le télégraphe et, s'il est nécessaire, directement aux commandants de corps d'armée ; dans ce cas, les commandants d'armée recevront communication des ordres donnés.

Il y aura lieu d'indiquer au bas de chaque télégramme le nombre de mots (en exceptant l'adresse et la signature).

THÈME 50 (1874)

(CARTE N° 20 ET CROQUIS D'ENSEMBLE N° 7)

A la nouvelle qu'un corps ennemi, parti de *Wirballen*, marche sur *Königsberg*, le 1er corps prussien a été détaché en avant de *Lötzen*, avec mission d'arrêter le mouvement offensif de l'ennemi et de le rejeter, si c'était possible, au delà de la frontière.

A cet effet, le corps prussien a été renforcé par la 1re et la 2e division de cavalerie (32 escadrons et 2 batteries à cheval). Il arrive ce soir à *Darkehmen*. Son avant-garde atteint *Dinglauken*. Il est informé que l'ennemi s'est arrêté à *Stallupönen*.

Quelles dispositions seront prises pour demain?

THÈME 51

(CARTE Nº 8 ET CROQUIS D'ENSEMBLE Nº 3)

Un corps d'armée arrivant de la *Lausitz* (*Lusace*) marche sur *Berlin*.

Pour protéger sa capitale, l'ennemi a, paraît-il, rassemblé des forces du côté d'*Eberswalde;* on n'en connaît pas la composition et l'on ignore jusqu'où il s'est porté à notre rencontre.

Le corps devra se procurer des éclaircissements à ce sujet; c'est pourquoi il devra prendre, autant que possible, l'offensive. Dans le cas où il se heurterait à des forces supérieures, il cherchera à se maintenir jusqu'à l'arrivée de renforts.

Le 1er mars, le corps (voir l'ordre de marche dans le croquis (1) ci-contre) porte sa 1re division au delà de *Königs-Wusterhausen*, la seconde au delà de *Mittenwalde*. Les têtes des deux gros ont franchi le *Notte-Fliess* (*ru de la Notte*) et les bas-fonds marécageux qui le bordent des deux côtés, lorsqu'on reçoit des avant-gardes les renseignements suivants :

1. Avant-garde de la 2e division.

Brusendorf, 1er mars, 10 heures du matin.

« La cavalerie poussée en avant rend compte de *Selchow* que ses éclaireurs n'ont pas trouvé *Wassmannsdorf* et *Klein-Ziethen* occupés par l'ennemi. »

2. Avant-garde de la 1re division.

---

(1) Le format du livre nous oblige à reproduire ce croquis à l'échelle approximative du $\frac{1}{87.500}$. Dans l'original il est au $\frac{1}{100.000}$, échelle de la carte.

Croquis à l'appui du Thème 51.

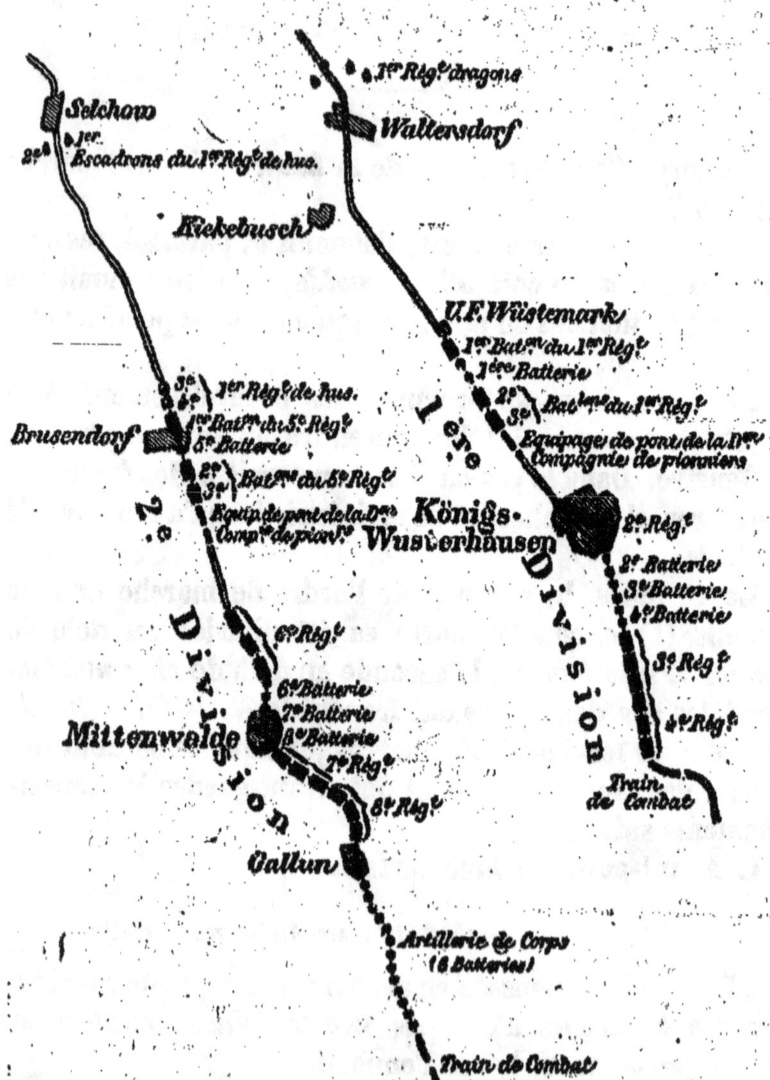

Unterförsterei Wüstemark, 1er mars, 10 heures du matin.

« En arrivant du côté de *Schönefelder-See*, les dragons ont été salués par des projectiles d'artillerie venant du côté de *Rudow*. La patrouille de cavalerie de droite a trouvé *Bohnsdorf* occupé par de l'infanterie. De la cavalerie ennemie débouche de *Glienicke*; la nôtre rétrograde sur *Waltersdorf*. Provisoirement, j'ai pris les mesures suivantes : etc., etc. »

TRAVAIL A EXÉCUTER.

1. Quelles sont les dispositions que le commandant de l'avant-garde de la 1re division a prises sous sa responsabilité, et dont il a rendu compte?

2. De quelle manière le commandant du corps d'armée se propose-t-il de remplir sa mission ?

THÈME 52 (1875)

(CARTE N° 8 ET CROQUIS D'ENSEMBLE N° 3)

Le 1er mars, dès le matin, le IIe corps a franchi la *Sprée* en utilisant le pont de *Cöpenick*, un pont de bateaux jeté au nord-est de *Marienthal* et le pont du chemin de fer, à *Stralow*.

Pour observer l'ennemi, le 3e régiment de dragons avait été poussé au delà de *Glienicke*. Afin d'assurer le débouché de ce régiment, *Bohnsdorf* avait été provisoirement occupé par un peu d'infanterie.

Les renseignements qu'on avait reçus démontraient que l'ennemi s'avançait sur les routes passant par *Königs-Wusterhausen* et *Mittenwalde*. A 9 heures et demie du matin, des fractions de cavalerie ennemie s'étaient montrées en deçà de *Waltersdorf*.

A la même heure, le corps était rassemblé en arrière de la ligne *Rudow—Gr.-Ziethen*.

Pour renforcer le corps, on lui affecte en outre la 6e division d'infanterie (1), ainsi que la 6e brigade de cavalerie qui, toutefois, ne pourront quitter leurs empla-

---

(1). *Composition de la 6e division :*

11e brigade d'infanterie.

Régiment n° 20.	Régiment n° 35.

12e brigade d'infanterie.

Régiment n° 24.	Régiment n° 64.

Régiment de hussards n° 3.

1er groupe du 18e régiment d'artillerie de campagne (1re, 2e, 3e, 4e batteries).

cements en arrière de *Tempelhof* qu'à neuf heures du matin.

1. Quelles sont les instructions que le général commandant le IIe corps d'armée adresse au commandant de la 6e division?

2. Comment le général commandant la 6e division règle-t-il sa marche, conformément à ces instructions?

Indiquer sur un croquis fait d'après la carte l'itinéraire et l'ordre de marche de la 6e division.

THÈME 53 (1876)

(CARTE N° 7 ET CROQUIS D'ENSEMBLE N° 3)

La 5e division d'infanterie mobilisée (1) a reçu l'ordre de se porter, sans perdre de temps, de *Frankfurt a. O.* (Francfort-sur-l'Oder) sur *Zehdenick*, par *Biesenthal*.

Le 1er septembre, au soir, le gros de la division a atteint *Biesenthal* et a bivouaqué autour de cette localité. L'avant-garde s'est avancée jusqu'à *Lanke*. A la nouvelle, non confirmée jusqu'ici, que dans le courant de la journée de gros détachements de troupes ennemies ont été dirigés par la ligne de *Stettin*, de *Berlin* sur *Bernau*, le 1er escadron du régiment de dragons est envoyé en reconnaissance. A *Rudnitz*, il rencontre des patrouilles de cavalerie ennemie qui se retirent sur *Ladeburg*. Cette localité était occupée par de l'infanterie ennemie.

Quelles dispositions prendra le commandant de la division après avoir reçu ce rapport?

---

(1) *Composition de la 5e division d'infanterie :*

9e brigade.

Régiment d'infanterie n° 48 (3 bataillons).
Régiment de grenadiers n° 8 (3 bataillons).

10e brigade.

Régiment d'infanterie n° 52 (3 bataillons).
Régiment de grenadiers n° 12 (3 bataillons).

Régiment de dragons n° 12 (4 escadrons).

1er groupe du 18e régiment d'artillerie de campagne (24 pièces).

Trains.

THÈME 54 (1876)

(CARTE N° 21 ET CROQUIS D'ENSEMBLE N° 8)

Une division du Sud (1) marche de *Neidenburg* sur *Osterode*. Pour protéger Osterode, une division du Nord a pris position en avant de cette localité.

La division du Sud est arrivée le 1er, au soir, à *Hohenstein* et y a bivouaqué.

Des patrouilles de cavalerie poussées en avant ont rencontré des postes d'infanterie ennemie à *Osterwein* et *Gross-Grüben*.

Quelles sont les dispositions prises par le général commandant le corps du Sud pour marcher en avant, le lendemain ?

---

(1) *Composition de la division du Sud :*

1re brigade.

1er et 2e régiments (à 4 bataillons).

2e brigade.

3e et 4e régiments (à 4 bataillons).

3e brigade de cavalerie.

1 régiment de uhlans et 1 de hussards (à 4 escadrons).

1 batterie à cheval (6 pièces).

3e brigade d'artillerie (32 pièces).

THÈME 55 (1877)

(CARTES N°s 4 ET 11 ET CROQUIS D'ENSEMBLE N° 2)

La 8ᵉ division d'infanterie mobilisée (1) se rend par *Eckartsberga* au point de concentration du IVᵉ corps d'armée, à *Eisleben*.

Comme il faut s'attendre à l'arrivée d'une division ennemie plus forte, partie de la *Saale*, une flanc-garde, composée de troupes de toutes armes, a été dirigée le 1ᵉʳ mars sur *Sankt-Micheln* et *Eichstädt*, pour couvrir la marche de la division de *Freiburg* sur *Querfurt*. On a assigné aux trains la route sur la rive droite de l'*Unstrut* jusqu'à *Nebra*, et de là sur *Ziegelroda*.

A midi, le commandant de la division, à *Steigra*, reçoit du commandant du détachement la nouvelle que de fortes colonnes venant de *Merseburg* s'avancent par la route de *Lauchstädt* et le chemin de *Clobicau*, et que provisoirement il avait l'intention de s'arrêter entre *Eichstädt* et *Schafstädt* pour observer l'ennemi.

Quelles sont les dispositions arrêtées par le commandant de la division, pour la soirée du 1ᵉʳ mars et la marche du lendemain, 2 mars ?

---

(1) *Composition de la division :*

15ᵉ brigade d'infanterie. Régiments nᵒˢ 71 et 31, à 3 bataillons.
16ᵉ — Régiments nᵒˢ 96 et 72, à 3 bataillons.
Bataillon de chasseurs n° 4.
Régiment de hussards n° 12, à 5 escadrons.
2ᵉ groupe du 4ᵉ régiment d'artillerie de campagne (3 batteries à 6 pièces).
1 compagnie de pionniers.
Trains.

THÈME 56 (1877)

(CARTES N°s 4 ET 11 ET CROQUIS D'ENSEMBLE N° 2)

Le IVe corps d'armée : 25 bataillons, 30 escadrons, 17 batteries, et le XIIe corps d'armée : 26 bataillons, 30 escadrons, 18 batteries, doivent manœuvrer l'un contre l'autre.

EMPLOI DU TEMPS.

4 septembre.		Repos.
5	—	Revue.
6	—	Manœuvres par corps, du IVe ou du XIIe corps.
7	—	Revue.
8	—	Manœuvres par corps, du XIIe ou du IVe corps.
9	—	Dimanche. Repos.
10	—	Manœuvres de campagne des deux corps opposés.
11	—	
12	—	

Pendant les manœuvres préliminaires, les cantonnements du IVe corps s'étendent à l'est jusqu'à la ligne *Schraplau—Steigra;* ceux du XIIe corps, jusqu'à la frontière, à *Markranstädt* et *Pegau.*

Un officier est envoyé pour reconnaître sur place un terrain favorable aux manœuvres.

Une fois son choix fait, il devra fournir :

1° Le projet d'une idée générale (1), valable pour les trois jours de manœuvres de campagne ;

---

(1) Le mot *General-Idee* est rendu soit par *idée générale, thème général, situation générale*; il signifie : conception militaire d'ordre général partant d'une situation de guerre et visant un but déterminé. *(N. du trad.)*

2° Thème particulier pour la 1re journée et pour chaque corps séparément ;

3° Désignation de points de ravitaillement en vue d'assurer les besoins, au bivouac ;

4° Délimitation des cantonnements où seront au repos les deux corps opposés, dans la journée du 9 septembre.

REMARQUE

SUR LA PRÉPARATION DES MANŒUVRES DE CAMPAGNE.

Pour les manœuvres de campagne de trois jours, exécutées par deux corps opposés l'un à l'autre, il y a lieu de tenir compte des dépenses considérables qu'entraînent chaque jour les grands rassemblements de troupes.

L'emploi du temps est arrêté par l'autorité supérieure, de telle façon que les jours de repos nécessaires aux troupes ne tombent, autant que possible, que sur des dimanches, et surtout, que les manœuvres ne soient pas interrompues par un dimanche ou jour de fête.

Pour la même raison d'économie, les deux corps en question n'exécuteront pas leurs manœuvres de division à une trop grande distance l'un de l'autre, afin d'éviter de longues marches d'approche. Il n'est pas admissible qu'un des corps ait plus d'un jour de repos, sous prétexte que l'autre est encore en marche.

En principe, le terrain pour les manœuvres de campagne devra être choisi de telle façon, qu'il se trouve entre les cantonnements où s'arrêtent les manœuvres préliminaires de chaque corps. Il va de soi que le corps qui les terminera le premier devra exécuter la plus longue marche d'approche.

En ce qui concerne le jour de repos qui précède les manœuvres de campagne, les zones de cantonnement des deux corps et les points de rassemblement devront être déterminés de telle façon que les deux partis, ou du moins leurs avant-gardes, se rencontrent dès le premier jour.

La délimitation des cantonnements du côté de l'arrière découle de la distance maxima, que l'on peut faire franchir aux troupes se rendant des cantonnements les plus éloignés aux points de rassemblement. Mais, à propos de cette délimitation, il y a presque toujours conflit d'intérêts entre l'administration civile et l'autorité militaire; la première, pour diminuer les charges des habitants, demande des cantonnements étendus; la seconde, pour ménager les forces des soldats, réclame des cantonnements resserrés.

Le point de rassemblement ne doit pas être choisi trop loin du centre des cantonnements, de telle sorte que l'infanterie n'ait pas à faire plus d'un mille et demi pour s'y rendre.

Ces restrictions faites, il y aura lieu de choisir une zone qui se prête le mieux possible au déploiement et à l'action des trois armes. On laissera de côté les terrains où il y a des obstacles infranchissables, ou ceux qui donneraient lieu à trop de combats dans des villages, combats qui donnent une idée bien imparfaite de ce qu'ils seraient dans la réalité.

Le terrain étant choisi, il faudra trouver ensuite une idée générale applicable aux trois jours, ainsi que le thème particulier de chaque corps pour le premier jour.

L'idée générale donne la situation de guerre qui sert d'hypothèse aux corps opposés l'un à l'autre. Chacun d'eux doit y trouver son point de départ, le rôle qu'il doit jouer, les secours sur lesquels il peut compter et l'endroit où ils peuvent lui parvenir, enfin les renseignements que l'on possède sur l'ennemi. L'idée générale devra être rédigée avec le plus grand soin. L'hypothèse stratégique qu'elle renferme ne doit pas être trop compliquée, et elle ne doit rien contenir qui ne soit connu des deux partis. Elle demande à être rédigée avec précision, et il ne faut pas qu'elle prête à l'équivoque. Bien qu'elle soit donnée brièvement, elle doit être complète. Une idée générale bien conçue doit pouvoir être condensée dans quelques lignes.

Tout ce qui ne peut et ne doit être connu que d'un seul des deux partis est à mettre dans le thème particulier. Tels sont les ordres particuliers, les renseignements sur l'arrivée de renforts, sur la position des avant-postes ennemis, etc.

Une fois la situation bien définie, le thème particulier ne devra pas entraver la liberté d'action des partis. C'est une faute que d'y mettre : « Le général commandant telle division décidera que », ou bien : « Telle division occupera », etc. Tout cela devra être laissé exclusivement aux commandants des unités, et il s'ensuit qu'en principe on ne pourra établir que le thème spécial pour la première journée de manœuvres. Celui-ci contiendra, à titre de renseignement, l'indication du point de rassemblement du gros et l'heure à laquelle pourront commencer les mouvements de troupes. Les thèmes particuliers des jours suivants seront basés sur les résultats de la veille.

Toutefois il est nécessaire qu'une manœuvre du temps de paix, bien qu'elle suive son cours normal, ne dévie pas jusqu'au bout d'une direction déterminée, arrêtée à l'avance, afin d'utiliser le terrain le plus propre à l'instruction, de faire passer le combat par des phases intéressantes, d'assurer l'alimentation des troupes pendant la durée de la manœuvre, et de faciliter, à la fin de celle-ci, leur retour dans leur garnison.

L'autorité supérieure ne manque pas de moyens pour empêcher tel ou tel parti de prendre par hasard une direction trop excentrique. Ces moyens sont les suivants : renforcement d'un des partis par des bataillons figurés au moyen de fanions, renseignements sur l'ennemi, ordre modifiant même les intentions du début, etc. Mais tous ces moyens devront découler de l'idée générale, sans qu'elle ait besoin d'être torturée, et avoir été prévus à l'avance, lors de sa conception.

Le développement probable de toute la manœuvre, sur ces données, servira de base pour déterminer les points où les intendances de corps d'armée devront réunir les approvisionnements pour les troupes au bivouac.

A cet effet, on choisira des localités un peu considérables, dans lesquelles on puisse louer les locaux nécessaires, et loger également les attelages, c'est-à-dire, des endroits situés près des emplacements probables des bivouacs, mais en dehors de la zone de combat.

THÈME 57 (1878)

(CARTE N° 22)

Une brigade de cavalerie (1) postée à *Verny* surveille notre frontière. Entre *Marly* et *Cheminot* elle tient, avec des fractions ayant mis pied à terre, les passages de la *Seille* qui n'est pas guéable en ce moment. Ses patrouilles s'avancent, sans être inquiétées, jusqu'aux hauteurs boisées sur la rive droite de la *Moselle;* mais elles trouvent cette rive occupée par l'infanterie de l'adversaire, de sorte qu'elles ne peuvent pas voir ce qui se passe dans le terrain situé au delà.

Le pont d'*Ars-sur-Moselle* est occupé par des troupes venues de *Metz*. On a eu également soin de garantir le chemin de fer de *Sarrebrück* contre les entreprises de faibles partis ennemis.

Dans le courant du 1er mai une division de réserve (2), destinée à compléter la garnison de *Metz*, a débarqué à *Courcelles;* mais elle a été chargée tout d'abord de protéger le côté le plus exposé, entre *Courcelles* et *Han*, contre toute entreprise sérieuse de l'ennemi.

La brigade de cavalerie passe sous les ordres du commandant de la division. Elle fait savoir que jusqu'au 1er mars au soir ses positions sur la *Seille* n'ont pas été inquiétées par l'ennemi.

1° Comment le général commandant la division pense-t-il remplir sa mission?

2° Quelles sont ses premières dispositions?

---

(1) *Brigade de cavalerie.*
1er et 2e uhlans; 1er et 2e dragons.
Une batterie à cheval.

(2) *Division de réserve.*
1er, 2e, 3e et 4e régiments d'infanterie.
1er régiment de hussards.
1re, 2e, 3e et 4e batteries (à 4 pièces).

THÈME 58 (1878)

(CARTE N° 22)

La division avait pris, le 1er mai, ses cantonnements en avant de *Courcelles* jusqu'à *Méclenves* et *Silly*, d'où elle se porta le 2 mai, en deux colonnes, sur la *Seille*.

La 1re brigade à droite, ayant envoyé le 1er bataillon du 1er régiment d'infanterie avec la 1re batterie directement sur *Pouilly*, passa par *Orny* et *Verny* et se porta derrière *Louvigny ;* le 2e bataillon du 1er régiment, un escadron et la 2e batterie s'étaient arrêtés à *Orny* et *Verny*. La 2e brigade se porta également sur *Louvigny* en passant par *Vigny*. La brigade de cavalerie reçut l'ordre de se rendre à *Vigny* par *Goin*.

Les 10 bataillons, 19 escadrons et 3 batteries, ainsi rassemblés à *Louvigny* dans la matinée, se retranchèrent aussitôt sur une position en avant de la route de *Verny* à *Raucourt*. Le 3 mai, dans la matinée, une colonne ennemie, forte de 6 bataillons, 8 escadrons et 2 batteries, s'avance de *Corny* vers *Coin-les-Cuvry*, et canonne sans succès nos positions abritées sur la rive droite de la *Seille*. Les tentatives répétées d'amener de l'infanterie et des équipages de pont jusqu'à la rivière, dont les passages sont détruits et surveillés, échouent grâce au feu de la batterie placée sur la hauteur 203, à l'ouest de *Pouilly*, et aux tirailleurs établis au sud du village et dans les parcelles de bois, à l'ouest de *Verny*.

L'ennemi s'est avancé de *Pont-à-Mousson* par les *Menils* avec des forces bien supérieures. Il déploie son artillerie à gauche vers *Longeville* et, à droite, sur la hauteur cotée 224, et s'avance bientôt avec de l'infanterie contre les deux ponts de la route, qui sont simplement barricadés et faiblement occupés.

Notre poste, placé en observation à *Cheminot*, ayant subi quelques pertes, se retire par la vallée, sur *Louvigny*.

L'adversaire occupe *Cheminot;* mais en s'avançant davantage, il entre dans la zone battue par les feux de nos trois batteries, auxquelles il oppose, sur la hauteur cotée 216, un nombre égal de pièces, mais sans beaucoup de succès.

Le village prend feu et l'ennemi se retire en arrière des pentes, du côté de la *Moselle*.

Le combat est suspendu pendant un certain temps, et, dans l'après-midi seulement, on aperçoit dans la direction du sud de gros nuages de poussière. Le 1er régiment de uhlans, qui dépasse *Allémont* au trot, repousse une flanc-garde ennemie à *Raucourt*, et de la cote 238, il constate que 10 bataillons, 10 escadrons et 4 batteries se portent par *Port-sur-Seille* sur *Nomeny* et *Mailly*.

Le régiment se retire par *Saint-Jure* où se produit une escarmouche, sans que l'ennemi passe ce jour-là à une attaque sérieuse. L'ennemi a continué à occuper *Longeville* et le pont devant *Les Mesnils*. De nombreux feux de bivouac sont allumés en arrière de *Mailly*.

Au soir, les postes établis à *Pouilly* et à *Verny* rendent compte que l'ennemi en face d'eux se retire sur *Marieulles*, où l'on aperçoit des feux de bivouac.

Que pense le général commandant la division de réserve de la situation ?

Que se propose-t-il de faire :

1° Si l'ennemi s'avance le 4 mai, à la pointe du jour, contre *Louvigny* avec les forces réunies en arrière de *Raucourt?*

2° Si la cavalerie constate que l'ennemi, pour assurer ses propres communications, a fait occuper par une partie de ses troupes les hauteurs de *Raucourt*, et a envoyé le reste par *Sécourt* contre la voie ferrée ?

3° Si par hasard il reste dans l'expectative à *Raucourt*, jusqu'à ce que ses troupes de *Marieulles* aient pu déboucher par *Cheminot* ?

THÈME 59 (1879)

(CARTE N° 23 ET CROQUIS D'ENSEMBLE N° 9)

Un corps de l'Est a battu l'ennemi sur la rive droite de la *Fulda*, et l'a rejeté le 1er mai au delà de *Cassel*. Il se propose de continuer, les jours suivants, la poursuite dans la direction d'*Arolsen*, en y employant sa cavalerie et la 21e division d'infanterie.

Pour protéger la marche de ces troupes contre l'attaque de forces ennemies parties de *Frankfurt a. M.* (*Francfort-sur-le-Mein*) et dirigées sur *Marburg*, la 22e division (1), partant de Cassel, est détachée sur la gauche.

Celle-ci arrive le 2 mai à *Holzhausen* et pousse des fractions de cavalerie vers l'*Ems*.

On reçoit, au soir, la nouvelle certaine que l'ennemi (à l'effectif de 20,000 hommes environ) est arrivé à *Kerstenhausen*, sur la route de *Frankfurt*.

Quelle résolution prendra le commandant de la division pour le lendemain?

---

(1) *Composition de la division :*

43e brigade. Régiments nos 95 et 83, à 3 bataillons.
44e — Régiments nos 94 et 32, à 3 bataillons.
Régiment de uhlans n° 6 (4 escadrons).
2e groupe du 27e régiment d'artillerie de campagne (24 pièces).
1 compagnie de pionniers.
Équipage de pont de la division.
Détachement sanitaire.

THÈME 60 (1879)

(CARTE N° 17 ET CROQUIS D'ENSEMBLE N° 6)

Quand l'armée ennemie aura été rejetée au delà du *Doubs*, il faudra mettre le siège devant *Belfort* (1).

Dans cette place se trouve, en dehors de la garnison normale, une brigade mobile. Afin d'observer le front est de la place, la 1re division de réserve s'est avancée par *Cernay* sur *Roppe* et *Pfaffans*, la deuxième par *Altkirch* sur *Vézelois* et *Méroux*. Sous la protection de détachements établis dans ces localités et de leurs avant-postes, les troupes sont cantonnées dans les villages en arrière, jusqu'au ruisseau de la *Madeleine* et celui de *Saint-Nicolas*.

Le 1er juin, le XIVe corps (2), qui doit faire l'investisse-

(1) Voir renvoi 1, thème 43.

(2) **XIVe corps d'armée.**

28e DIVISION.

55e brigade : 109e et 110e régiments.
56e brigade : 22e et 111e régiments.
Régiment de dragons n° 20.
1er groupe d'artillerie de campagne du 30e régiment (24 pièces)
2 compagnies de pionniers.
Détachement sanitaire.

29e DIVISION.

57e brigade : 113e et 114e régiments.
58e brigade : 17e et 112e régiments.
Régiment de dragons n° 21.
2e groupe d'artillerie de campagne du 30e régiment (24 pièces).
1 compagnie de pionniers.
Détachement sanitaire.

ment sur la rive ouest de la *Savoureuse*, arrive par le nord avec sa tête de colonne à *Sermamagny*.

A la date du 3 juin, avant midi, l'investissement devra être resserré à une distance moyenne de 5,000 pas de la place.

Ordre de mouvement pour la marche à exécuter par le XIVe corps, le 2 juin.

Artillerie de corps : régiment d'artillerie n° 14 (48 pièces).
Détachement sanitaire.
Trains.

THÈME 61 (1880)

(CARTE N° 24)

La 5e division d'infanterie mobilisée (1) marche vers le Rhin. Ayant atteint le 1er avril *Paderborn*, elle apprend qu'une division ennemie est arrivée en arrière de *Haaren ;* celle-ci menace d'inquiéter la marche, que la 5e division se propose d'exécuter le 2 sur *Gesecke*.

Le chemin de fer est impraticable aux voitures.

Comment la 2e division organisera-t-elle sa marche, le 2 juin?

(1) *Composition de la division.*

1re brigade, régiments nos 48 et 8, 3e bataillon de chasseurs.
2e brigade, régiments nos 35 et 20.
Régiment de dragons n° 12 (4 escadrons).
1er groupe de batteries du 18e régiment de campagne (24 pièces).
1 compagnie de pionniers et l'équipage de pont n° 1, du 3e bataillon de pionniers.
Détachement sanitaire n° 1.
Hôpitaux de campagne nos 1 et 2.
Convoi administratif n° 1.

THÈME 62 (1880)

(CARTE N° 24)

Le 2 avril, la 5e division est arrivée à *Gesecke*. Cependant sa flanc-garde avait dû combattre. Un détachement ennemi est resté toute la nuit aux *Drei Eichen;* de grands feux de bivouac sont allumés sur les hauteurs, au delà de l'*Alme*.

Le régiment n° 60, arrivé d'*Erwitte*, est venu renforcer la division à *Gesecke*. On devra essayer d'infliger une défaite à l'ennemi, le 3 avril.

Quelles résolutions prendra à cet effet le général commandant la division?

THÈME 63 (1881)

(CARTE N° 25)

Metz est menacé d'un siège.

Un détachement, composé de 3 bataillons, 1 escadron et 2 batteries de sortie (1), est à *Gravelotte*, avec ordre de surveiller la direction de l'ouest.

Il rend compte que l'ennemi s'avance de *Verdun*. Le 1er juillet, l'adversaire a porté ses troupes avancées jusqu'à *Vionville*. Le même jour, dans la soirée, les patrouilles de cavalerie qu'il avait envoyées à *Rezonville*, ont été repoussées par nos dragons, qui avaient mis pied à terre pour défendre ce village.

Metz n'aura sa garnison complète du temps de guerre que le 3 juillet. Le gouverneur charge le détachement d'empêcher, autant que possible, l'ennemi de s'établir, dès le 2, sur le plateau de *Gravelotte*.

Comment le commandant du détachement s'y prendra-t-il pour remplir cette mission?

---

(1) 45e d'infanterie, 1 escadron du 9e dragons, 2 batteries, 50 hommes du 15e bataillon de pionniers.

THÈME 64 (1881)

(CARTE N° 26 ET CROQUIS D'ENSEMBLE N° 3)

Une armée opérant au delà de l'*Oder*, vers l'est, apprend qu'un corps ennemi venant de *Stettin* s'avance sur ses derrières vers *Berlin*.

Le IIe corps d'armée (1), avec la 3e brigade de cava-

---

(1) *Composition du IIe corps.*

3e division.

34e et 54e régiments d'infanterie.
2e et 14e régiments d'infanterie.
2e bataillon de chasseurs.
Régiment de dragons n° 3.
1er groupe d'artillerie du 17e régiment (24 pièces).
1re compagnie de pionniers.
Équipage de pont divisionnaire.
Détachement sanitaire (n° 1).

4e division.

49e et 61e régiments d'infanterie.
9e et 21e régiments d'infanterie.
Régiment de hussards n° 5.
2e groupe d'artillerie du 17e régiment (24 pièces).
2e compagnie de pionniers.
Équipage de pont divisionnaire.
Détachement sanitaire (n° 2).

Artillerie de corps.

Groupe d'artillerie à cheval, 1er et 2e groupes du 2e régiment d'artillerie (54 pièces).
Détachement sanitaire n° 3.
Colonnes de munitions et trains.

3e brigade de cavalerie.

1er régiment de cuirassiers. — 9e régiment de uhlans.

lerie, a été envoyé au secours de la capitale, par *Freienwalde*.

Arrivé à *Werneuchen*, il apprend que, dans la matinée, l'adversaire avait déjà dépassé *Bernau*. Les forces de l'ennemi avaient été évaluées à environ 20,000 hommes.

Les patrouilles qui se sont avancées au delà de *Löhme* ont été reçues par des coups de feu, partis des parcelles de bois, du côté de *Helenenau*. Une reconnaissance assez forte ayant dépassé *Seefeld* a été accueillie par les feux croisés de batteries établies : 1° derrière le *Döring-See*; 2° près de la chaussée, derrière l'étang de *Pietzstall*; 3° sur les mamelons, au sud-est de cet étang. Sur la hauteur dénudée, on n'a aperçu que quelques groupes isolés d'infanterie, et à l'ouest de *Krummensee* de faibles fractions de cavalerie reculaient devant la nôtre.

Ces indices permettent de conclure que le corps ennemi est en formation de rassemblement vers *Blumberg*.

En raison du voisinage de l'ennemi, le corps bivouaque cette nuit à *Werneuchen*.

Comment devra-t-on attaquer l'ennemi demain ?

La réponse à la question posée ne sera pas donnée sous forme d'ordre ; mais on rédigera un mémoire sur la situation et les mesures à prendre.

THÈME 65 (1882)

(CARTE N° 27 ET CROQUIS D'ENSEMBLE N° 8)

Le IIe corps, parti de *Neidenburg*, passe par *Hohenstein* pour opérer sa jonction avec le Ier corps, qui marche sur *Wormditt*.

Le IIe corps apprend, à *Hohenstein*, qu'un corps ennemi de l'Est s'avance sur *Allenstein*. Il se décide donc à prendre la direction d'*Osterode*. Pour protéger son flanc droit, il envoie un détachement (1) qui, après une longue marche exécutée sur des chemins de terre, arrive le 1er avril, au soir, du côté de *Langguth*.

Le même jour, le gros est arrivé à *Osterode*; il veut continuer le lendemain sa marche sur *Mohrungen*, sous la protection de sa flanc-garde, et envoie à l'avance ses trains sur *Reussen*, en leur donnant une escorte.

La flanc-garde reçoit l'ordre de ne pas combattre sans nécessité absolue; car, dans le cas contraire, elle obligerait le gros à interrompre sa marche pour lui porter secours.

De petites fractions isolées de cavalerie ennemie seule-

---

(1) *Composition du détachement.*

8e brigade d'infanterie.

Régiment d'infanterie n° 21 }
— — n° 61 } 7 bataillons.
Bataillon de chasseurs n° 2 }

Régiment de dragons n° 11 : 4 escadrons.
Régiment d'artillerie n° 17 : 2 batteries.
1 compagnie du bataillon de pionniers n° 2 : 1 compagnie.

Total : 7 bataillons, 4 escadrons, 2 batteries, 1 compagnie.

ment ont exécuté, le 1er avril, des reconnaissances du côté de *la Passarge;* mais elles ont rétrogradé ensuite sur *Alt-Schöneberg.*

1° Quelles sont les dispositions prises pour la nuit par le commandant du détachement?

2° Comment pense-t-il remplir sa mission le 2 avril?

THÈME 66 (1882)

(CARTE N° 27 ET CROQUIS D'ENSEMBLE N° 8)

L'ennemi n'a pas attaqué les défilés entre les étangs, dans la journée du 2 avril, et la flanc-garde est restée en position à l'est de *Horn*. Des patrouilles de dragons, qui avaient été poussées en reconnaissance au delà de *Seubersdorf*, aperçurent de nombreux feux de bivouac à *Schlitt* et à *Blankenberg*. Dans la matinée du 3 avril, ils trouvèrent l'adversaire occupé à construire des ponts sur *la Passarge*, en amont et en aval de *Deppen*.

Ce jour-là, le détachement s'est porté de bonne heure au delà de *Willnau* et *Reichau;* le *Ponarien-Wald* a été occupé par le bataillon de chasseurs, et le détachement a pris une formation de rassemblement à l'abri des vues, derrière les hauteurs à l'est de *Herzogswalde*.

Le gros du IIe corps se porte de *Mohrungen* sur *Liebstadt*, où sa tête arrive vers 10 heures. Il a l'intention de prendre position entre cette localité et *la Passarge*, pour attendre l'arrivée du Ier corps, qui doit se porter de *Wormditt* sur *Schwenkitten* par *Kalkstein;* mais ce corps ne pourra arriver à destination que le soir. Les deux corps doivent prendre l'offensive immédiatement après leur jonction.

L'ennemi a franchi *la Passarge* à 10 heures, et s'est déployé des deux côtés de la route de *Waltersdorf;* il semble avoir l'intention d'attaquer le IIe corps avant que celui-ci ait fait sa jonction avec le Ier.

Le commandant du détachement en flanc-garde n'a pas reçu d'instructions spéciales du général commandant le IIe corps d'armée.

Comment agira-t-il pour faire face aux diverses éventualités qui pourront se produire ?

DEUXIÈME PARTIE

SOLUTIONS ET CRITIQUES

Croquis à l'appui de la solution du Thème 1.

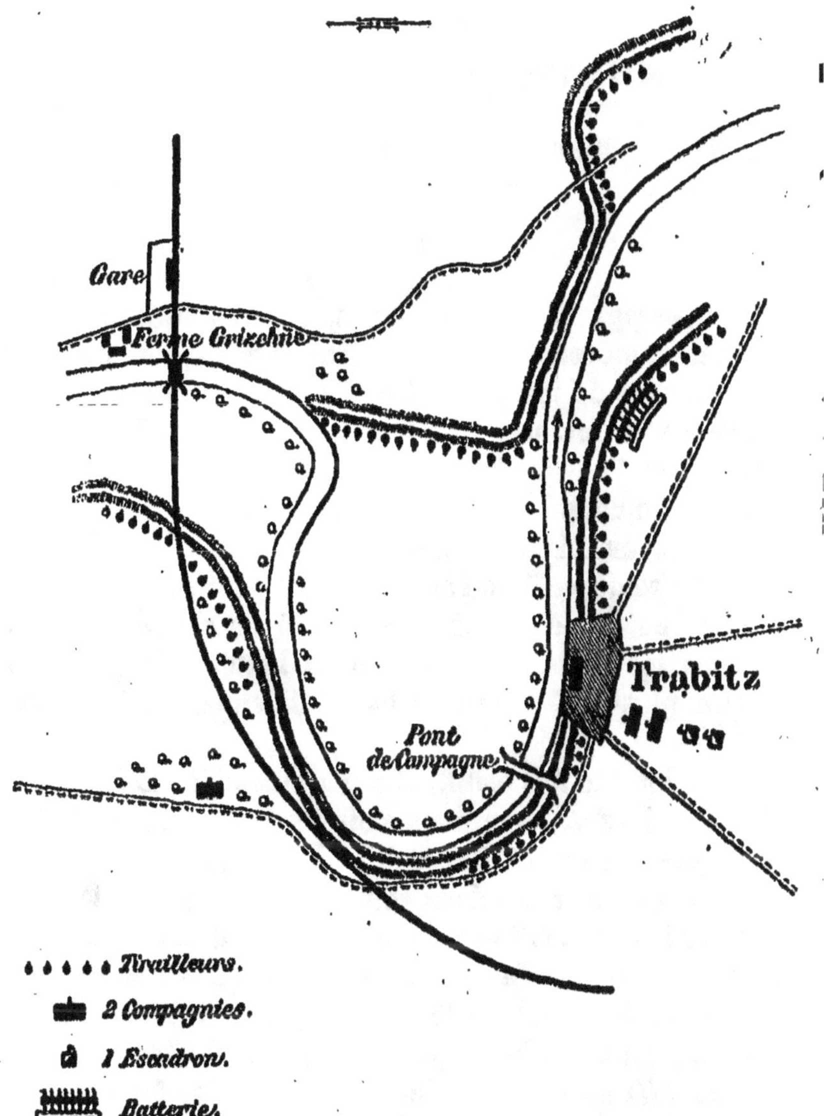

Echelle $\frac{1}{25.000}$

500 0 500 1000 1500 Pas.

SOLUTION DU THEME 1

(Voir le croquis ci-contre, calqué sur celui qui a été dessiné par le général DE MOLTKE)

Le passage d'un cours d'eau, tel que la *Saale* inférieure, au moyen d'un pont jeté sur la rivière, ne peut pas être effectué de jour, ni même de nuit, en présence d'un ennemi vigilant, sans que l'opération soit éventée et contrariée par l'adversaire.

Il faudra donc l'exécuter de vive force.

Nos moyens, à cet effet, résident : 1° dans la supériorité du nombre du côté de l'assaillant qui peut rester groupé, tandis que le défenseur sera obligé de se fractionner; 2° dans les effets supérieurs de la batterie de 12. Il ne s'agira plus que de faire valoir cette supériorité au bon endroit.

Ce point une fois établi, il n'y a plus qu'à choisir entre *Drübel* et *Trabitz*. Aux deux endroits le passage peut être forcé en présence de l'ennemi.

La première de ces deux solutions doit être rejetée. En effet, si l'on franchit la rivière à *Drübel*, il faudra ensuite progresser sur des pentes escarpées, et passer en dernier lieu la *Bode*, coupure derrière laquelle le bataillon de *Bernburg* aura rejoint le gros, accouru de *Calbe*.

A *Trabitz* on rencontre immédiatement les forces principales de l'ennemi; mais il ne pourra s'opposer au passage. Il empêchera bien moins encore le débouché ultérieur du détachement du Sud, qui sera resté groupé.

A mon avis, il y a donc lieu de choisir *Trabitz*, situé à 2 milles trois quarts (de 20 à 21 kilom.) de *Cöthen*, et sur la route la plus directe qui conduit à *Magdeburg*.

On atteindra facilement ce point vers midi. Le passage demandera de 2 à 3 heures. On attaquera ensuite l'ennemi avec toutes ses forces réunies.

Le terrain défendu par l'adversaire n'offre pas de coupures, derrière lesquelles il puisse résister. De plus, l'ennemi est plus faible que nous; il craindra d'être coupé de sa ligne de retraite. Il se contentera donc de gagner assez de temps, pour permettre au bataillon de *Bernburg* de le rejoindre.

SOLUTION DU THÈME 2

La reconnaissance d'hier a démontré que l'ennemi est établi derrière la *Prüm*, sur une position solide, mais un peu trop étendue pour les forces dont il dispose.

Outre les fractions qu'il a montrées, il est probable qu'il aura placé un bataillon dans le *Tetenbusch* et un autre dans *Prüm*. Il faudra chercher sa réserve, soit environ 4 bataillons, 6 escadrons, 2 batteries derrière le *Calvarienberg* (Mont du Calvaire), qui est le seul point d'où il puisse soutenir ses deux ailes et garder le défilé de *Niedermehlen*, qu'il lui importe de conserver en cas de retraite.

D'après le terrain, l'aile gauche et le front sont presque inattaquables ; l'aile droite est plus faible, étant dominée par les positions en deçà de la *Prüm*. L'ennemi ne pourra pas tenir dans *Nieder-Prüm*. A partir de ce point, on arrive plus vite à *Niedermehlen* que de *Dausfeld* ou de *Hermespand*.

Une attaque dirigée contre l'aile droite de l'ennemi lui barre les routes de *Schönecken* et de *Lünebach*, par lesquelles il peut opérer sa jonction avec l'armée de l'Ouest, et, de plus, elle menace sa ligne de retraite par *Sellerich* et *Malmédy*.

Mais une attaque de ce côté compromettrait notre propre ligne de communications, si celle-ci, par suite de la marche de l'armée de l'Est sur *Trier* (Trèves), ne pouvait être transportée sur la route de *Schönecken*.

Voilà les considérations, qui peuvent servir de base à la conception de l'ordre pour l'attaque.

Avant-garde : 2 bataillons, 1 peloton de cavalerie,

1 batterie d'obusiers. Elle sera réunie à 5 heures, à l'ouest de *Büdesheim*. Elle s'avancera sur la route de *Prüm*, prendra sa formation de combat au delà de la *Nims*, et gagnera les hauteurs, à l'est de *Prüm*. L'avant-garde devra empêcher l'ennemi de se porter en avant, contenir son aile gauche dans le *Tetenbusch* et dans la ville, et prendre vigoureusement l'offensive, si l'ennemi abandonne ces deux points.

Gros : 6 bataillons, 2 escadrons, 2 pièces de 12 et 1 pièce de 6.

Réunion du gros à 5 heures, au sud-ouest de *Büdesheim*. Il se portera sur *Rommersheim* en deux colonnes, couvertes chacune par une faible avant-garde d'infanterie marchant à peu de distance de la tête ; l'une d'elles passera par *Fleringen*, l'autre par *Wallersheim*. La première prendra sa formation de combat à l'ouest de *Rommersheim*, et la seconde au sud de cette localité.

Les batteries de 12 et un bataillon d'infanterie prendront position sur la croupe, au sud-ouest de *Held*. Le reste du gros marchera contre *Nieder-Prüm*, par le ravin d'*Ellwerath*. Si l'ennemi a occupé *Nieder-Prüm*, il faudra l'en déloger. La batterie de 6 prendra ensuite position sur l'éminence, au sud de cette localité. La cavalerie marchera à la queue.

Réserve : 4 bataillons, 9 escadrons trois quarts, 2 batteries. Réunion au sud-ouest de *Büdesheim*. Elle suivra le gros en deux colonnes, et s'arrêtera ensuite dans le couvert formé par la hauteur, qui se trouve à l'ouest de *Rommersheim*, jusqu'à ce que le combat engagé contre *Nieder-Prüm* ait donné un résultat décisif. Puis elle suivra le mouvement du gros. Son infanterie et la batterie montée prendront par *Nieder-Prüm*, pendant que la cavalerie et la batterie à cheval passeront par *Ellwerath*, en accélérant l'allure, et chercheront à franchir la *Prüm* plus en aval.

Si le gros a réussi à déboucher de *Nieder-Prüm*, les batteries de 12 iront rejoindre la réserve.

Si l'avant-garde n'arrive pas à forcer le passage de *Prüm*, elle prendra position à *Held* et occupera *Nieder-Prüm*.

Une attaque sera projetée contre le *Calvarienberg* (Mont du Calvaire) avec 10 bataillons, 12 escadrons, 5 batteries, la cavalerie à l'aile gauche.

Le commandant de la division se tiendra sur la hauteur, à l'est de *Nieder-Prüm*, à côté de la batterie de 12, où les rapports devront lui être adressés.

Les équipages seront dirigés de *Gérolstein* sur *Balesfeld*.

SOLUTION DU THÈME 3

Le pays montagneux entre *Driburg* et *Paderborn* présente divers secteurs particulièrement favorables à la défensive, et ne permettant pas à l'offensive de l'adversaire de se mouvoir librement.

Dans la question qui nous occupe, il me semble qu'il n'y a lieu de prendre en considération que le secteur de *Bucke-Schwanei* et celui déterminé par les hauteurs, au nord et au sud du *Brocks-Berg*. Il faudrait rejeter d'une manière absolue toute position plus en avant, dans la direction de *Driburg*, à cause des montagnes très boisées de l'*Egge-Gebirg*, qu'on aurait à dos. Il n'y a pas lieu non plus de choisir une position plus en arrière, entre le *Brocks-Berg* et *Paderborn*, en raison des positions qu'on aurait devant soi.

Or, si on établit une comparaison entre les deux positions signalées, celle qui est formée par les hauteurs au nord et au sud du *Broks-Berg* est la meilleure au point de vue défensif. Il nous semble qu'il faut exclure toute hypothèse de mouvement enveloppant, que l'ennemi pourrait exécuter par le nord, étant donné le terrain montagneux. L'attaque ne pourra avoir lieu que par la route de *Driburg* ou par le sud. Cependant cette position ne me paraît pas remplir le but proposé, parce que l'ennemi se dispensera de l'attaquer de front. Il fera un crochet sur *Herbran* et *Dörenhagen*, ce qui obligera le corps à reculer sans coup férir sur *Dahl* et *Harter Grund*.

Pour tenter une attaque de flanc, l'ennemi peut se porter derrière le *Jageser Wasser*. Il y aurait donc lieu de considérer comme secteur principal la ligne de hauteurs de *Bucke* à *Schwanei*, avec le remblai du chemin de fer sur son front. Du côté de l'est, l'ennemi en sortant de la forêt rencontrera le remblai du chemin de fer. A partir de là, il devra gravir, en terrain découvert, des pentes escarpées. Au nord, la position est limitée par le terrain très montagneux d'*Altenbeken*, et au sud par une zone marécageuse, à partir de *Tiefe Bruch* (litt. bas-fond marécageux). L'ennemi est obligé d'attaquer cette position, si du moins il s'agit d'une position entre *Driburg* et *Paderborn*. Ce sera donc principalement le terrain depuis *Bucke* jusqu'à l'intersection du chemin de fer avec la route de *Schwanei — Neuenherse*, d'une étendue de près de trois quarts de mille (le mille mesure 7^{km},500 environ), qui entrera en ligne de compte. En ce cas, l'attaque ennemie pourra choisir soit la route de *Driburg*, soit celle de *Dringenberg — Neuenherse — Schwanei*, ou bien les voies de communication situées entre ces deux routes, ou plutôt, ce qui est le plus probable, plusieurs de ces lignes à la fois.

Quoi qu'il en soit, il ne pourra se dispenser d'attaquer la position *Bucke — Schwanei*. Ces deux localités ne sont situées qu'à 4,000 pas l'une de l'autre, et commandent les issues de la forêt, qui aboutissent au remblai du chemin de fer. La ligne de retraite, qui part de chacun de ces points, aboutit à la principale des routes qui mènent à *Paderborn*. La réserve prendra position à l'intersection de la grande route et du chemin de *Schwanei ;* c'est un point tout indiqué, étant donné le terrain particulièrement favorable. La carte ne permet pas de juger si *Bucke* doit être occupé pour une défense prolongée, ou si la défense doit plutôt graviter autour de *Schwanei*, avec le *Lim-Berg* comme position d'artillerie. Cela dépendra surtout de la situation du chemin de fer par rapport au terrain.

L'avant-garde fera occuper la ligne *Stell-Berg — Iburg — Trappisten-Kloster* et le *Nethen-Berg* par des petits postes ou des sentinelles, et choisira comme lignes de retraite la route de *Bucke*, les chemins de *Koch* à *Schwanei*, et de *Neuenherse* à *Schwanei*.

Le gros de l'avant-garde sera le mieux placé à *Koch*, au sud de *Haus-Heide*. De là, il pourra s'opposer dans toutes les directions, à la marche en avant de l'ennemi.

Si l'ennemi s'avançait en plusieurs colonnes, l'avant-garde serait obligée de se fractionner en conséquence. Le cas échéant, elle serait renforcée par le gros. Les hauteurs de *Lackenicht*, de *Haus-Heide* et le remblai du chemin de fer, à l'endroit où il est coupé par le chemin de *Neuenherse* à *Schwanei*, sont les emplacements choisis pour les réserves d'avant-garde.

SOLUTION DU THÈME 4

ORDRE ADRESSÉ :

Au général commandant la 1re division.
— — la 2e —
— — la 1re division de cavalerie.
— — l'avant-garde.

Demain on continuera la poursuite avec la plus grande énergie. A cet effet, le corps d'armée sera échelonné entre *Passendorf* et *Schlettau*, de façon que l'ennemi soit rejeté dans le défilé de *Halle* par des forces supérieures aux siennes, et qu'en même temps l'on effectue le passage de la *Saale*.

Les trois régiments de cavalerie et la batterie à cheval, qui avaient servi à renforcer l'avant-garde, rentreront ce soir même à la division de cavalerie, qui recevra en outre les deux batteries à cheval de la réserve d'artillerie.

L'équipage de pont et le détachement de pionniers seront affectés demain à la 2e brigade d'infanterie.

Toutes les troupes réunies à *Langenbogen* seront rassemblées demain matin en avant des bivouacs, et prêtes à se mettre en marche à 4 heures.

Le régiment de cavalerie de la 2e division et la 4e brigade d'infanterie marcheront sur *Zscherben* par *Bennstedt*; la 3e brigade d'infanterie prendra par *Eisdorf* et tournera *Zscherben*, au sud.

Ces deux brigades se déploieront au delà du village. A la pointe du jour la division se portera sur la ligne *Angersdorf*—*Königliche Braunkohlengrube*.

La cavalerie divisionnaire marchera en avant de l'aile

gauche de la 3e brigade. La 2e brigade d'infanterie avec l'équipage de pont se portera (en couvrant sa marche) sur *Schlettau* par *Mittel-Deutschenthal* et *Grosse Rüster*.

La construction des ponts commencera aussitôt à *Rohrlagge*, point qui aura été reconnu à l'avance. La brigade se servira de son infanterie et de son artillerie pour assurer la réussite de l'opération.

La réserve d'artillerie suivra le mouvement de la 2e brigade d'infanterie. La division de cavalerie marchera sur *Beuchlitzer Weinberg* par *Ober-Deutschenthal*, et prendra position derrière un couvert, dans la vallée de *Sauerbreite*.

L'avant-garde couvrira le déploiement de la deuxième division ; elle se concentrera avant la pointe du jour vers *Passendorf*, attaquera vigoureusement ce village par la lisière ouest, et sera soutenue au sud par la 3e brigade d'infanterie. *Nietleben* sera observé par la cavalerie (deux régiments). Dès que l'ennemi se mettra en retraite, il faudra le poursuivre vigoureusement.

Je serai complètement renseigné sur la marche du combat par les rapports qui me seront adressés au *Galgenberg* d'*Angersdorf*.

Dès que les ponts seront praticables, la 2e brigade d'infanterie passera sur l'autre rive, et s'avancera jusqu'à hauteur de *Wörmlitz ;* le village sera occupé, les batteries prendront position à l'aile droite vers la *Röpziger Ziegelei* (1) (Briqueterie de *Röpzig*).

Cette brigade sera suivie immédiatement par la division de cavalerie qui, après avoir détaché un régiment du côté de *Merseburg*, comptera encore 20 escadrons et 24 pièces.

La division enverra aussitôt un détachement sur *Ammendorf*, pour empêcher la cavalerie ennemie venant de *Merseburg* de franchir l'*Elster*.

---

(1) Ne figure plus sur la carte à l'appui du texte (*Note du traducteur*).

Si l'ennemi battait déjà en retraite dans la direction de *Leipzig*, il y aurait lieu de l'attaquer immédiatement.

Après m'être rendu sur les lieux, je prescrirai moi-même, le cas échéant, aux 4e et 3e brigades et éventuellement à la brigade d'avant-garde de passer la rivière sur les ponts de bateaux.

Les colonnes de munitions et les hôpitaux de campagne seront dirigés sur *Beuchlitz*. Les convois administratifs resteront avec leur escorte actuelle derrière la *Salza*, du côté de *Langenbogen*.

Bivouac de *Langenbogen*, le. . . . . .

La solution du Thème 5 manque.

SOLUTION DU THÈME 6

ORDRE POUR LA JOURNÉE DU 13 MARS.

Quartier général de *Frankfurt a. O.*, le 12 mars au soir.

Le corps de l'Est est arrivé ce soir à *Drossen*; une de ses divisions a pris position à *Kunersdorf*. Il faudra attaquer cette division demain matin, sans perdre de temps.

La 1re division maintiendra l'ennemi de front à *Kunersdorf*; la 4e brigade attaquera son flanc gauche. La 3e brigade ouvrira à la division de cavalerie sa route à travers la forêt, et lui permettra de déboucher dans la plaine de *Zohlow*.

La 1re division se formera donc en arrière du *Laudons-Grund* (1), et marchera à 9 h. 1/2 contre *Kunersdorf*.

La 4e brigade partira à 8 heures du *Chausseehaus* (péage) près du *Juden-Kirchhof* (cimetière des Juifs); elle prendra d'abord la route de *Crossen*; à 1000 pas du péage, elle fera par le flanc gauche; puis elle contournera la série d'étangs et de marais qui prolongent la position de *Kunersdorf* au sud, et attaquera aussitôt l'aile gauche de l'ennemi par le *Frankfurter Forst* (forêt de *Francfort*).

La 3e brigade d'infanterie formera deux colonnes. Le 3e régiment d'infanterie et la batterie suivront immédiatement la 4e brigade par la grande route qui traverse le *Schwetiger Revier* (forêt de *Schwetig*) et continueront, sans s'arrêter, à marcher derrière cette brigade, par la

(1) Au croisement de la route de *Kunersdorf* et de celle de *Trettin*.

laie qui aboutit en ligne droite à *Gehöft Scheibler* (ferme de *Scheibler* (1).

Le 3e régiment de *Landwehr* (2) et la cavalerie divisionnaire prendront à 8 heures par *Grund-Schäferei* (Bergerie basse) et se dirigeront sur *Sorge*, en suivant d'abord les percées pratiquées dans le *Schwetiger Revier* et ensuite le chemin, qui sépare le *Frankfurter Forst* du *Neuendorfer Forst* (3).

La 3e brigade occupera le *Schweden-Damm* (remblai des Suédois), *Sorge* et le petit bois de *Birken-See*.

La division de cavalerie, renforcée par deux batteries à cheval de la réserve, suivra immédiatement la 3e brigade d'infanterie; la 2e brigade marchera derrière le 3e régiment d'infanterie et la 1re brigade de cavalerie derrière le 3e régiment de landwehr. La division tâchera de gagner le plus vite possible la plaine découverte de *Zohlow*. Le général commandant le corps d'armée marchera avec la 4e brigade; il se rendra dans la suite à *Sorge*, où il ordonnera les mouvements ultérieurs.

SUPPLÉMENT POUR LA 1re DIVISION.

Les fractions laissées dans les retranchements par la 1re division la rejoindront dès qu'elle aura franchi le secteur de *Kunersdorf*.

ORDRE VERBAL A L'INTENDANT.

Jusqu'à nouvel ordre, tous les convois resteront sur

(1) A côté du *Scheibler-See* (étang de *Scheibler*).

(2) Remarquer que chaque brigade mobilisée comprenait à cette époque un régiment actif et un régiment de landwehr; c'est pourquoi le premier élément de la 3e brigade est désigné par 3e régiment d'infanterie. (*Note du traducteur.*)

(3) Sur la carte *Königlicher Reppenscher Forst.*

la rive gauche de l'*Oder;* une seule ambulance légère suivra vers midi, par la route de *Drossen*, jusqu'au *Hühner-Fliess* (ru des Poules).

ORDRE AU COMMANDANT DU RÉGIMENT D'ARTILLERIE.

Envoyer une colonne de munitions dans la même direction (*Hühner-Fliess*).

SOLUTION DU THÈME 7

Le terrain n'offre pas de champ de bataille favorable au corps de l'Est entre *Drossen* et *Kunersdorf*, après que ce dernier point aura été perdu. L'ennemi étant supérieur en nombre, et ayant une base étendue et rapprochée, il jouit de sa pleine liberté d'action.

Tous ces désavantages ne peuvent être balancés que si le corps se rapproche de nouveau de *Posen*.

Il ne cherchera donc pas la bataille aujourd'hui ; mais il tâchera de battre en retraite le plus vite possible et en bon ordre.

Nécessairement, il faudra tout d'abord recueillir la 1re division et, au besoin, livrer bataille à cet effet.

L'infanterie de l'ennemi a déjà fait 2 milles (15 kilom.); son artillerie et sa cavalerie en ont parcouru 3 ; 2 ou 3 de ses brigades ont été engagées ; à midi, il n'est pas encore sorti de la forêt. Il n'est donc pas probable qu'il soit en mesure d'engager aujourd'hui une action décisive ; mais cela est du moins possible, et il faudra être absolument prêt à le recevoir.

Le corps de l'Est a un avantage qui n'est pas des plus minces, c'est qu'il dispose encore de deux divisions intactes et groupées, tandis que l'adversaire est nécessairement obligé de traverser la forêt en colonnes séparées. Si le corps de l'Est dissémine également ses forces, il perd le seul avantage qui lui reste.

Le corps doit donc être prêt à combattre et rester concentré. Si l'ennemi s'avance sur un grand nombre de chemins, il débouchera sur un front d'autant plus étendu ; s'il ne se sert que de très peu de routes, ses colonnes seront d'autant plus profondes. Dans le premier cas, il lui faudra du temps pour se concentrer ; dans le second, il lui en faudra également pour déployer ses colonnes.

Or il s'agit précisément de gagner du temps. Si la 1re division a rompu le combat assez à temps, si elle peut rétrograder par la route de *Drossen*, la concentration s'effectuera sans difficulté. Si, par contre, elle est rejetée sur *Bischofssee*, il lui faudra de 1 à 2 heures pour se réunir directement au gros, et c'est ce temps qu'il faudra lui procurer.

Voilà les considérations qui serviront de base aux mesures suivantes :

L'avant-garde (1) continuera sa marche sur la route de *Kunersdorf* ; mais elle recevra l'ordre de s'arrêter au *Schweden-Damm*, d'occuper ce point de passage, ainsi que le carrefour de *Scheibler*.

Sorge sera gardé par le détachement de la 1re division. Ce détachement ainsi que l'avant-garde seront rapidement renforcés l'un et l'autre par une demi-batterie à cheval et deux escadrons de cavalerie.

Le but poursuivi n'est pas précisément d'empêcher l'ennemi de déboucher, mais de lui susciter des obstacles, de retarder sa marche et d'apprendre par où arrivent ses forces principales.

Si, pour exécuter son mouvement tournant, l'ennemi fait un long circuit à droite, rien de mieux.

Le reste du corps (9 bataillons, 20 escadrons, 6 batteries) prendra une formation de rassemblement à *Kobert*.

La 1re division recevra l'ordre de rétrograder sur *Zohlow*, quel que soit, du reste, le point où elle aura franchi le *Hühner-Fliess*. Si elle avait besoin d'être soutenue directement, une partie de la division de cavalerie serait disponible à cet effet.

---

(1) Supposée être de la force de 3 bataillons, 4 escadrons, 2 batteries.

Dès que la 1re division s'approchera de *Zohlow*, on battra en retraite.

Les trois divisions (1) se réuniront à *Zohlow*.

La 4e brigade d'infanterie, toute la division de cavalerie et trois batteries à cheval formeront l'arrière-garde.

Elle suivra d'abord le gros à portée de canon. Tout le monde marchera en formation préparatoire de combat.

Au cas seulement, où l'ennemi se tiendrait à distance, on pourrait marcher en colonne de route.

---

(1) C'est-à-dire les 2 divisions d'infanterie et la division de cavalerie.

SOLUTION DU THÈME 8

A *Glatz*, à *Silberberg*, afin d'empêcher à temps l'ennemi de déboucher soit par *Braunau*, soit par *Nachod* et *Reinerz*. Certes, il vaudrait mieux les placer plus en avant; mais il ne serait pas possible, en ce cas, de faire face à la fois dans ces deux directions.

La solution des Thèmes 9 et 10 manque.

SOLUTION DU THÈME 11

La division a ordre de couvrir *Berlin*. Les colonnes ennemies sont encore séparées, et chacune d'elles est plus faible que la division.

Comme les deux colonnes s'avancent séparément, la division, en occupant le défilé de *Tasdorf*, ne pourra pas barrer la route de *Berlin;* par contre, elle est trop faible pour s'étendre jusqu'à *Erkner*.

Il ne lui reste donc qu'une chose à faire : c'est d'empêcher les colonnes ennemies d'opérer leur jonction et, à cet effet, de les battre séparément. Mais cela n'est possible qu'en prenant l'offensive. Ce qui me paraît donc de plus rationnel, c'est de se porter au delà du défilé de *Tasdorf*, et de marcher à la rencontre des forces ennemies arrivant par *Müncheberg* et devant se diriger nécessairement sur *Tasdorf*. En conséquence, le 2 juin, la division prendra position à *Herzfelde* et attaquera l'ennemi, quand il aura débouché du défilé de *Heidekrug*.

Tasdorf restera occupé pour qu'on puisse, le cas échéant, se retirer en arrière de ce défilé.

SOLUTION DU THÈME 12

Dans la soirée, la division se retirera derrière le défilé de *Tasdorf* et bivouaquera entre *Tasdorf* et *Vogelsdorf*, soit un peu au nord de *Grünelinde*.

L'avant-garde prendra position à *Herzfelde;* mais elle restera au contact de l'ennemi. Le défilé d'*Erkner* sera occupé par un bataillon et deux pelotons de cavalerie. Ce détachement sera également chargé de surveiller le défilé de *Woltersdorf*.

L'opération du 3 juin dépendra des mouvements qu'exécutera l'ennemi. La division s'opposera à toute tentative de déboucher par le défilé de *Tasdorf*. L'avant-garde conservera le contact de l'ennemi et rétrogradera sur *Tasdorf*, si elle est pressée par l'adversaire.

SOLUTION DU THÈME 13

De toutes les opérations exécutées par l'ennemi dans la journée du 13, il ressort que celui-ci se sent trop faible pour attaquer de front le défilé de *Tasdorf*. Mais les mouvements qu'il a exécutés ne permettent pas de juger comment il compte opérer dans la suite. On peut conclure de la nouvelle de l'arrivée d'un bataillon à *Wrietzen*, que l'ennemi attend des renforts de ce côté, et qu'il songe tout d'abord à se réunir à ces derniers; il est également possible que le corps de l'Est ait lui-même détaché un bataillon à *Wrietzen*, pour s'assurer une nouvelle ligne de retraite.

Or, si l'ennemi ne veut pas marcher sur *Tasdorf*, sa nouvelle ligne d'opérations passera par *Straussberg* ou par *Wilkendorf—Gielsdorf* et *Alt-Landsberg*, à moins qu'il ne veuille pas faire un détour plus long par *Prötzel—Werneuchen*.

Mais, comme le défilé de *Straussberg*, de même que celui de *Tasdorf*, est un obstacle très sérieux, on ne peut guère savoir au juste ce que l'ennemi compte bien faire.

Comme la division (portée à l'effectif de 15 bataillons, 8 escadrons et 4 batteries) a l'ordre de couvrir *Berlin*, et que, de sa position à *Tasdorf*, elle peut se porter dans n'importe quelle direction ; que, d'autre part, un inutile va-et-vient des troupes les fatiguerait inutilement, dans la période où les mouvements de l'ennemi ne décèlent pas encore ses projets, il me semble que la meilleure solution consiste à laisser la division dans sa position de *Grünelinde*. A cet effet, il y aurait lieu de rappeler le bataillon détaché à *Erkner*, et d'envoyer à *Straussberg* un régiment d'infanterie, trois escadrons et deux pièces.

L'avant-garde, forte de deux bataillons, deux escadrons et deux pièces, prendra position à *Zinndorf*. La cavalerie restera au contact de l'ennemi.

La solution des Thèmes 14, 15 et 16 manque.

SOLUTION DU THÈME 17

Dispositions prises par la division du Sud, pour le 2 juin :

1. L'avant-garde (3 bataillons, 1 escadron, 1 batterie) est renforcée par une batterie du gros, et a pour mission de repousser toute attaque dirigée contre *Weissenfels*.

2. Le gros de la division restera le 2 juin à *Dippelsdorf*.

3. C'est au moyen de reconnaissances, qu'on s'assurera si l'armée principale de l'ennemi suit la division, qu'elle a poussée en avant, et dont le gros bivouaque entre *Markwerben* et *Burgwerben* et en arrière de ces deux localités, ou bien, si cette armée se dirige sur un autre point de la *Saale*. A cet effet, on formera deux détachements :

(*a*) Le 3e régiment d'infanterie,
2 compagnies de chasseurs,
1 détachement de pionniers,
6 escadrons (3 de uhlans et 3 de hussards),
4 pièces (de la batterie à cheval) passeront par *Plotha* et franchiront la *Saale*, le 2 juin, à 5 heures du matin, sur le pont du chemin de fer, en amont d'*Eulau*. Un bataillon sera ensuite détaché au point de passage de la *Saale*, au nord de *Naumburg*. Il poussera des reconnaissances sur *Freiburg*. Le reste de l'infanterie, les chasseurs et deux pièces occuperont *Goseck* et la forêt, au sud de *Dobichau*. La cavalerie, avec deux pièces, dépassera *Marckröhlitz*. Des reconnaissances, composées d'un officier et de quelques cavaliers bien montés, seront poussées le plus loin possible en avant.

(b) 1 compagnie de chasseurs, } sur voitures,
1 détachement de pionniers, }
1 escadron de hussards,
2 pièces (de la batterie à cheval) partiront le 2 juin, à 3 heures du matin, pour *Dürrenberg*. Les chasseurs occuperont *Fährendorf*. L'escadron poussera des pointes sur *Rossbach* et jusqu'à *Merseburg*. Les deux pièces ne franchiront le pont qu'en cas de nécessité ; les pionniers feront les préparatifs nécessaires pour le détruire.

Les deux détachements resteront en position jusqu'à nouvel ordre.

La transmission rapide des renseignements sera assurée au moyen de postes de correspondance, dont les emplacements devront être indiqués au commandant de la division.

SOLUTION DU THÈME 18

Dippelsdorf, 6 heures du soir.

1. D'après les résultats donnés par la reconnaissance, la principale armée ennemie n'a pas encore atteint la *Saale*. Je pense donc pouvoir franchir la Saale demain 3 juin, de bon matin, sans être inquiété par l'ennemi et m'avancer sur la rive gauche par *Eulau*, pour obliger la division du Nord, par une menace ou une attaque dirigée contre son flanc droit, à abandonner sa position de *Markwerben*.

2. C'est à mon avis le meilleur moyen pour ouvrir à l'armée du Sud le débouché de *Weissenfels*, et c'est pourquoi j'ai déjà prescrit aux troupes, chargées de la reconnaissance de l'autre rive, de rester en position sous la protection des fractions, qui occupent fortement les parcelles de bois à l'ouest de *Goseck*. Leur gros bivouaquera avec la cavalerie à *Eulau*; les deux ponts recevront une garnison spéciale.

L'avant-garde restera à *Weissenfels* et je demande qu'aujourd'hui même une batterie de canons rayés y soit envoyée. Établie demain matin à la première heure à *Beutitz*, et soutenue par la batterie de 12 en position à *Trompete*, elle obligera les batteries ennemies, à l'est de *Markwerben*, à se retirer ou bien les réduira au silence. Quand ce résultat sera obtenu, alors seulement deux des bataillons de l'avant-garde franchiront les ponts; le troisième continuera à occuper la ville. Tout le reste de la division se portera demain matin, à 4 heures, vers le pont d'*Eulau*, prendra sa formation de combat à l'ouest du village d'*Eulau*, et marchera sur *Marckröhlitz*, à l'effectif de 10 bataillons, 7 escadrons, 3 batteries et demie. La cavalerie, à l'aile gauche, poussera ses éclaireurs le plus loin possible vers l'ouest. Toutes les autres dispositions seront prises sur place, suivant le degré de résistance des forces ennemies.

Le mouvement offensif sur *Marckröhlitz* ne pourra pas être prononcé avant 9 heures du matin ; mais il se produira au plus tard à 10 heures. Il y aura lieu de calculer en conséquence l'heure du départ de l'armée de la *Rippach* vers la *Saale*.

Des hauteurs de *Weissenfels*, on suivra parfaitement les effets produits par mon attaque sur l'attitude de l'adversaire à *Marckröhlitz*, ce qui permettra de déterminer le moment où l'armée devra déboucher.

SOLUTION DU THÈME 19

Les mesures prises par la division du Nord auront pour but de faire traîner les choses en longueur ; car il ne s'agit pas d'empêcher l'ennemi d'effectuer son passage, mais de favoriser plutôt cette opération, et de faire durer le combat jusqu'à ce que l'armée du Nord ait occupé la position choisie, tout en masquant les mouvements exécutés par elle à cet effet.

Pour atteindre ce but, la division tiendra la ligne *Marckröhlitz — Obschütz*. Elle laissera devant le débouché de *Weissenfels* :

2 bataillons,
2 escadrons,
1 batterie à cheval.

L'infanterie occupera *Marckwerben*. La batterie à cheval, ayant comme soutien les deux escadrons, battra le pont ; si elle est contrebattue par une artillerie supérieure, elle se retirera sur *Marckwerben*.

Si l'ennemi s'empare de *Marckwerben*, le détachement se retirera lentement sur *Storkau — Obschütz*.

Pour faire face au débouché du pont d'*Eulau*, on détachera à *Marckröhlitz* 3 bataillons, 2 escadrons, 1 batterie. *Marckröhlitz* sera occupé par un bataillon ; le reste sera placé en réserve en arrière. *Marckröhlitz* devra être sérieusement défendu. Un bataillon restera à *Uechteritz* ; il se retirera sur le gros, quand *Marckwerben* aura été évacué.

Le gros (9 bataillons, 4 escadrons, 2 batteries) se tiendra dans le *Brosig-Grund* (bas-fond de *Brosig*) où il sera à l'abri des vues de l'ennemi. Si l'adversaire s'avance de *Goseck* sur *Uechterits*, notre gros tombera sur son flanc gauche.

Demain matin à 4 heures, au lever du soleil, la division occupera les emplacements indiqués.

Le commandant de la division se tiendra sur le *Donners-Berg*, au nord du *Brosig-Grund*, où les rapports devront lui être adressés.

SOLUTION DU THÈME 20

L'issue du combat permet de conclure que l'armée du Sud ne veut pas franchir la *Saale*, en présence de l'ennemi, et accepter la bataille avec le défilé de la *Saale* à dos. Elle s'est assurée des défilés, afin de pouvoir prendre immédiatement l'offensive, dès que l'armée du Nord se retirera.

En raison de sa situation sur la *Rippach*, elle paraît décidée à défendre la ligne de la *Saale* en aval de *Naumburg*, jusqu'au pont du chemin de fer de *Dürrenberg*. La possession des défilés lui permet de surveiller les mouvements de l'armée du Nord.

La solution des Thèmes 21, 22, 23 et 24 manque.

SOLUTION DU THÈME 25

Le commandant du détachement se décide à ne pas tenir *Hermeskeil*, mais à se retirer lentement par la route de *Malborn*, afin de pouvoir observer la route passant par *Birkenfeld*. Il compte rétrograder à mesure que le détachement ennemi le serrera de près, c'est-à-dire en conservant le contact avec lui.

SOLUTION DU THÈME 26

Le gros bivouaquera dans la vallée du ruisseau de *Thalfang*, à la sortie nord de *Thronecken*. Les avant-postes (2 compagnies et 1/2 escadron) couvriront, sur le front et sur les ailes, le secteur *Geisfeld — Malborn* — chemin de *Thronecken* longeant le *Malborner Bach*. Des patrouilles de cavalerie seront envoyées, le lendemain matin, sur les routes de *Thalfang — Birkenfeld* et de *Trier — Hermeskeil*.

Si l'ennemi nous attaque le 3 avril, le détachement se retirera sur *Thalfang — Morbach*, si du moins cette route est encore libre ; dans le cas contraire, le détachement se retirera d'abord sur *Berg* et ensuite sur *Mülheim*. Si l'ennemi ne suit pas le détachement, celui-ci restera sur ses emplacements, jusqu'à ce qu'il soit exactement renseigné par les patrouilles envoyées sur la route de *Trier — Hermeskeil*. L'avant-garde (2 compagnies et un demi-escadron) retournera à *Kolonie Thiergarten*, pour ne pas perdre le contact de l'ennemi.

SOLUTION DU THÈME 27

On peut déduire des mouvements de l'ennemi qu'il n'a pas pris la direction de *Trier*, mais celle de *Berncastel—Trarbach*. On ne saurait préciser s'il marche en deux colonnes sur les routes de *Nohfelden—Birkenfeld* et de *Wadern—Hermeskeil*, ou si cette dernière est suivie seulement par une flanc-garde de gauche. Les déclarations des prisonniers et des habitants ne permettent pas de savoir exactement si c'est le gros du corps qui doit arriver à *Birkenfeld*, ou seulement son avant-garde. Comme le corps était devenu disponible à *Saarlouis* à la date du 1er avril, et qu'en deux journées de marche il peut être rendu, le 3 avril, à *Birkenfeld*, il y a tout lieu d'admettre que le corps est arrivé avec ses forces disponibles à hauteur de *Birkenfeld*.

Si l'ennemi poursuit sa marche, le détachement se retirera sur *Berncastel* et gagnera tout d'abord la route *Morbach—Berncastel*, tout en continuant à observer l'ennemi. Il enverra immédiatement une fraction à *Berncastel*, pour assurer sa retraite par ce point.

SOLUTION DU THÈME 28

La 16e division peut très bien arriver assez à temps pour défendre le cours inférieur de la *Moselle*, à *Berncastel*. Le 3 avril à midi, elle reçoit le renseignement qui doit lui dicter sa résolution; elle dispose donc librement des journées des 3 et 4 avril, attendu que la tête de l'ennemi n'atteindra la *Moselle* que le 5, et que le passage ne pourra être forcé que le 6.

Il ne semble pas prudent de franchir la *Moselle;* en effet, en cas de supériorité numérique de l'ennemi, la retraite serait compromise; du reste, la division sera bien plus sûre du succès si elle s'oppose au débouché de l'ennemi. La défense du cours même de la *Moselle* ne semble pas non plus rationnelle; en effet, le point d'attaque reste douteux et un tel procédé n'aurait d'autre résultat que de disséminer les forces.

Si la division reste concentrée à *Platten* et fait occuper les passages de *Berncastel* et de *Mülheim*, elle est en mesure de se porter assez à temps dans toutes les directions, et de prendre en flanc l'ennemi débouchant soit de *Berncastel*, soit de *Mülheim*.

SOLUTION DU THÈME 29

Les renseignements fournis par les détachements poussés en avant permettent de conclure que le 1er juin, jour de l'arrivée de la division (*à l'ouest de Glieneke*), les 3,000 hommes partis de *Potsdam* sont arrivés à *Brandenburg*.

Cette fraction semble avoir été poussée en avant, à titre d'avant-garde, afin de s'emparer de *Brandenburg* et du point de passage de *Plaue*.

La division de l'Est qui la suivra prendra par conséquent pour base d'opérations *Brandenburg*. Le 1er juin elle est encore à *Berlin*; elle ne se mettra donc en route pour *Potsdam* que le 2 juin, pour repartir de ce point le 3. Il est probable qu'elle n'utilisera pas la chaussée de *Brandenburg*, attendu que le terrain à côté de la route est impraticable et que la route la plus directe de *Potsdam* à *Magdeburg*, passe par *Lehnin* et *Ziesar*. Elle se portera donc le 3 juin par *Lehnin*, sur *Golzow* et, le jour suivant, elle gagnera la route de *Möckern* par *Ziesar*. A *Ziesar*, elle opérera sa jonction avec l'avant-garde qui l'a précédée avec mission de garder la ligne de retraite sur *Brandenburg* par *Grüningen*. A *Plaue*, il suffit d'un petit détachement pour y barrer le passage. Cette mesure a pour but de couvrir le flanc droit de la division.

Après avoir atteint *Ziesar* et fait sa jonction avec l'avant-garde, la division de l'Est forte de 15,000 à 16,000 hommes est supérieure à celle de l'Ouest. Elle a une bonne base d'opérations, étant sortie du terrain le plus difficile. Il est peu probable que la division de l'Ouest puisse à partir de ce moment empêcher les progrès de celle de l'Est.

Ces considérations déterminent la façon d'opérer de la division de l'Ouest. Elle devra empêcher l'avant-garde et la division de l'Est d'opérer leur jonction. Comme la division de l'Ouest n'a pas à craindre de se trouver en contact le lendemain 2 juin, avec la division de l'Est, elle attaquera l'avant-garde à *Brandenburg* et s'emparera de ce point, afin de retarder la jonction de l'avant-garde avec la division de l'Est.

SOLUTION DU THÈME 30

La division de l'Ouest, qui doit couvrir l'investissement de *Magdeburg*, s'opposera partout au progrès de la division de l'Est. Les opérations de la division de l'Est auront donc pour but d'atteindre *Magdeburg* par le chemin le plus court, et d'accepter tout combat qui lui sera offert. La marche en avant par la chaussée de *Potsdam* à *Magdeburg* devra être écartée, attendu que le terrain des deux côtés de la route ou du chemin de fer ne peut pas être utilisé par une colonne et que l'ennemi, une fois en possession de *Brandenburg*, peut résister avec succès à toute attaque de ce côté. La division choisira donc le seul itinéraire qui lui reste et qui est en même temps le plus court, c'est-à-dire la route passant par *Lehnin*, *Golzow*, *Ziesar*.

Dans cette direction, on rencontre les deux grands secteurs de *Lehnin* et de *Golzow;* le dernier surtout a une grande importance; car les prés humides et le terrain marécageux qu'on y trouve ne sont traversés que par de rares chemins. Les seuls points de passage qu'il y ait dans ce secteur sont ceux de *Reckahn*, *Golzow* et *Cammer*, à moins que la division ne prenne encore plus au sud et ne passe à *Brück*, ce qui supprimerait irrémédiablement toute communication avec son avant-garde.

Il reste à savoir si l'ennemi ne s'opposera pas à la marche de la division dans le premier secteur, c'est-à-dire à *Lehnin*.

En considérant les feux de bivouac, allumés à *Rotscherlinde*, cette hypothèse est en effet admissible; autrement il aurait sans doute déjà rétrogradé, pour se porter en arrière du deuxième défilé, celui de *Golzow*. La division de l'Est ne doit pas demander mieux que de combattre à *Lehnin*.

Si elle réussit à rejeter l'ennemi sur *Brandenburg*, il perd sa ligne de retraite et ne peut plus empêcher la division de l'Est de continuer sa marche.

Ajoutons qu'il est difficile de forcer le débouché de *Lehnin*; au nord de cet endroit on ne trouve que *Nahmitz* par où l'on pourrait passer; mais en choisissant ce point on détournerait l'ennemi de *Brandenburg*.

Il n'y a donc qu'une chose à faire, c'est de tourner *Lehnin* par le sud.

ORDRE DE MOUVEMENT.

Demain, la division continuera sa marche sur *Magdeburg* et suivra l'itinéraire *Baumgartenbrück — Petzow — Bliesendorf — Lehnin — Michelsdorf*.

Il est probable que la division sera engagée dans un combat; c'est pourquoi les troupes marcheront en formation préparatoire de combat à partir de *Petzow*.

La division marchera en deux colonnes.

La colonne de droite, composée de 6 bataillons, 2 escadrons et 2 batteries, suivra, sous la protection de son avant-garde particulière, l'itinéraire indiqué jusqu'à *Bliesendorf*. Si *Lehnin* est occupé, elle se dirigera sur *Schwiena — Rädel*, où elle livrera un combat d'usure jusqu'à l'entrée en action de la colonne de gauche.

La colonne de gauche (4 bataillons, 4 escadrons, 1 batterie 1/2) se portera de *Petzow* sur *Claistow*, contournera par le sud le *Luch* à *Canin*, et marchera sur *Busendorf*. Laissant *Rädel* au nord, elle gagnera ensuite *Vorwerk Tornow* (la ferme de *Tornow*). Dès que la colonne de gauche sera entrée en ligne, celle de droite marchera sur *Michelsdorf*, pendant que la colonne de gauche se portera vers *Oberjünne*, enveloppera l'aile droite de l'ennemi et tâchera d'agir sur ses derrières. La cavalerie trouvera son emploi dans les clairières, où elle pourra combattre. On surveillera le terrain du côté de *Golzow*.

La colonne de gauche partira à 6 heures du matin; celle de droite se mettra en mouvement à 7 heures. Le commandant de la division marchera avec l'avant-garde de la colonne de droite.

SOLUTION DU THÈME 31

Les parties faibles du défilé de *Lehnin* sont le flanc droit et les derrières. Toute retraite est particulièrement dangereuse, parce qu'elle est obligée de se faire par le mauvais défilé de *Reckahn*—*Golzow*.

S'il faut néanmoins accepter le combat dans cette position, il ne se bornera pas à la défense du défilé de *Lehnin*; mais il gravitera plutôt autour du débouché de l'ennemi par la forêt entre *Rädel* et *Oberjünne*. L'ennemi ne pourra pas enlever de front le secteur *Nahmitz*—*Lehnin*—*Schwiena*—*Rädel*. Il suffira de quelques troupes pour l'empêcher d'y passer.

L'ennemi sera donc obligé de tourner cette position, ce qu'il ne pourra faire qu'entre *Rädel* et *Oberjünne*.

La solution la plus rationnelle consisterait donc à concentrer les forces principales à l'ouest de *Michelsdorf*, d'où l'on pourrait s'avancer dans toutes les directions. En même temps, *Golzow* serait fortement occupé, afin de garder la ligne de retraite et de parer à l'offensive de l'ennemi, si elle se prononçait par *Oberjünne*.

Peu de monde suffira pour empêcher l'avant-garde ennemie, à *Brandenburg*, de franchir la *Havel*, ou du moins lui disputer sérieusement le passage, qui ne pourra être effectué qu'en présence de l'adversaire.

Il y aurait donc lieu de prendre les dispositions suivantes :

Demain 3 juin, la division (1) arrêtera l'ennemi arri-

(1) *Composition de la division :*

Avant-garde.... { 1er régiment (à 3 bataillons). 1 régiment de hussards. 1re batterie (à 6 pièces).

vant de *Postdam*, et acceptera le combat du côté de *Lehnin*.

L'avant-garde partira demain matin à 5 heures et occupera la position de *Nahmitz—Lehnin—Schwiena—Rädel*; la cavalerie se portera sur *Bliesendorf* et poussera jusqu'à *Petzow*.

Le gros et le détachement en réserve à *Golzow* feront la soupe, et prendront leurs dispositions pour être concentrés demain à 10 heures du matin, le premier à l'ouest de *Michelsdorf* [la batterie sur la *Windmühlenhöhe* (butte des moulins à vent) à l'est de la localité, les deux escadrons un peu en arrière], le second à *Golzow*.

Les avant-postes devant *Brandenburg* y resteront et leur surveillance s'étendra jusqu'à *Plaue*. Dans le cas où l'ennemi réussirait quand même à passer la *Havel*, ils se retireraient sur *Göttin* et *Reckahn*.

Je me tiendrai sur la hauteur à l'ouest vers le *Gohlitz-See*.

Tous les convois seront dirigés sur *Ziesar*, par *Golzow*.

Gros.	3e régiment. 2 bataillons du 4e régiment. 1 escadron 3/4 de dragons. 2e batterie.
Détachement en réserve à *Golzow*.	2 bataillons du 2e régiment. 1 peloton de dragons. La moitié de la 3e batterie.
Détachement devant *Brandenburg*.	1 bataillon du 2e régiment. 1 bataillon du 4e régiment. 2 escadrons de dragons. La moitié de la 3e batterie.

SOLUTION DU THÈME 32

ORDRE DE MOUVEMENT DU CORPS DU SUD

POUR LE 2 JUIN.

Zossen, le 1er juin 1866, 6 heures du soir.

Demain, le corps continuera sa marche sur *Berlin* et attaquera l'ennemi partout où il tiendra tête.

Il faudra s'accrocher à l'arrière-garde de l'ennemi pour le forcer à venir à son secours avec des forces importantes. A cet effet, l'avant-garde sera renforcée demain par le 2e régiment de cavalerie et la batterie d'obusiers, qui seront prélevés sur la réserve. Ils devront être rendus à *Gross-Machnow* à 5 h. 3/4 du matin.

L'avant-garde, forte de 3 bataillons, 6 escadrons, 2 batteries, partira à 6 heures du matin de *Gross-Machnow* et de *Mittenwalde* et marchera sur *Klein-Kienitz*.

Le gros partira en deux colonnes :

La colonne de gauche (réserve) : 6 bataillons, 8 escadrons, 2 batteries, se portera de *Zossen* sur *Dahlewitz*, par *Gross-Machnow*. Départ de *Zossen* à 4 heures du matin.

La colonne de droite (gros) : 6 bataillons, 2 escadrons, 2 batteries, passera par *Mittenwalde* et *Gross-Kienitz*. Départ de *Mittenwalde* à 5 heures du matin.

Après avoir dépassé *Machnow* et *Mittenwalde*, les deux colonnes marcheront à la même hauteur.

Si l'ennemi défendait la zone marécageuse vers *Kienitz*, la colonne de gauche continuerait sa marche sur *Dahlewitz*, d'où elle attaquerait l'ennemi.

Si l'adversaire cherchait à se maintenir derrière le secteur de *Glasow*, j'enverrais du *Gross-Kienitzer-Berg* (*hauteur de Gross-Kienitz*) les ordres nécessaires pour l'attaquer.

Si l'ennemi continue sa retraite sans s'arrêter un instant, l'avant-garde continuera à le poursuivre dans la mesure de ses forces. Elle sera soutenue par la cavalerie de la réserve.

Au moyen de leur cavalerie, les deux colonnes veilleront à la sécurité immédiate de leur front et de leurs flancs, quand l'avant-garde ne remplira plus ce rôle. Au delà du secteur de *Glasow*, la colonne de gauche couvrira tout particulièrement son flanc gauche.

Le convoi dégagera la chaussée et stationnera à l'est de *Zossen*, jusqu'à ce qu'il reçoive l'ordre d'avancer.

Le commandant du corps d'armée marchera avec la colonne de droite.

SOLUTION DU THÈME 33

ORDRE DE MOUVEMENT DE LA DIVISION DU NORD

POUR LE 2 JUIN.

Glasow, le 1er juin, 6 heures du soir.

Demain, la division sera rassemblée de grand matin sur des emplacements à l'abri des vues de l'ennemi, derrière les parcelles de bois, entre *Mahlow* et *Blankenfelde*, de manière à faire front du côté de la route de *Glasow* — *Lichtenrade*. L'officier d'état-major de la division réglera sur place les détails du rassemblement.

Le régiment de uhlans, le bataillon de fusiliers du 60e régiment, la compagnie de pionniers, qui font partie de la réserve à *Dahlewitz* suivront le chemin de *Blankenfelde*.

Le pont sur le ru sera détruit ; le bataillon du 60e laissera une compagnie dans le bois, qui se trouve immédiatement à l'ouest, et restera à *Blankenfelde* avec deux pièces.

L'artillerie de la réserve et le régiment de cuirassiers se rendront au point de rassemblement par *Glasow*. Départ de *Dahlewitz* à 4 heures du matin.

Le gros suivra par *Glasow*. Départ de *Gross-Kienitz* à 4 h. 1/2 du matin.

Les deux points de passage sur le ru, à *Glasow*, resteront provisoirement occupés par de faibles fractions d'infanterie.

L'arrière-garde partira de *Klein-Kienitz* à 5 heures du matin, et n'y laissera qu'un poste de cavalerie pour surveiller l'approche de l'ennemi. Elle se dirigera par *Gross-Kienitz* sur *Glasow* et se mettra sur la défensive au delà du village.

En outre, le commandant de l'arrière-garde est avisé, en particulier, qu'éventuellement la retraite s'effectuera sur *Spandau* ou *Potsdam*, que l'arrière-garde devra tâcher d'amener l'ennemi à engager le plus de monde possible à *Glasow*. L'arrière-garde devra ensuite se retirer sur *Lichtenrade* et y attirer l'adversaire. Si elle y parvient, la division prendra l'offensive contre toutes les troupes qui auront franchi le ruisseau.

En cas de réussite, l'arrière-garde rejoindra la division sur le champ de bataille ; dans le cas contraire, elle opérera sa jonction avec elle plus au nord, du côté de *Mahlow*.

Le commandant du 35e régiment recevra l'ordre de faire occuper demain matin *Gross-Beeren* et *Heinersdorf* par un bataillon chacun, afin de recueillir la division, s'il y a lieu.

La compagnie de pionniers devra se rendre à *Gross-Beeren* par la route de *Blankenfelde*, quand elle aura détruit le pont. A *Gross-Beeren*, elle construira des passerelles sur le ruisseau.

Les convois seront dirigés sur *Giesendorf*.

L'officier d'état-major devra choisir les emplacements pour le rassemblement, de telle façon qu'ils échappent complètement aux vues de l'ennemi. Deux batteries seront installées à couvert aux saillants des parcelles de bois.

SOLUTION DU THÈME 34

La meilleure solution pour la divison consiste à prendre une formation préparatoire en arrière de *Lichterfelde*, lui permettant de se déployer soit vers la gauche du côté de *Steglitz*, soit vers la droite au bois de *Giesendorf*.

En présence du corps du Sud entièrement concentré, elle est réduite à la défensive ; mais ni des fractions du corps, ni le corps tout entier ne pourront entrer à *Berlin*, sans que la divison du Nord prenne l'offensive et coupe les communications du corps. Il faut donc nécessairement que cette division soit attaquée tout d'abord et rejetée au delà de la *Havel*. Il y a lieu de souhaiter qu'on puisse l'acculer à cette rivière, tout en lui coupant en même temps la retraite sur *Potsdam* et sur *Spandau ;* mais il est douteux qu'on puisse y arriver ; dans la mesure du possible, il faudra donc rejeter l'ennemi sur *Potsdam*, parce qu'à *Spandau*, il pourrait dès le lendemain inquiéter de nouveau sérieusement notre flanc gauche.

Il s'agit donc de lui infliger une véritable défaite. L'effectif du corps permet d'attaquer sur un front que l'adversaire ne pourra pas occuper.

Le détachement devant *Berlin* restera en observation à *Tempelhof*, pendant que le corps se portera en avant.

L'avant-garde se portera demain matin à 5 heures sur *Giesendorf* et préparera son débouché par le pont ; mais elle attendra pour l'effectuer que le gros ait prononcé son attaque.

Le gros quittera son bivouac à 5 heures du matin et passera par *Marienfelde* et *Lankwitz ;* la réserve s'avancera à la même heure par *Lichtenrade* et *Mariendorf*.

Déploiement des deux colonnes au *Steglitzer Fichtenberg* (colline de pins de *Steglitz*), en faisant front à l'ouest.

L'attaque de *Steglitz* aura lieu vers 10 heures ; elle sera appuyée par l'offensive simultanée de l'avant-garde. Le régiment de cavalerie en avant de *Berlin* sera rappelé, et passera avec la cavalerie de la réserve (en tout 12 escadrons) entre *Steglitz* et *Dahlem*, afin de barrer à l'ennemi la retraite par *Schloss Grunewald* et de le poursuivre à travers la plaine.

Remarque verbale du général de Moltke : que tout d'abord la tâche du corps était presque impossible à réaliser, après que la division du Nord avait occupé sa position de flanc ; qu'en tout cas 18,000 hommes ne suffisaient pas pour pénétrer dans *Berlin*, et que, pour éviter des invraisemblances, il eût fallu supposer une troupe beaucoup plus forte ; mais que, dans la recherche de la solution, il n'y avait qu'à se préoccuper de la conduite à tenir par les deux corps.

SOLUTION DU THÈME 35

Si l'ennemi veut se maintenir dans la position très forte par elle-même, qu'on rencontre sur la rive gauche de la *Moselle*, en arrière de *Trier*, il ne peut prendre comme base d'opérations que la route de *Prüm*. Ceci l'oblige à renoncer à opérer sa jonction avec les renforts qu'il attend, ce qui est cependant l'essentiel pour lui.

Wittlich est naturellement ce point de jonction. L'adversaire prendra donc position sur la route de *Coblentz*, et cherchera à se maintenir en avant de *Wittlich*, ou tout au moins en cet endroit.

Le corps pourra tourner le flanc gauche de cette position, s'il marche sur *Berncastel* par *Thalfang*; mais, à cet effet, il lui faudra au moins trois jours, et il court le danger d'être obligé le quatrième jour de forcer le passage difficile de la *Moselle*, en présence d'un adversaire déjà renforcé.

En outre, il lui faudrait laisser devant *Trier* un détachement, pour assurer ses communications avec la patrie et couvrir l'investissement de *Saarlouis*.

Il est donc plus judicieux de tirer immédiatement parti de la supériorité numérique du moment.

Notre offensive sur *Cons* refoulerait l'ennemi sur ses renforts, et lui permettrait d'utiliser tous les avantages du terrain, dans la vallée étroite de la *Moselle*.

L'ennemi ne pourra se maintenir à *Trier* même; mais notre offensive ultérieure à partir de ce point nous serait extrêmement difficile et ne lui ferait pas courir de danger, s'il occupait assez à temps *Quint* et *Schweich*.

En nous portant directement sur *Schweich*, nous obligerons l'adversaire à retirer immédiatement ses forces principales des défilés de *Trier*, *Ehrang* et *Quint*, et à rétrograder jusqu'à *Hetzerath*.

Dans une seule marche, il n'est point possible d'atteindre la *Moselle* à *Schweich*, même si on voulait passer par *Trier*, où la route est exposée aux feux partant de la rive opposée.

Le chemin le plus court, à peine praticable aux voitures militaires, conduit de *Saarburg* sur *Zerf*, côtoie des hauteurs jusqu'à *Filsch* et descend sur *Casel*. La reconnaissance de l'ennemi montrera ultérieurement si l'on peut descendre dans la plaine de *Shweich*, à *Ruwer*, *Kenn* ou *Kirch*, pour jeter des ponts sur la rivière sous la protection de fortes batteries établies sur la rive droite.

Je proposerai donc de faire observer simplement *Conz* et *Igel* par des patrouilles, et de mettre demain le corps en marche sur *Pellingen* par *Zerf*.

L'avant-garde forte au maximum de 3 bataillons, un escadron, 2 pièces, refoulera sur *Feyen* les avant-postes que l'ennemi aurait poussés en avant; son gros s'arrêtera à *Nieder-Menning*.

Le reste du corps (16 bataillons, 11 escadrons, 46 pièces et l'équipage de pont) fera un crochet à droite devant *Pellingen* et bivouaquera à l'est de *Filsch*, dans les couverts du *Ruwer-Thal*.

Après-demain matin, l'avant-garde fera une démonstration devant *Trier*, y occupera l'attention de l'ennemi et cherchera à s'accrocher à lui. Si l'ennemi avait déjà évacué cette région, elle rejoindrait le corps par *Ehrang* ou appuierait l'attaque exécutée par ce dernier.

Il y aura lieu de préparer le passage à *Schweich*, au moyen de l'installation de batteries sur la hauteur à l'ouest de *Kirch*, ainsi que dans la plaine et à protéger ce passage au moyen de fractions d'infanterie jetées sur l'autre rive, par *Longuich*. C'est pourquoi la réserve d'artillerie suivra immédiatement la nouvelle avant-garde qui sera tirée du gros.

Toutes les autres dispositions seront laissées à l'initiative du commandement du corps, qui les arrêtera sur place suivant les mesures prises par l'ennemi.

SOLUTION DU THÈME 36

Des mouvements parallèles à la *Moselle* ne peuvent être exécutés que dans la vallée ou par la crête des hauteurs qui accompagnent la rivière. Des troupes d'un effectif un peu considérable ne peuvent pas utiliser les pentes, à cet effet. Si une telle troupe est descendue jusqu'au bord de la rivière, à un point donné où la vallée est barrée, elle ne pourra gagner un nouveau point sur la rivière qu'en faisant un grand détour.

Dans la boucle que forme la *Moselle* entre *Quint* et *Schweich*, elle constitue elle-même un barrage de la vallée.

En prenant position à cet endroit, la division y trouvera un obstacle sur son front, ce qui est toujours désirable quand on est le plus faible ; l'aile droite sera appuyée au défilé sérieux de *Quint ;* le flanc droit, celui par où doivent arriver les renforts, ne sera menacé d'aucun danger. Deux chaussées mènent perpendiculairement en arrière. L'aile gauche seule pourra être attaquée ; mais comme l'adversaire sera obligé de débarquer ses troupes sur l'autre rive ou de leur faire franchir un pont, on sera toujours libre de cesser le combat au moment voulu, pour continuer à battre en retraite. En tout cas, il y aura lieu d'arrêter l'ennemi pendant une journée sur ce point.

Le 2 mai, je n'évacuerais pas *Trier* d'emblée.

Un détachement à l'effectif d'un bataillon, d'une demi-batterie de 4, en position à *Pallien* (un peloton de cavalerie en observation du côté de *Conz*), contrariera sérieusement le débouché de l'adversaire.

Le 3, il faudra évidemment rappeler ce détachement, si l'ennemi ne marche pas vers l'ouest sur *Trier*. Mais il n'y a pas lieu de lui faire franchir immédiatement la *Quint*; en effet, la demi-batterie trouvera facilement dans la plaine de *Pfalzel — Ehrang* l'occasion d'occuper des positions de flanquement, d'où elle gênera considérablement l'attaque de front de l'adversaire.

Le reste de la division rétrogradera sur *Schweich*, le soir même du 2 mai.

Nous ne pouvons pas soutenir une véritable lutte d'artillerie contre les batteries ennemies, deux fois supérieures en nombre. D'une manière générale, il y aura lieu d'installer nos batteries à environ 1800 pas en arrière de la *Moselle*, pour les soustraire au feu le plus efficace de l'adversaire, tout en tenant sous le nôtre le cours de la rivière et les points où l'on jettera probablement des ponts. Toutefois on construira une batterie au point où la route de *Trier* s'écarte du défilé de *Quint*, afin de pouvoir enfiler le cours de la *Moselle*.

Quint sera occupé par deux compagnies, *Schweich* par quatre.

Six compagnies seront placées sur le *Mehringer Berg*; elles surveilleront le terrain jusqu'à *Mehring* et empêcheront le débarquement de petites fractions ennemies.

La réserve, comprenant six bataillons et la cavalerie abritée dans les couverts au nord d'*Issel*, prendra l'offensive, dès que le passage sera effectué ; une partie de l'artillerie ennemie au moins sera alors masquée par ses propres troupes.

Quant à moi, j'ai peine à croire que l'adversaire puisse forcer le passage en ce point.

SOLUTION DU THÈME 37

Si la division voulait continuer sa marche sur *Berlin*, et se contenter de laisser devant l'ennemi des forces à peu près égales aux siennes pour l'observer, elle serait trop faible pour pénétrer dans une ville aussi grande.

Si on réussissait à rejeter l'ennemi au delà de la *Sprée* et à détruire les moyens de passage, on pourrait lui barrer la route avec peu de monde, et l'empêcher en outre de reprendre l'offensive par *Schmöckwitz* et *Cöpenick*.

Ce qu'il y aurait sans contredit de plus avantageux, ce serait d'obliger l'adversaire à combattre et de l'anéantir, en profitant de notre supériorité du moment.

Si, le 2 juin, la division s'avance par *Schenkendorf—Krummensee*, l'ennemi, afin d'éluder le combat, pourra retirer ses troupes de *Königs-Wusterhausen* et *Senzig*, et les mettre en sûreté derrière la *Sprée* par *Neue-Mühle;* il pourra également rassembler tout son monde sur la position très forte entre *Königs-Wusterhausen* et *Deutsch-Wusterhausen*, qu'une attaque par le sud réussira difficilement à forcer. En cas de succès, l'ennemi serait précisément refoulé sur *Berlin*, ce que nous voulons éviter.

Si nous tournons les bas-fonds par le nord, en passant par *Ragow*, l'adversaire trouvera au sud de *Königs-Wusterhausen* une position bien moins forte, que nous pourrons probablement enlever, grâce à notre supériorité numérique. Mais, il ne la défendra sans doute qu'au moyen de son arrière-garde et se retirera au sud. La poursuite qu'exécuterait la division la détournerait complètement de son but, sans lui donner la certitude de forcer l'ennemi, qui possède une cavalerie supérieure, à s'arrêter quelque part.

Si nous allons faire ensuite demi-tour à *Wusterhausen* et marcher sur Berlin, l'adversaire nous suivra immédiatement, coupera nos communications et nous mettra dans la situation la plus critique, entre la capitale ennemie d'une part et un ennemi intact de l'autre.

A mon avis, la division n'a plus qu'une chose à faire, c'est de s'avancer, le 2 juin, au sud des bas-fonds. Si l'ennemi se retire derrière la *Sprée*, *Neue-Mühle* sera occupé ; le passage en ce point devra être détruit et la marche sera continuée sur *Berlin* par *Königs-Wusterhausen*.

Si l'adversaire s'échappe par *Senzig*, toute la division le suivra, et il y a tout lieu de croire qu'il sera battu à *Bindow*, *Gussow* ou *Prieros*.

S'il occupe, comme il est probable, la position de *Wusterhausen*, on détruira le passage de *Neue-Mühle* et on l'empêchera autant que possible de déboucher au sud, au moyen d'abatis, de constructions de batteries, etc.

Ce terrain restera occupé par l'avant-garde forte de 3 bataillons, 1 batterie et 1/2 escadron. Le gros n'aura pas poussé plus loin qu'il était nécessaire ; il se sera probablement arrêté sur la ligne *Schenkendorf — Krummensee*.

Le 3, de grand matin, le gros se mettra en route, se portera d'abord sur *Mittenwalde* et contournera en partie cette localité, puis sur *Ragow* et *Hoherlehme*. Marche d'un mille 1/2 (11 à 12 kilomètres). Il attaquera l'ennemi le plus promptement possible, s'il cherche à se faire jour du côté du sud ou à s'échapper par le nord.

SOLUTION DU THÈME 38

L'ennemi ne pourra pas franchir les montagnes en un jour, surtout s'il rencontre de la résistance.

En outre, sa marche devra s'effectuer en plusieurs colonnes et par des routes différentes, s'il ne veut pas s'exposer à voir tout son monde arrêté en cas de résistance sur un seul point.

Pour faire déboucher simultanément ces diverses colonnes, le gros de l'adversaire gagnera le 2 mai la ligne de *Suhl — Zella — Mehlis — Benshausen — Schmalkalden*, les seuls points où il existe des cantonnements.

Pour gagner ensuite la plaine, il lui faudra faire en moyenne de 2 milles 1/2 à 3 milles sur les routes les plus courtes qui débouchent sur la ligne *Frankenhain — Waltershausen*.

Si l'ennemi prend plus à l'est, il ne pourra déboucher que le 4 mai; s'il appuie plus à l'ouest, il s'expose à perdre sa ligne de communications, sans menacer la nôtre avec *Erfurt*.

La division se concentrera donc autour d'*Ohrdruf*, à cheval sur les meilleures routes transversales, pour se jeter avec toutes ses forces sur telle ou telle colonne qui débouchera. Mais il faudra en même temps empêcher le plus possible les autres colonnes de progresser dans la montagne.

Les points où l'on devra barrer la route se trouvent au delà et près du *Rennsteig* (chemin qui suit la ligne de faîte). Les avant-gardes de l'adversaire chercheront donc à s'en emparer dès le 2 mai. La division se concentrera par conséquent le 2 mai, de grand matin. Elle formera trois avant-gardes ; chacune d'elles comprendra un bataillon du régiment n° 31, deux pièces de 4 de la batterie n° 1, quelques cavaliers pour transmettre les renseignements et un détachement de pionniers.

Ces avant-gardes s'avanceront par les routes de *Tambach*, *Oberhof* et *Schmücke* jusqu'au *Rennsteig*, où elles tâcheront de se relier entre elles et de surveiller les communications latérales. En avant, elles occuperont les défilés par lesquels l'ennemi peut arriver, et s'efforceront de les mettre le mieux possible en état de défense. Quand elles seront obligées de battre en retraite, elles continueront à résister dans les vallées au nord de la ligne de faîte, afin d'empêcher le débouché simultané de toutes les colonnes ennemies.

Se basant sur les rapports qui lui parviendront des avant-gardes, le commandant de la division prendra ensuite sa résolution pour l'offensive.

Il y a lieu de considérer ici qu'une attaque des colonnes ennemies, exécutée contre l'aile gauche de la division, menacera plus les communications de cette dernière avec *Erfurt* que le débouché de ces colonnes par l'aile droite, ou un mouvement tournant prononcé de ce côté, soit par *Friedrichsroda*, soit par *Brotterode*, directions dans lesquelles on ne détachera que des postes d'observation.

SOLUTION DU THÈME 39

Une des brigades ennemies est battue, et il n'y a pas lieu de s'attendre à ce qu'elle rentre immédiatement en ligne.

Mais si l'adversaire dispose de 24,000 hommes, il peut en avoir concentré maintenant 18,000 de ce côté-ci des montagnes. Si nous les attaquons sur l'autre rive de l'*Apfelstedt* avec 13,000, nous serons en cas d'insuccès rejetés vers l'est, et *Erfurt*, qui n'est pas encore à l'abri d'un assaut, sera exposé à succomber à une attaque de vive force.

Je me déciderais donc pour la défensive et prendrais position à l'ouest d'*Arnstadt*. Le 2 mai, l'ennemi a marché et combattu jusqu'à la nuit; il n'est donc plus en état d'entreprendre quoi que ce soit. Mais nous-mêmes, nous ne sommes pas plus que lui capables de faire une nouvelle marche, et nous ne pourrons repartir que demain matin.

L'adversaire est aussi près d'*Arnstadt* que nous-mêmes; mais il n'est pas admissible qu'il marche d'emblée sur *Erfurt*, s'il sait que nous sommes sur ses derrières à *Elgersburg*. Il prendra sans aucun doute tout d'abord cette direction, ne fût-ce que pour dégager sa 4e brigade et la rappeler à lui, si c'est possible.

Le 3 mai, on se contentera donc de rappeler d'*Ohrdruf* sur *Wölfis* les deux bataillons qui y sont un peu trop exposés.

Le 4, à 4 heures du matin, le 12e hussards se portera sur *Wölfis* par *Angelroda* et *Liebenstein*, pour recueillir les deux bataillons et observer la marche ultérieure de l'ennemi. Dans le cas où ils seraient pressés trop vivement les deux bataillons, 5 escadrons et 4 pièces de 4 se retireraient par le *Tambuch* sur *Bittstedt*.

Le régiment n° 71, avec 2 pièces de 4, servira de flanc-garde aux hussards jusqu'à *Liebenstein;* de là, il se dirigera sur *Vorwerk Eikfeld* (ferme d'*Eikfeld*), mais assez lentement pour couvrir la queue du gros, qui suivra la chaussée de *Plaue*, et traversera ou contournera *Arnstadt*, pour aller bivouaquer ensuite dans les couverts en arrière du *Pfennigsberg*.

Les deux batteries de 6 se mettront en même temps en batterie sur cette hauteur et s'y retrancheront. Tout le reste se tiendra prêt à se déployer à droite ou à gauche de la position d'artillerie, selon la direction suivie par l'ennemi dans sa marche d'approche.

SOLUTION DU THÈME 40

1° Deux bataillons seulement de l'avant garde, avec quelques fractions de cavalerie, resteront pendant la nuit dans la ville. Une compagnie du 3e bataillon occupera la gare ; la sortie nord de la ville sera occupée par une autre compagnie soutenue par 2 pièces ; 2 compagnies bivouaqueront sur la place du marché. Les avant-postes ne seront poussés qu'à 500 ou 600 mètres en avant. Le terrain immédiatement en avant sera surveillé, au moyen d'un service constant de patrouilles ; mais il n'y a pas lieu de donner l'alarme à l'ennemi. Le 1er bataillon du 5e régiment occupera des cantonnements d'alerte. Le reste de l'avant-garde bivouaquera immédiatement en arrière de la ville et au sud de la *Sprée*. Le 2e bataillon du 5e régiment fournira un poste chargé de la garde du pont, et comprenant 1 officier et 50 hommes.

2° ORDRE DE MOUVEMENT POUR LE 1er AVRIL.

Quartier général de *Ketschendorf*, le 31 mars 1870,
9 heures du soir.

La 3e brigade formera demain l'avant-garde. Elle se mettra en marche, à 6 heures du matin, et s'emparera des *Weinberge (vignobles)* près de *Vorwerk Fürstenwalde* (ferme de *Fürstenwalde*).

A la même heure, la 1re brigade sera rassemblée sur le chemin de *Langenwahl*, la 2e sur celui de *Rauen* et la brigade de cavalerie entre les deux brigades. Toutes ces troupes, ayant leur tête à 1000 pas en arrière du pont de la *Sprée*, seront prêtes à se mettre en marche. La réserve d'artillerie se mettra en batterie sur la rive gauche de la *Sprée*, à l'est du faubourg. Si l'ennemi opposait de la résistance à l'avant-garde, la 1re brigade défilerait immédiatement sur le pont et les ordres à cet effet seraient donnés ultérieurement. Si, par contre, l'ennemi continue sa retraite, ce dont l'avant-garde rendra immédiatement compte, la brigade de cavalerie, suivie des batteries, arrivera immédiatement pour la renforcer. Le colonel N... prendra le commandement de la cavalerie d'avant-garde, rejoindra l'ennemi et le forcera, si c'est possible, à combattre encore dans le terrain découvert en deçà de *Müncheberg*. La 2e brigade passera ensuite le pont derrière la cavalerie, et s'avancera par *Bärfelde* et *Schönfelde*, sans attendre la 1re brigade.

La 1re brigade et la réserve d'artillerie du corps suivront l'avant-garde, en passant par *Gölsdorf*. Le commandant du corps d'armée marchera avec la 1re brigade d'infanterie.

SOLUTION DU THÈME 41

Si la division se déploie à l'endroit où elle bivouaque, elle dispose d'une position extrêmement forte entre *Dahmsdorf* et *Mausbrücke*. Il n'y a pas lieu de craindre que l'ennemi tourne la gauche de cette position ; il exposerait ainsi sa ligne de communications et s'engagerait dans un terrain très difficile. Par contre, il est probable qu'il attaquera plutôt notre aile droite par le *Sieversdorfer Forst*, pour menacer ainsi notre ligne de retraite par la route et nous rejeter au nord, ce qui découvrirait la ligne d'étapes de la 3ᵉ division. Cette intention semble manifeste, par suite de la marche d'aujourd'hui d'une des colonnes ennemies sur *Schönfelde*.

Nous serons donc obligés de faire occuper immédiatement, par le gros de la division, la position sur laquelle nous voulons résister, et ce ne peut être que la hauteur côtoyée par le chemin qui conduit de *Berg-Schäferei* à *Vorwerk Abendroth*. On ne pourra l'attaquer que de front, et en bravant le feu de l'artillerie de réserve qui y prendra position. Il n'y a pas lieu d'occuper des positions intermédiaires plus en avant. Nulle part le terrain ne permet le déploiement complet de toute la division, et elle courrait le danger d'être refoulée sur la position principale.

En revanche, c'est précisément dans ce terrain que l'arrière-garde trouvera partout l'occasion d'entraver la marche de l'ennemi et de couvrir la nôtre. Seulement, elle ne devra pas se retirer sur la position principale, mais la démasquer, en se dirigeant au nord de *Buckow* sur *Bollersdorf*. Il sera bien difficile à l'ennemi de tenter une attaque sérieuse contre le gros, avant d'avoir repoussé la fraction en position sur son flanc droit. Si des forces supérieures réussissent enfin à la déloger, sa retraite sera extrêmement favorisée par le terrain; l'adversaire se trouvera entraîné dans une direction avantageuse pour nous, et sa marche sera ralentie par des combats d'arrière-garde, se renouvelant sans cesse. A *Bollersdorf*, l'arrière-garde couvrira la ligne d'étapes, et sa jonction avec le gros ne pourra guère être empêchée, attendu qu'elle sera sous la protection de la division de cavalerie placée à *Hasenholz*. Pour atteindre *Bollersdorf*, l'ennemi devra parcourir 15 kilomètres, tout en combattant, et il est bien douteux que demain il puisse aller plus loin.

S'il réussissait cependant à percer par *Bollersdorf* ou *Berg-Schäferei*, la jonction de la division s'opérerait derrière la coupure de *Garzin*.

Remarquons toutefois que, s'il est probable que l'attaque de l'adversaire aura lieu par le *Sieversdorfer Forst* (forêt de *Sieversdorf*), il se pourrait cependant qu'il choisît tout aussi bien la route de *Müncheberg* et le chemin qui lui est parallèle.

Voici donc ce que je propose : L'arrière-garde (régiment d'infanterie n° 41, bataillon de chasseurs n° 1, 1re batterie de 4, 2 escadrons de dragons) prendra position demain matin, à 4 heures, derrière les couverts, en arrière de *Schlagenthin*. Une compagnie du bataillon de chasseurs occupera *Dahmsdorf;* le défilé de l'étang sera occupé par une demi-compagnie et deux pièces, la *Mausbrücke* par une autre demi-compagnie. L'approche de l'ennemi étant parfaitement visible, il appartiendra au commandant de l'arrière-garde de renforcer rapidement ces points. Le bataillon de fusiliers et 1 escadron seront détachés sur *Neubodengrün* et le *Strill-Berg* (à l'est de *Hoppegarten*). Ils pousseront des reconnaissances sur *Schönfelde* et *Eggersdorf*.

A 5 heures du matin, la division de cavalerie sera rassemblée au nord de *Dahmsdorf*, d'où elle enverra des reconnaissances sur *Müncheberg*. A la même heure, le gros commencera sa retraite par la route. Ordre de marche : Les convois qui continueront à rétrograder jusqu'à *Garzin*, ensuite l'artillerie qui se mettra en batterie sur la hauteur que nous avons indiquée ; enfin, la 1re brigade. Pour se retirer tranquillement par une seule route, il faudra à tous ces éléments environ 1 h. 1/2, délai assuré par la résistance de l'arrière-garde. Sa conduite lui sera dictée par les renseignements qui lui parviendront de *Dahmsdorf* ou de *Neubodengrün*. Si l'ennemi s'avance dans la zone entre *Rothe Luch* et *Gumnitz*, la division de cavalerie, qui devra en être informée immédiatement, se retirera de suite par le chemin de *Buckow*, contournera le *Schermützel-See*, au sud, et se rendra à *Hasenholz*. L'infanterie de l'arrière-garde, afin de recueillir le bataillon de fusiliers du régiment n° 41, se retirera par le chemin conduisant de *Schlagenthin* sur *Hoppegarten;* mais l'escadron et la batterie se porteront directement, par la grande route, au delà du pont de *Wüsten-Sieversdorf*, où toute l'arrière-garde se retrouvera réunie, pour continuer la retraite sur *Buckow*, tout en combattant, comme je l'ai dit plus haut.

SOLUTION DU THÈME 42

La 6e brigade est appelée de bonne heure (4 heures du matin) à *Vorwerk Anitz* par *Garzau;* jusqu'à son arrivée, la division défendra le secteur de *Garzin*. Les 2 batteries de 6 se mettront en batterie sur la hauteur au sud-est de *Hohenstein*, qui couvre le flanc gauche de cette position. La 1re brigade d'infanterie occupera le rebord occidental de la vallée et le village de *Garzin;* la 2e brigade avec la batterie de 4 sera placée en réserve, dans le couvert formé par la dépression à l'ouest de *Garziner Mühle* (*Moulin de Garzin*). Le régiment de dragons se placera en arrière de *Hohenstein*. Les deux régiments de uhlans et de cuirassiers prendront position dans les couverts en arrière des bois, à l'est de *Vorwerk Anitz*. C'est de ce côté que partira l'offensive, dès que l'ennemi aura engagé le combat et que la 6e brigade sera arrivée. Si l'ennemi voulait tourner notre position au nord par *Ruhlsdorf*, la 2e brigade, passant entre *Hohenstein* et les batteries de 6, marcherait à sa rencontre ; la 1re brigade, prenant par *Garzin*, se réunirait à la 6e brigade et à la division de cavalerie, pour participer à leur offensive sur *Liebenhof*. Il est possible que, le 3 avril, l'ennemi renonce tout à fait à la poursuite, pour rejoindre l'armée principale devant *Berlin*, et en ce cas nous aurons comme ligne de communications la distance la plus courte qui nous sépare de la capitale. Si l'ennemi n'a pas encore prononcé son attaque à 8 heures, la cavalerie, avec l'artillerie à cheval et un bataillon d'infanterie se portera sur *Berg-Schäferei*. Ce bataillon chassera les postes avancés de l'adversaire et découvrira la direction de sa marche.

Le cas échéant, la cavalerie suivra le mouvement de l'ennemi au nord du *Rothe Luch* et se placera en observation vers *Heidekrug*. La 6e brigade se portera d'*Anitz* sur *Herzfelde* par *Zinndorf*, où elle restera comme arrière-garde. La division gagnera *Tasdorf* par *Hennickendorf* et y bivouaquera; le convoi s'y rendra par *Forsthaus Schlag*. En tenant ce défilé, on pourra atteindre *Berlin* en une marche et en moins de temps que l'ennemi. Je ne crois pas qu'il soit prudent de prendre l'offensive dans le terrain difficile, du côté de *Buckow*; même en cas de réussite elle n'aurait d'autre conséquence que de refouler le corps ennemi sur le gros de son armée, tout en nous séparant de *Berlin*, où probablement toutes nos forces seront nécessaires pour une action décisive.

SOLUTION DU THÈME 43

1° La division doit avoir deux choses en vue : 1° faire parvenir les renforts à *Belfort* ; 2° couvrir, pendant la journée du 4 mars, le rassemblement de troupes qui se fait à *Mulhouse*, puisqu'à cette date la 28e division ne peut pas encore s'en charger.

Ce double but sera atteint, si l'on empêche l'ennemi de déboucher de la montagne.

Le débouché de l'adversaire ne peut se faire que par deux routes, soit par *Thann*, soit par *Giromagny*. D'après la carte, la vallée de *Massevaux* ne saurait être utilisée par des fractions un peu importantes.

La route de *Giromagny* conduit l'ennemi directement sur *Belfort*. Pour éviter la place, il est obligé soit de prendre à gauche, ce qui est rendu difficile par la forêt d'*Arsot*, soit de prendre à droite, en perdant deux jours pour tourner *Belfort* par le sud.

En s'avançant par *Thann*, l'ennemi peut au contraire (si l'on ne considère que la question de temps) avoir atteint le 3 mars les environs de *Felleringen — Saint-Amarin*, et menacer, le 4 mars, les communications entre *Mulhouse* et *Belfort*.

Pour l'en empêcher, la division a besoin de toutes ses forces. Elle se portera donc, le 4 mars, tout entière sur *Thann*, tandis que le convoi et la landwehr seront envoyés sur *Dannemarie* par *Altkirch*, utilisant ainsi une route éloignée de l'ennemi et protégée par le *canal du Rhône au Rhin*.

En prenant position entre l'auberge *de la Croisière* et *Aspach-le-Haut*, la division rendra difficile le déploiement de l'ennemi, même s'il se présente avec des forces supérieures ; elle couvrira les débarquements qui s'opéreront à *Merxheim* et *Mulhouse*, et protégera la marche du convoi.

A l'énergie que l'adversaire mettra à tenter de déboucher, on reconnaîtra si l'on a affaire au gros de ses forces. Dans ce cas, il sera nécessaire que la division se maintienne encore sur sa position, le 5 mars, jusqu'à ce qu'elle ait été renforcée ou relevée par la 28e division. La marche du convoi sur *Belfort* ne sera donc pas troublée ce jour-là.

Si au contraire, le 4 mars, on arrive à repousser aisément l'attaque de l'ennemi, ou si cette attaque ne se produit pas, on devra en conclure que l'adversaire a pris avec son gros la direction de *Giromagny*.

Dans ce cas, la 28e division devra occuper *Cernay* pour observer les routes de la montagne, tandis que la 29e division, couvrant son flanc droit par un détachement d'infanterie, s'avancera par *La Chapelle* et *Saint-Germain* pour protéger, suivant les circonstances, la marche du convoi.

Si l'ennemi ne paraissait pas, la division pourrait, en occupant la forêt d'*Arsot*, prendre une position d'avant-garde, en vue de la marche ultérieure de l'armée. Dans le cas où l'adversaire aurait débouché et se trouverait en nombre supérieur, la division pourrait se retirer derrière le canal du Rhône.

2° ORDRE DE MOUVEMENT POUR LE 4 MARS.

Mulhouse, le 3 mars, 6 heures du soir.

La division se portera demain, 4 mars, à 6 heures du matin, dans la direction de *Thann* ; elle marchera en deux colonnes.

1re colonne : 57e brigade, 3e et 4e batteries légères, 2e compagnie de pionniers. — Route de *Pfastatt* et *Lutterbach*. Le bois de *Nonnenbruch* devra être fouillé par des tirailleurs qui en occuperont aussitôt que possible la lisière nord-ouest;

2e colonne : 58e brigade, 3e et 4e batteries lourdes, 3e compagnie de pionniers. — Par *Nieder-Morschwiller* et *Remingen* sur *Aspach*. Le bataillon de fusiliers du régiment n° 17 formera l'avant-garde. L'artillerie marchera derrière le 2e bataillon de ce régiment.

Le régiment de dragons se placera en tête de la 1re colonne; mais il quittera la grande route à *Lutterbach*, et se portera en avant aux allures vives, en laissant le bois de *Nonnenbruch* à droite; il fera des reconnaissances vers *Vieux-Thann* et adressera ses rapports aux deux colonnes.

En fait de trains, deux détachements d'ambulance seulement suivront la division.

Le convoi destiné à *Belfort* marchera sous l'escorte de la landwehr et de cavaliers commandés à cet effet; il se portera le 4 par *Altkirch* sur *Dannemarie*, et continuera le 5 sa marche sur *Belfort*, s'il ne rencontre pas de difficultés particulières.

Le général de division se réserve d'ordonner verbalement ce qui suit :

Si demain, à la suite de sa reconnaissance, le régiment de dragons ne rencontre pas l'ennemi, le bataillon de fusiliers du régiment n° 17 occupera *Thann* et enverra des patrouilles au delà de *Willer*. La division s'établira en cantonnements serrés sur la ligne *Cernay—Michelbach*, et se couvrira du côté de la montagne par des avant-postes.

En revanche, si la cavalerie rencontre l'ennemi en train de déboucher, la division attaquera immédiatement l'adversaire et le rejettera dans le défilé.

A cet effet, la 57e brigade se déploiera à *Ochsenfeld* vers la gauche, la 58e en avant d'*Aspach-le-Haut* vers la droite. Cette dernière fera occuper immédiatement la hauteur au nord-ouest du village, par les deux batteries lourdes et le bataillon de fusiliers du régiment n° 17.

3° Avis au gouverneur de *Belfort*, au sujet de la marche du convoi. On lui demandera d'envoyer un détachement au-devant de ce dernier et d'occuper, si possible, la forêt d'*Arsot*.

Compte rendu au commandant du 14ᵉ corps d'armée au sujet du mouvement projeté, et lui demander qu'il fasse occuper *Cernay* le 5 mars, d'aussi bonne heure que possible, par la 28ᵉ division.

SOLUTION DU THÈME 44

Il est impossible d'investir *Belfort* à l'est, tant qu'une division ennemie tiendra la campagne dans les environs de la place.

Un succès ne peut être obtenu que si le corps d'armée prend l'offensive avec ses forces réunies, avant que l'adversaire ait concentré des troupes suffisantes. Cette offensive devra donc être immédiate. Dans ces conditions, l'investissement du front ouest se bornera à une simple action de surveillance, destinée à empêcher les réquisitions qui pourraient être tentées dans les environs.

Pour tourner *Belfort* par le sud il faudrait deux jours, et au nord on n'a qu'une seule route, celle qui passe par *Magny* et *Anjoutey*, car la vallée d'*Offemont* est complètement battue par le fort de la *Miotte*.

Nous proposerons donc les dispositions suivantes :

Le 11e régiment d'infanterie avec la moitié de la 5e batterie marchera sur *Belfort* par la grande route, occupera la hauteur au nord de *Valdoie*, nettoiera la forêt d'*Arsot* et surveillera la place.

Le reste de la 3e division (la 8e brigade d'infanterie avec 2 batteries, renforcée par le 2e hussards) formera l'avant-garde; elle passera par *Magny*, *Etuéffont*, *Anjoutey*, occupera *Saint-Germain*, fera reconnaître le terrain en avant par sa cavalerie, et tiendra le pont du ruisseau de la *Madeleine*.

La 2e division, puis la 2e brigade de cavalerie suivront à courte distance dès que la route sera libre. La première partira d'*Anjoutey* et se dirigera au sud, vers *Menon-*

court; la brigade de cavalerie s'arrêtera jusqu'à nouvel ordre à *Anjoutey*.

La 1re division détachera, à partir de *Ronchamp*, le 4e d'infanterie et la 1re batterie par *Frahier* sur *Chalonvillars*. Ce détachement sera rejoint par le 1er hussards qui, partant de *Giromagny*, marchera sur *Chaux* et *Evrevet;* il aura pour mission de surveiller le front ouest de la place, sans s'exposer aux feux des forts, et se reliera par le *Salbert* au poste de *Valdoie*.

Le reste de la division marchera de *Champagney*, par *Auxelles* et *Giromagny*, sur *Gros-Magny*. En cet endroit, la division recevra de nouveaux ordres lui indiquant si elle doit continuer sa marche, ou s'arrêter pour faire la soupe.

Le départ de toutes les colonnes aura lieu à la même heure (6 heures du matin).

Bien que les 2e et 3e divisions n'aient à faire que deux milles (15 kilomètres) pour dépasser *Anjoutey*, on ne peut pas compter qu'elles soient rassemblées en ce point avant midi; car elles n'ont à leur disposition qu'une route de montagne.

Si l'on rencontre l'ennemi on l'attaquera immédiatement, et la 1re division recevra l'ordre de se rapprocher.

Si l'ennemi se dérobe, une poursuite à grande distance ne sera pas possible ce jour-là.

Si l'on ne découvre aucune force ennemie, l'occupation de la position *Saint-Germain—Menoncourt*, qui couvre en même temps l'unique ligne de retraite du corps d'armée, se présente favorablement pour servir de base à une attaque de flanc, contre un mouvement offensif que l'adversaire pourrait tenter ultérieurement, soit par la route du nord qui passe par *Soppe*, soit par celle du sud qui passe par *Altkirch*.

SOLUTION DU THÈME 45

Aux généraux commandant les 28e, 29e *et* 30e *divisions d'infanterie et la division de cavalerie (instructions identiques).*

Mulhouse, le 5 mars, 6 heures du soir.

Si l'ennemi attaque avec des forces supérieures, la 29e division d'infanterie continuera, demain 6 mars, son mouvement de retraite de *Traubach*, par *Balschwiller*, sur *Spechbach-le-Haut ;* elle prendra position en arrière de ce dernier village. Comme il serait avantageux d'attirer l'ennemi dans cette direction, l'arrière-garde acceptera le combat, là où elle sera attaquée ; la division s'arrêtera sur les positions intermédiaires, qu'il sera nécessaire d'occuper pour recueillir son arrière-garde. Elle enverra ses deux batteries lourdes s'établir à l'avance sur la hauteur, à l'est de *Spechbach-le-Haut*. La division occupera le village et déploiera son gros sur la ligne de hauteurs, à la droite des batteries, son aile droite au chemin qui mène de *Bernwiller* à *Galfingen* (1). L'arrière-garde viendra se placer en réserve, sur le versant des hauteurs, qui est opposé à la direction de l'ennemi.

La 30e division se mettra en marche, à 6 heures du matin, de *Mulhouse* sur *Galfingen.* Elle prendra sa formation de combat sur la hauteur, entre le chemin mentionné plus haut et le bois dit *Freywald ;* elle fera occuper ce bois par ses tirailleurs.

(1) L'auteur a sans doute voulu parler du chemin qui mène de *Spechbach-le-Haut* à *Galfingen.* (*Note du traducteur.*)

Les deux divisions mettront toute leur artillerie en avant ; l'infanterie et, derrière elle, la cavalerie divisionnaire, s'établiront à couvert, à l'abri de la hauteur. Je ferai régler sur place les détails relatifs à l'occupation de la position.

La 28e division quittera Cernay à 6 heures du matin et s'établira à couvert, en formation de rassemblement, en arrière de *Burnhaupt-le-Bas*. Elle se reliera par le bois, dit *Freywald*, avec la 30e division et surveillera, à travers le bois de *Langelittenhaag*, la direction de *Soppe*.

La division de cavalerie se rassemblera dans la clairière, à l'est de *Burnhaupt;* l'artillerie de corps au sud de *Galfingen*.

Mon intention est, dès que l'ennemi sera engagé de front avec les 29e et 30e divisions, de tomber sur son flanc gauche avec la 28e division.

S'il s'avançait par *Soppe*, le mouvement offensif partirait de notre aile gauche.

Pendant le combat, je me tiendrai sur la hauteur au sud de *Galfingen*.

Si l'ennemi n'attaquait pas sérieusement demain, l'avant-garde de la 29e division aurait à se maintenir sur la position, qu'elle occupe en avant de *Traubach*.

Les ordres nécessaires devront être donnés dans ce sens.

SOLUTION DES THÈMES 46 et 47

Reproduction littérale de la critique verbale faite par le général de Moltke.

Pour le premier travail (thème 46), je m'étais arrêté à une position de flanc, dont les détails étaient demandés dans le travail suivant.

Là, où il n'est pas absolument nécessaire de conserver une ligne d'opérations déterminée comme en pays ennemi, on peut modifier sa base d'opérations suivant les circonstances, c'est à-dire transférer sa propre ligne de retraite soit sur des places fortes, soit sur des troupes amies. Dans le cas présent, il n'était pas nécessaire de tenir la route de *Berlin ;* c'est plutôt le IIe corps qui était le véritable point d'attraction en cas de retraite ; c'est également de lui qu'on devait attendre des secours.

Mais si l'on veut occuper une position de flanc, on ne peut la choisir en rase campagne, et suivant une direction parallèle à celle de la route, par laquelle on attend l'arrivée de l'ennemi ; car l'ennemi attaquerait l'aile la plus rapprochée de lui et bénéficierait ainsi de tous les avantages d'une attaque de flanc. Une position de flanc devra, au contraire, être choisie de telle façon qu'elle soit appuyée le plus solidement possible aux ailes, et qu'elle produise les effets d'une surprise.

La 5e division trouvera toutes ces conditions réunies dans la position d'*Arensdorf — Falkenhagen.* Je parierais cent contre un que l'ennemi, qui nous a suivis pendant trois ou quatre jours dans une direction déterminée, continuera pour le moment sa marche dans la même direction, c'est-à-dire sur la route de *Müncheberg—Berlin*. Pour le confirmer dans l'espoir de rencontrer encore la 5e division sur cette route, une arrière-garde forte d'un bataillon d'infanterie, de toute la cavalerie et d'une batterie, resterait aux avant-postes à *Petershagen ;* à l'approche de l'ennemi, elle rétrograderait, et ce n'est qu'à *Georgenthal* qu'elle opposerait une résistance sérieuse, jusqu'à ce que l'ennemi soit arrivé à portée du feu efficace des batteries du gros. Elle dégagerait ensuite rapidement le front de la division en se retirant, sur *Arensdorf*.

Le reste de la division occupera les emplacements suivants : les trois batteries au nord-ouest du défilé, entre le *Schmerlen-See* et le *Kalk-See;* un régiment de la 9e brigade au nord-ouest de *Georgenthal*, le deuxième plus loin au nord-ouest, en réserve; la 10e brigade au nord-ouest de *Hinterste Graning*, le bataillon de chasseurs aux défilés de *Falkenhagen*.

Si l'avant-garde de l'ennemi suit notre arrière-garde au delà de *Georgenthal*, elle sera en butte à un feu efficace et forcée de se retirer au sud, sur *Wilmersdorf*.

Le gros de l'ennemi aura le choix entre trois solutions :

1° Il peut faire un crochet au nord, pour tomber sur les derrières de notre position (en admettant qu'il soit bien renseigné par son avant-garde). Mais l'ennemi n'en fera rien ; car il s'exposerait ainsi à être pris en flanc par le IIe corps, et à perdre toute liaison avec son avant-garde ;

2° Le gros continue sa marche sur la route ; en ce cas, notre division atteindra son but ;

3° Le gros fait un crochet au sud pour attaquer notre front, de concert avec son avant-garde ; mais, en ce cas, il ne dispose que des chemins passant par *Madlitz* ou *Briesen*. Le premier n'est pas propre à être utilisé par le gros d'un corps d'armée. Il devra donc faire un détour par *Briesen*, ce qui fait 22 kilom. Il est douteux que l'ennemi, après avoir parcouru 22 kilom., soit encore en état d'attaquer. En l'admettant cependant, la division bien reposée sera en bonne posture pour l'attendre, ayant sa ligne de retraite orientée sur le IIe corps, dont elle peut recevoir des secours. Si l'ennemi n'attaque pas, on aura gagné une journée ; le corps et la division pourront alors se concerter pour une action commune. En outre, l'ennemi aura tout l'air d'avoir abandonné sa ligne de retraite, ce qui est d'autant plus désavantageux pour lui que sa base d'opérations est plus proche. Car, dans le présent cas, c'est le pont de l'*Oder*, à *Frankfurt*, qui constitue exclusivement cette base ; elle s'est rétrécie de telle sorte qu'elle n'est plus qu'un point.

SOLUTION DU THÈME 48

Reproduction littérale de la critique verbale faite par le général de Moltke.

Dans le thème donné, la situation de l'ennemi a été exposée aussi clairement qu'on peut vraiment le désirer. Il est certain que la masse principale de l'ennemi, qui avait suivi notre corps, a disparu de *Sonnenburg;* il n'est pas moins vrai que, le 2 mars, il n'y avait que peu de forces ennemies réunies sur la rive gauche de l'*Oder*. L'adversaire n'a pas tenté de nous chasser définitivement de *Trepplin;* par conséquent il ne se croit pas de force à nous attaquer. De plus, il n'a pas été fait de tentative pour franchir l'*Oder* entre *Cüstrin* et *Lebus*. Du reste, il faut du temps pour effectuer un tel passage. Il faudrait d'abord chasser nos tirailleurs embusqués derrière les digues de l'*Oder*, et commencer une canonnade, avant de songer à construire un pont.

En conséquence, l'offensive est tout indiquée pour nous. Nous devons profiter du temps et de l'occasion qui nous sont offerts, pour tirer le meilleur parti possible de notre supériorité momentanée. Il est hors de doute que, dans cette journée (3 mars), nous pourrions nous retirer sans être inquiétés, et concentrer toutes nos forces du côté de *Heinersdorf* et de *Müncheberg;* mais alors on aurait devant soi, le 4 mars, sur la rive gauche de l'*Oder*, des forces supérieures en nombre, auxquelles on n'a pas osé résister sur la rive droite.

Aussi, la plupart de ces messieurs ont-ils pris l'offensive, en portant leurs troupes en avant, par la route de marche naturelle, c'est-à-dire le IIe corps sur *Schönfliess* et la 5e division sur *Boosen*. Mais, en agissant ainsi, il faut se faire une idée exacte de l'attitude de l'ennemi. Si on réussit à l'attaquer sur deux points à la fois, et à réaliser la concentration des deux colonnes sur le champ de bataille, on peut certainement compter sur les plus beaux résultats. C'est ainsi que nous avons opéré par exemple en 1866, à *Königgrätz*. Mais peut-on escompter un pareil succès dans ce cas-ci? Non! L'ennemi se soustraira à une attaque ainsi prononcée en rétrogradant, ou bien, il prendra lui-même l'offensive, pour tomber avec des forces supérieures sur une de nos unités opérant séparément.

Cette dernière hypothèse est d'autant plus admissible, qu'il lui importe de procurer du champ aux troupes, qui ont franchi le fleuve.

La position entre *Aalkasten-See* et *Malnow* n'a pas deux kilom. de front; il faudra donc juste une division pour l'occuper. C'est sur cette position qu'il y aura lieu de déployer la 4e division, dont la 8e brigade est déjà établie à *Dolgelin* comme avant-garde. La 3e division sera rassemblée en arrière de la 4e, à *Karzig — Alter-Weinberg*. La 5e division enfin rejoindra le reste. A cet effet, son arrière-garde tiendra solidement le défilé de la route au *Trepplinner See* (étang de *Trepplin*). Une de ses brigades se portera directement par *Falkenhagen* sur *Hohen-Jesar*, l'autre s'avancera sur *Petershagen*, pour soutenir tout d'abord l'arrière-garde, qui est très en l'air, et empêcher l'ennemi de progresser à l'ouest. Cette brigade se rendra ensuite également à *Hohen-Jesar*, et l'avant-garde l'y suivra par *Sieversdorfer Mühle* et *Wald-Mühle*. En fait d'indications relatives aux heures, je me contenterais d'ordonner aux divisions d'être rendues à 9 heures du matin aux endroits indiqués; les divisions se baseraient là-dessus pour calculer elles-mêmes les heures de départ. En mars, les troupes peuvent se mettre en route à 6 heures du matin.

Si l'ennemi s'avance sur *Trepplin* et *Falkenhagen*, il

frappera dans le vide. S'il marche sur *Hohen-Jesar* contre la 5e division, il sera attaqué par le IIe corps.

S'il se dirige tout droit au nord, la 5e division l'attaquera en flanc. Celle-ci aura établi son artillerie sur les hauteurs au sud de *Hohen-Jesar*, pour battre le terrain du côté de *Wulchow* et *Schönfliess*. Elle occupera également *Alt-Zeschdorf* et le petit bois au nord de ce village. C'est ainsi qu'on pourra passer de la défensive à l'offensive, avec des chances de succès. Il est vraisemblable qu'on pourra occuper cette position. *Wüst-Kunersdorf* n'est pas beaucoup plus près d'*Aalkasten-See* que *Dolgelin*; *Frankfurt* n'en est guère plus rapproché que *Seelow*. L'essentiel dans tout cela, c'est que les dispositions adoptées répondent à un projet exécutable. Le général commandant le corps d'armée se tiendra à l'extrémité nord-est de l'*Aalkasten-See*, où il se trouvera à moins de deux kilomètres du commandant de la division la plus rapprochée.

SOLUTION DU THÈME 49

Reproduction littérale de la critique verbale faite par le général de Moltke.

Le thème ne demandait autre chose qu'une rédaction. A qui ? Quoi ? Comment ? Voilà les trois questions qu'il fallait traiter. Dans ce cas, la concision est de rigueur. Mais l'essentiel est de tout dire.

1° A QUI ?

Faut-il faire parvenir des ordres, même au IIe et au IVe corps ? Ce ne serait pas une faute, car pour une action décisive, on ne saurait jamais être assez fort.

Cependant, cela n'est pas d'une nécessité absolue, attendu que, dans le thème, il était dit que seuls les corps d'armée, qui pourraient atteindre le champ de bataille dans la journée devaient y être amenés.

En admettant la nécessité d'appeler ces deux corps, il fallait, par exemple, appeler une division du IVe corps à *Thiaucourt*, et le IIe corps aux passages de la *Moselle* à *Corny* et *Arry*. Il n'y a pas lieu d'envoyer le IIe corps à *Pont-à-Mousson*, parce que, de *Corny* et d'*Arry*, la *Moselle* et les routes qui en débouchent sont plus faciles à garder, et que le IIe corps d'armée soutiendra ainsi plus facilement l'aile droite de la IIe armée.

La Garde et le XIIe corps devront recevoir leurs ordres directement du grand quartier général, car, si ces ordres passaient d'abord par le commandant de l'armée, ils arriveraient trop tard, d'autant plus que le quartier général du commandant de la IIe armée, dans la nuit du 16, n'était pas connu. En revanche, il n'y a pas lieu d'envoyer des ordres directs aux VIIe et VIIIe corps, mais de les faire passer par le canal du commandant de la Ire armée, attendu que celui-ci ne se trouve qu'à une distance d'un peu plus d'un mille (7 kilom. 500). Il faudra donc s'en tenir à la voie hiérarchique, tant qu'il ne sera pas nécessaire de s'en écarter pour un motif pressant. Ici, ce n'est pas le cas, vu que le VIIe et le VIIIe corps ne devront se mettre en mouvement que le lendemain matin. Il n'y a pas lieu non plus de rédiger immédiatement l'ordre à adresser au IXe corps, attendu que le commandant en chef de la IIe armée a sans doute déjà ordonné à ce corps de serrer sur sa tête.

Il faudra donc adresser par écrit, au commandant de la Ire armée, les ordres à donner aux VIIe et VIIIe corps, et au commandant de la IIe armée, ceux destinés aux IIe, IVe et IXe corps, tandis que la Garde et le XIIe corps devront les recevoir directement par le télégraphe.

2° QUOI ?

Dans les télégrammes, il faudra indiquer sommairement la situation générale. Cela est nécessaire pour expliquer le changement apporté à la direction de la marche.

Ces renseignements sur la situation générale devront être, autant que possible, les mêmes pour tous, afin que chacun soit fixé sur la mission des unités voisines.

Il n'y a pas lieu d'envoyer des ordres directs à la 12e division de cavalerie, parce qu'elle dépend directement du XIIe corps, et que ce corps d'armée a des moyens de communication plus directs et plus rapides avec elle (postes de correspondance).

Les renseignements sur la situation générale, adressés aux commandants des deux armées, n'ont pas besoin d'être absolument identiques. Pour les marches, il n'y a pas lieu de fixer des heures, attendu qu'au grand quartier général on ne peut calculer d'avance la durée des marches de corps d'armée, ayant à parcourir des distances variant de 4 à 5 milles (25 à 35 kilomètres).

En donnant de semblables instructions de détail, on ne ferait qu'augmenter sa propre responsabilité, sans profit pour personne.

La recherche des routes à suivre par chaque unité en particulier, est affaire des chefs d'état-major d'armée ou de corps d'armée ; ils ont les moyens pour les faire reconnaître d'avance par des officiers.

Il n'y a donc pas lieu d'assigner telle ou telle route à la Garde ou au XIIe corps, au VIIe ou au VIIIe ; mais il suffira de leur indiquer des directions générales ainsi que le but de la marche.

3° COMMENT ?

1° *Au commandant en chef de la Ire armée, à Coin-sur-Seille* (par un officier d'ordonnance) :

Pont-à-Mousson, le 16 août 1870, 7 heures du soir.

Le IIIe et le Xe corps ont tenu tête aujourd'hui, à l'ouest de Metz, à l'ennemi très supérieur en nombre.

La Garde et le XIIe corps sont en marche sur *Mars-la-Tour*. Le VIIe et le VIIIe corps devront être amenés sur l'aile droite de la position de combat, à *Vionville*, par le chemin le plus court, après avoir passé la *Moselle* à *Corny* et *Arry*, derrière le IXe corps.

Les convois resteront de l'autre côté de la *Moselle*. Les colonnes de munitions devront être emmenées, de façon à pouvoir ravitailler immédiatement le IIIe corps.

Les rapports adressés demain matin à Sa Majesté devront être envoyés sur la hauteur au sud de *Flavigny*.

2° *Au commandant en chef de la IIe armée, par Novéant — Gorze* (en double expédition, par deux officiers d'ordonnance) :

Pont-à-Mousson, le 16 août 1870, 7 heures du soir.

Par ordre télégraphique parti d'ici, la Garde et le XIIe corps sont appelés à *Mars-la-Tour* en passant par *Beney* et *Thiaucourt*, la première à gauche, le second à droite. La 12e division de cavalerie devra être poussée en avant, dès la première heure, pour observer les routes d'*Étain* et de *Briey* à *Metz*.

Le VIIe et le VIIIe corps passeront demain la *Moselle* derrière le IXe corps, et se porteront par le chemin le plus court vers la droite de la position de combat, à *Vionville*.

Sa Majesté sera rendue demain matin sur la hauteur au sud de *Flavigny*.

3° *Télégramme adressé au corps de la Garde à Bernécourt :*

Pont-à-Mousson, le 16 août 1870, 7 heures du soir.

Le IIIe et le Xe corps ont combattu aujourd'hui à l'ouest de *Metz*, contre l'ennemi supérieur en nombre.

La Garde et le XIIe corps se dirigeront cette nuit même sur *Mars-la-Tour*, en passant par *Beney*, à gauche, et *Thiaucourt*, à droite.

La 12e division de cavalerie sera poussée en avant, pour couvrir les routes d'*Étain* et de *Briey* à *Metz*.

La brigade de uhlans de la Garde restera face à la *Meuse*.

On fera suivre les colonnes de munitions.

4° *Télégramme adressé au commandant du XIIe corps à Fey-en-Haye*. — (Identique).

SOLUTION DU THÈME 50

A mon avis, une position défensive à *Gumbinnen*, derrière la *Rominte* et la *Pissa* inférieure, ne remplirait pas le but poursuivi. Elle ne permettrait pas de prendre immédiatement l'offensive, pour tirer parti des succès remportés. Si le combat était livré autour de la ville, il y ferait trop de mal. En cas d'insuccès, on serait acculé aux défilés de *l'Angerapp*. Il se pourrait également que l'ennemi nous prévînt à *Gumbinnen*.

Je proposerais donc une position de flanc, l'aile gauche appuyée à *l'Angerapp*, l'aile droite aux *Augskallner Berge* ou aux *Plickner Berge*.

Ce sera un officier d'état-major, se rendant sur les lieux sous escorte, qui décidera, suivant le terrain, s'il faudra occuper les hauteurs devant *Gerwischken—Szublauken* ou celles de *Pagramutschen—Wilken*, plus en avant. Dans les deux cas, les divisions de cavalerie prendront position derrière les couverts en arrière des montagnes, pour déboucher, au moment opportun, contre l'aile gauche de l'ennemi. Les points d'appui les plus importants de la partie découverte du front seront occupés par l'artillerie. L'infanterie restera cachée le plus longtemps possible derrière les accidents du terrain. Les batteries à cheval, escortées par de la cavalerie, seront poussées sur la *Rominte* et la *Pissa*, pour entraver le passage de l'ennemi et le signaler.

L'ennemi ne pourra point nous négliger, à moins de renoncer entièrement à sa ligne de communications. S'il réussissait à nous déloger de notre position, tous les points de passage de *l'Angerapp*, depuis *Nemmersdorf* jusqu'à

Darkehmen, pourraient être utilisés successivement; ils nous permettraient de nous concentrer de nouveau au delà de la rivière, sur le flanc de la direction prise par l'ennemi.

Reproduction littérale de la critique verbale faite par le général de Moltke.

Messieurs,

Avant de traiter avec vous cette question, je désirerais entrer dans quelques généralités qui s'appliquent à tous les cas.

Si nous examinons ici la situation au point de vue géographique, nous remarquons que l'ennemi s'avance de l'est à l'ouest, tandis que nous allons du sud au nord. En conséquence, nos deux lignes de marche devront se croiser et le point d'intersection sera *Gumbinnen*. Or, si nous barrons la route à l'ennemi, à *Gumbinnen*, nous serons obligés de faire un à-droite, c'est-à-dire de transférer notre ligne de retraite de la direction sud sur celle d'ouest, tandis que l'ennemi conservera la sienne directement à l'est. Il en sera tout autrement si nous n'allons pas jusqu'à *Gumbinnen*, et si nous nous arrêtons au sud de la ville. Nous obligerons ainsi l'ennemi à faire un à-gauche, pour nous attaquer. Sa ligne de retraite se trouvera alors sur son flanc gauche, pendant que nous conserverons la nôtre dans la direction du sud. Mais le transfert de la ligne de retraite sera beaucoup plus dangereux pour l'ennemi que pour nous; en effet, nous sommes en pays ami, tandis que l'adversaire pourra, dans certaines circonstances, être rejeté sur le *Haff*.

En général, on peut dire que le plus souvent on n'occupera des positions de flanc qu'en pays ami. Les armées d'invasion pourront rarement avoir recours à ce moyen. Ce que je dis là est un peu abstrait et dogmatique; mais il est de fait qu'à la guerre il est bien scabreux de se battre, en faisant front dans une direction anormale. Sans doute, nous avons agi ainsi le 18 août 1870 ; mais nous le pouvions, parce que les 14 et 16 nous avions remporté des victoires, et que nous avions une grande supériorité sur l'ennemi. Nous ne pouvons pas établir si dans notre cas le transfert de la ligne de retraite nous serait nuisible ; cela dépendrait d'une foule de considérations, qui ont été négligées dans ce thème. Or, si l'on veut occuper une de ces positions de flanc, on lui demandera que le côté exposé à l'attaque de l'ennemi ait un point d'appui, ou, du moins, qu'il soit protégé par le terrain ou de bonnes positions d'artillerie, ou bien par des réserves judicieusement placées. Supposons, messieurs, que nous occupions une position de flanc en terrain découvert ; l'ennemi ne nous fera certes pas le plaisir de se déployer devant nous, pour attaquer notre front ; mais il prendra une diagonale pour marcher tout droit sur l'aile la plus rapprochée, et culbuter successivement nos troupes sur toute la ligne. Le flanc droit qui, dans notre cas, est le flanc menacé, est appuyé solidement aux *Plickner Berge*. Du reste, une position de flanc a non seulement pour but de battre efficacement la route d'approche de l'ennemi, mais elle peut également viser l'offensive. Je vous ai donné, messieurs, pour ainsi dire le squelette de la question. Il faudra maintenant le compléter en y ajoutant de la chair et des muscles, et y faire circuler la vie, au moyen des mesures de détail.

Ceux de ces messieurs qui sont allés à *Gumbinnen*, remplissent la première partie de leur mission ; car ils barrent à l'ennemi la route de *Königsberg* ; mais on peut se demander si, en agissant ainsi, ils ont profité de tous les avantages qu'offrait la situation. Il me paraît préférable de rester au sud de *Gumbinnen*. Sans doute l'ennemi n'est pas absolument contraint de passer par *Gumbinnen* ; mais, messieurs, si vous tenez tant soit peu compte des probabilités, vous admettrez facilement qu'il y passera.

Depuis plusieurs jours, il s'avance de l'est à l'ouest ; s'il n'est pas sollicité par des raisons particulières, il continuera sans doute à marcher dans cette direction..Car il lui importe d'atteindre *Gumbinnen*, parce qu'il voudra y loger une partie de ses troupes et s'emparer des débouchés sur ce point. Il n'est pas probable que l'ennemi se dérobe par le nord, parce qu'il serait obligé dans la suite de faire face en arrière pour se battre. Dans la réalité, ces choses-là n'arrivent pas. En outre, il irait ainsi, de gaieté de cœur, s'enfoncer dans un vaste fouillis de marécages. Il marchera donc très probablement sur *Gumbinnen*. Si nous n'y allons pas nous-mêmes, il reste à déterminer l'endroit où nous nous arrêterons, au sud de cette ville, et à quelle distance. Beaucoup de ces messieurs ont pris position à peu près à hauteur de *Kuttkulmen*. Mais, en cet endroit, le terrain est absolument dénudé. L'ennemi, arrivant par l'est, pourra découvrir notre position et franchir, au delà de *Gumbinnen*, la *Rominte* et la *Pissa* pour s'avancer ensuite contre nous ; en ce cas, nous devrons nous déployer face à l'est. A mon avis, ce qu'il y a de mieux à faire, c'est de nous tenir à 5 ou 6 kilomètres au moins de *Gumbinnen*, et de prendre une formation préparatoire à l'abri des vues, derrière les *Plickner Berge*.

Mais en prenant quelque part une formation préparatoire, il faut toujours avoir en vue une position sur laquelle on puisse se défendre éventuellement. On ne peut préciser cette position sur la carte ; il faudra donc la choisir sur le terrain. A cet effet, le commandant des troupes y enverra d'abord un officier de son état-major et s'y rendra ensuite de sa personne. Il me semble que la position derrière les *Plickner Berge* est en même temps une bonne position de défense. La cavalerie y peut trouver un emplacement défilé, sur l'aile droite ; le front a un champ de tir découvert, et l'aile gauche est appuyée à l'*Angerapp ;* mais plus on se rapprochera de *Gumbinnen*, plus ce dernier point d'appui fera défaut. On n'enverra au-devant de l'ennemi, sur la grande route, que de l'artillerie à cheval, escortée par de la cavalerie, pour prendre le contact avec lui. L'ennemi ne nous laissera pas maîtres de *Gumbinnen;* il en chassera notre avant-garde qui, dans sa retraite vers l'ouest, pourra encore occuper une position intermédiaire. L'avant-garde, qu'il aura formée sans aucun doute, suivra la nôtre par *Gumbinnen* et sera peut-être encore renforcée par le gros.

Voilà que l'ennemi est renseigné sur notre position de flanc. Il peut alors ramener toutes ses forces en arrière de *Gumbinnen*, par le seul pont dont il dispose, ou bien faire passer tout son monde sur l'autre rive pour nous attaquer. Il est clair que, dans le premier cas, nous ne lui permettrions pas de se retirer tranquillement; nous prendrions l'offensive, en nous faisant précéder par notre cavalerie.

Dans le second cas, nous pouvons, pour débuter, rester sur la défensive. Je suis convaincu que, par suite des perfectionnements apportés aux armes à feu, la défensive tactique l'emporte de beaucoup sur l'offensive tactique. Sans doute, dans la campagne de 1870, nous avons toujours pris l'offensive; nous avons attaqué les plus fortes positions de l'ennemi et nous les avons emportées.... mais, au prix de quels sacrifices, messieurs! Il me paraît donc préférable de ne passer à l'offensive, qu'après avoir repoussé plusieurs attaques de l'ennemi.

Il nous reste à examiner s'il faut occuper *Gumbinnen*. Ceux de ces messieurs qui s'en sont beaucoup rapprochés y étaient obligés; mais, quant à moi, je n'occuperais pas *Gumbinnen*, parce que je n'attache aucune importance au débouché de l'ennemi, et qu'en agissant ainsi je lui révélerais plus facilement mes intentions.

Enfin, j'aurais encore quelques remarques à faire sur la manière, dont quelques-uns de ces messieurs ont disposé de leur cavalerie. Le Ier corps d'armée a une cavalerie très nombreuse, deux divisions. Tous ces messieurs les ont envoyées du côté de l'ennemi. Sans doute, en

1870, la masse de notre cavalerie a également précédé notre armée, mais dans la période seulement où les deux armées adverses étaient encore éloignées l'une de l'autre, et où la position de l'ennemi n'était pas encore connue. Mais, dans ce cas-ci, nous savons où est l'ennemi; les deux partis adverses ne sont séparés que par une distance de 45 kilom.; la cavalerie n'a donc pas grand'chose à faire devant le front. Elle ne peut que rester dans l'expectative, ou bien se retirer sur les autres corps de l'armée. Quand l'ennemi est aussi rapproché, la place de la cavalerie est en arrière du front, et elle ne doit être employée que dans le cours de la bataille, probablement vers la fin seulement.

Je me contenterais donc de conserver le contact de l'ennemi, au moyen de la cavalerie, sur la grande route seulement; mais, plus au sud, je n'enverrais personne au delà de la *Rominte*. Un officier bien monté suffira de ce côté. Il ne s'agit point ici d'arrêter l'ennemi, mais seulement de savoir s'il marche en avant et dans quelle direction. Un officier, qui ne se fiera qu'à son cheval, me fournira ce renseignement tout aussi bien qu'une cavalerie nombreuse. En outre, une troupe de cavalerie d'une certaine force, qui se montrerait sur le flanc droit de l'ennemi, ne ferait qu'éveiller son attention, ce qu'il faut éviter. En général, tous ces messieurs ont fourni un bon travail, bien qu'ils n'aient pas mis à profit tous les avantages que comportait la situation. Ils ont fourni la preuve qu'ils s'entendent à manier des unités composées de troupes de toutes armes, ce qui est précisément le but final de tous nos efforts.

SOLUTION DU THÈME 51

A. — Solution écrite du général de Moltke.

1° Le commandant de l'avant-garde tiendra la coupure du *Fluth-Graben* qu'il pourra, dans tous les cas, atteindre avant l'ennemi ; il procurera ainsi au corps d'armée le temps nécessaire à son rassemblement.

Mais afin de faciliter en outre l'offensive du corps d'armée (si du moins le commandant du corps en a l'intention) il occupera tout d'abord *Waltersdorf*.

Il enverra au commandant du régiment de dragons l'ordre de ne rétrograder que s'il y est forcé, d'observer l'ennemi et de se maintenir à *Waltersdorf*, en faisant mettre pied à terre à ses dragons, jusqu'à ce qu'il soit relevé.

Le 1er bataillon du régiment n° 1 se portera immédiatement sur *Kiekebusch* et occupera ce village, ainsi que le *Windmühlenberg* (Butte des Moulins) et le pont en avant.

La 1re batterie de 6, ayant comme soutien une compagnie d'infanterie du même bataillon, se mettra en batterie à sa gauche, à la cote 149.

Le 2e bataillon prendra le premier chemin forestier à droite et se rendra à *Schulzendorf*. Deux compagnies de ce bataillon et la compagnie de pionniers occuperont *Waltersdorf*, et mettront ce village en état de défense.

Le 3e bataillon s'arrêtera au saillant nord de la forêt de *Wüstemark*, où il se placera en réserve.

Rendre compte de ces dispositions au général commandant le corps d'armée. En informer l'avant-garde de la 2e division.

2° Avant de se résoudre à la défensive ou à l'offensive, le commandant du corps d'armée devra tout d'abord rassembler ses troupes.

Il lui faudra au moins deux heures, pour porter les têtes de son gros contre son avant-garde derrière le *Fluth-Graben*. Ce temps suffira à l'ennemi pour arriver devant cette coupure.

La 2e division recevra l'ordre de faire occuper, par son avant-garde, *Selchow* et les points de passage en cet endroit; elle fera, en outre, éclairer par sa cavalerie le terrain au delà de *Gr.-Ziethen* et de *Lichtenrade*.

Le gros de la division se portera par *Rotzis* sur les *Hohen-Fichten* (haute futaie de pins). Les 3 batteries de la division, accompagnées de 2 escadrons, prendront les devants au trot, et s'établiront à l'ouest des pins.

La 1re division continuera sa marche sur la route.

Le général commandant le corps d'armée se rendra de sa personne à la cote 149, à *Kiekebusch*, ou bien, le cas échéant, sur le *Marien-Berg*, d'où il pourra embrasser la situation et voir arriver ses colonnes.

Si l'ennemi, de force égale, ou supérieur en nombre, n'était plus qu'à une faible distance, il y aurait lieu d'attendre son attaque.

L'infanterie de la 2e division se déploiera à gauche des *Hohen-Fichten*, et la position en cet endroit pourra être renforcée par l'arrivée de l'artillerie de corps, qui allongera l'allure.

Si l'on a du temps devant soi, la 2e brigade de la 1re division se portera au delà de *Waltersdorf*, et occupera le *Marien-Berg* avec 3 batteries. Le front entre *Selchow* et *Waltersdorf* mesure environ $5^{km},500$.

Si par contre l'ennemi ne s'est pas porté en avant, il faut en conclure qu'il n'a pas encore réuni ses troupes. Pour se rendre compte de sa force, il y aura lieu de se rapprocher de lui, afin de le contraindre à se déployer ou à battre en retraite, suivant le cas. Les bataillons continueront à rester en colonne de route; ils utiliseront les divers points de passage du *Fluth-Graben*; au delà de ce fossé seulement, ils se formeront par brigade (régiments accolés, en ligne de colonnes de compagnie à intervalles de trois pas).

Il n'est pas probable que l'ennemi se soit massé dans l'étranglement entre la *Sprée* et la série d'étangs; nous devons le supposer sur la ligne *Rudow — Gr.-Ziethen.*

L'avant-garde de la 2e division occupera *Wassmannsdorf* comme pivot de manœuvre, lors de la conversion que notre front exécutera à gauche.

Les bataillons de tête de la 4e et de la 2e brigade se déploieront en colonnes de compagnie, précédées de tirailleurs, et l'artillerie occupera la ligne *Wassmannsdorf — Schönefeld — série d'étangs*. Dans tous les cas, l'adversaire sera bien obligé alors de montrer toutes ses forces, et de se décider à accepter ou à refuser le combat.

Si c'est nous qui attaquons, les gros des 4e et 2e brigades suivront le mouvement; les 3e et 1re brigades resteront en réserve. Cette dernière brigade occupera le *Marien-Berg*, afin de protéger, s'il y a lieu, notre retraite.

Les diverses phases du combat dicteront les autres mesures à prendre.

Les convois resteront en arrière des prés humides qui bordent la *Notte*.

B. — Reproduction littérale de la critique verbale du général de Moltke.

En traitant un sujet tactique, il faut tout d'abord se mettre exactement à la place de l'adversaire, et lui attribuer toujours les dispositions les plus judicieuses. Dans notre thème, il est dit que des forces ennemies se sont rassemblées du côté d'*Eberswalde*, afin de protéger *Berlin*. Nous ne connaissons pas la force de l'ennemi, et nous ne savons pas exactement où il se trouve pour le moment. Son itinéraire le plus direct est la route passant par *Cöpenick*. Or, si nous marchons sur la capitale, nous devons nécessairement le rencontrer.

Jusqu'à présent, on a signalé, en fait de troupes ennemies, de l'infanterie à *Bohnsdorf*, de l'artillerie à *Rudow* et de la cavalerie débouchant de *Glienicke*. Il y a lieu de supposer que l'ennemi, pour reconnaître le terrain vers le sud, s'est fait précéder par de la cavalerie, et qu'il a déjà placé de l'infanterie et de l'artillerie en avant du défilé, pour assurer son débouché. En aucun cas, nous ne pouvons admettre que l'ennemi ait pris définitivement position à *Rudow — Bohnsdorf*. Une telle position de flanc, adossée au *Müggel-See* et aux défilés marécageux et boisés de la *Sprée*, serait extrêmement défectueuse. L'ennemi aura également pu tenter d'arriver sur nos routes de marche ; c'est pourquoi la position de *Rudow — Buckow*, ou celle de *Rudow — Gr.-Zieten*, a plus de chances d'être choisie par lui que toute autre adossée à la *Sprée*. Si, d'après la première hypothèse, la 2e division marchait sur *Rudow*, il est très possible qu'elle ne rencontre pas l'aile droite de l'ennemi, mais bien son aile gauche, ce qui mettrait cette division dans une fâcheuse situation.

J'aurais encore une remarque générale à faire avant de continuer. Pour faire du chemin, nous avons besoin de colonnes profondes ; mais, avant le combat, il nous faut, par contre, nous déployer. Si nous nous déployons trop tôt, nous sommes cloués sur place et nous fatiguons inutilement nos troupes ; si nous nous déployons trop tard, l'ennemi peut repousser les troupes chargées de pourvoir à notre sécurité, et nous attaquer pendant notre déploiement. Comment faire pour se déployer ? Il n'y a point de règle fixe à cet égard ; dans chaque cas particulier, il faut agir de la façon la plus judicieuse. Mais, entre la colonne de route et la ligne déployée, nous avons quelque chose d'intermédiaire : c'est la ligne de colonnes ou la formation préparatoire de combat. Revenons maintenant à notre thème et, tout d'abord, aux dispositions prises par le commandant de l'avant-garde. Toute avant-garde doit assurer au gros le temps nécessaire pour prendre sa formation préparatoire de combat. A cet effet, l'avant-garde fera bien d'utiliser une coupure du terrain, pour s'y mettre sur la défensive. Il suffit de jeter les yeux sur la carte au $\frac{1}{100.000}$, pour se rendre compte qu'entre *Kiekebusch* et *Schulzendorf* s'étend une bande assez large de prairies traversées par des fossés, et offrant par conséquent des propriétés défensives.

L'importance de *Waltersdorf* pour une offensive ultérieure est manifeste; presque tous ces messieurs l'ont du reste compris. L'offensive de notre part serait inopportune, si l'ennemi se trouvait en possession de *Waltersdorf*. Il ne reste plus qu'à savoir si nous atteindrons ce point avant l'ennemi. Si ces messieurs y envoient leur batterie d'avant-garde, elle peut être compromise, dans le cas où la cavalerie serait obligée de se retirer. Le commandant de l'avant-garde occuperait, par conséquent, le secteur *Kiekebusch — Schulzendorf*, et s'y maintiendrait coûte que coûte; la première chose à faire ensuite, ce serait de prendre possession de *Waltersdorf*, s'il en est temps encore. Il faudra au moins une heure à l'avant-garde, pour atteindre *Waltersdorf;* c'est pourquoi il y aura lieu de charger un escadron de dragons, qui mettra pied à terre, d'occuper provisoirement ce village, jusqu'à ce qu'il soit relevé par de l'infanterie. Il est probable que, dans la réalité, le commandant du régiment de cavalerie le ferait spontanément; mais il ne me paraît pas superflu d'insister quand même sur ce point. Le reste du régiment resterait alors à proximité, attendu que, si certaines fractions ont mis pied à terre ou tiennent les chevaux de main, les autres doivent toujours être prêtes à charger. Si cette cavalerie est délogée par de l'infanterie, les dragons auront certainement d'aussi bonnes jambes que les fantassins; mais ils ne pourront être recueillis, que si une fraction de cavalerie s'avance contre l'infanterie, pour la charger.

En ce qui concerne les dispositions du commandant du corps, celui-ci a une mission bien difficile à remplir. Il ne connait pas la force de l'adversaire et il peut lui arriver ce qui est advenu à l'homme, qui cherchait la trace du lion, et trouva le lion lui-même. Il peut trouver un adversaire plus fort qu'il ne l'avait cru. C'est facile à dire qu'il n'y a qu'à cesser le combat, et à rétrograder derrière les marécages de la *Notte;* mais, si une partie, peut-être une grande partie du corps, est déjà engagée, il est bien difficile de la retirer du combat. Car, avant de se remettre en marche, il faudra se reformer en colonne de route. Une fois engagé, même dans des conditions ne paraissant pas trop favorables, il vaudra mieux, dans la plupart des cas, aller jusqu'au bout que de rompre le combat. On ne devra pas résister immédiatement en avant du défilé; il n'est pas plus rationnel d'occuper *Mittenwalde* et *Königs-Wusterhausen;* on s'affaiblirait ainsi et on prendrait position à l'intérieur d'un défilé. On ne pourra arriver à couvrir la retraite, qu'en occupant une position bien en avant du défilé. Il ressort de tout cela que le général commandant le corps d'armée devra choisir une position qui lui permette de recevoir l'attaque, d'où il puisse prendre l'offensive, et où il puisse rétrograder, si l'ennemi a le dessus.

Cette position devra être située de telle façon que l'ennemi ne puisse pas y arriver avant nous.

La position de *Selchow — Kiekebusch* me parait remplir ces conditions; sa droite est déjà occupée par notre avant-garde et l'avant-garde de la 2e division ne tardera pas à atteindre *Selchow.* La carte au $\frac{1}{100000}$ ne permet pas d'apprécier exactement la valeur de l'obstacle sur le front; mais, dans la réalité, nous n'en aurons pas de meilleures. En tout cas, le *Fluth-Graben* semble devoir contribuer à augmenter notre force défensive. L'étendue de la position est de 5km,500 environ; c'est un front de combat qui n'est pas trop étendu pour un corps d'armée. Pour l'attaque, le corps sera déployé sur la ligne *Selchow — Kiekebusch,* si l'ennemi prend l'offensive ou se rassemble, pour se porter ensuite en avant. Quand il est question de rassemblement, il ne faut pas entendre par là que tout le monde doit être concentré en un seul point : les têtes de colonne seules sont dirigées sur un point déterminé. L'avant-garde de la 2e division, à *Selchow*, garantira la sécurité du flanc gauche ; la tête du gros prendra par *Rotzis*, et se dirigera sur les parcelles de bois à l'est de *Selchow*, pour s'y déployer vers la gauche.

Ce n'est que sur place, après la reconnaissance exacte du terrain et des dispositions de l'ennemi, que l'on pourra déterminer si les troupes, à leur arrivée, devront occuper la position entre *Selchow* et *Kiekebusch*, ou celle entre *Wassmannsdorf* et le *Marien-Berg*. Le général commandant le corps d'armée se rendra, de sa personne, à l'avant-garde de la 1re division. Dans le combat, sa place est en arrière des troupes; mais, avant le combat, la hauteur de *Kiekebusch* (cote 149) ou le *Marien-Berg*, s'il peut y arriver, lui servira d'observatoire, pour surveiller les dispositions de l'ennemi et arrêter ses propres résolutions.

Pour arriver sur leurs positions, les troupes auront, du reste, à marcher encore pendant deux heures; elles ne les occuperont qu'entre 1 heure et 2 heures. Si l'ennemi exécute sa marche d'approche, l'artillerie de corps se portera en première ligne au trot; s'il reste dans l'inaction, c'est-à-dire s'il est trop faible ou s'il n'a pas encore pu se rassembler, nous devrons nous porter en avant avec précaution. Il n'est pas nécessaire de le faire avec les avant-gardes du début; celles-ci continueront à occuper les points d'appui de *Selchow* et *Waltersdorf*. L'offensive sera prise par le centre; les têtes de colonnes seules se déploieront d'abord; leur front sera ensuite prolongé au moyen d'un déploiement vers la gauche. En arrivant à hauteur de *Wassmannsdorf*, on sera probablement fixé sur les intentions de l'ennemi.

SOLUTION DU THÈME 52

Reproduction littérale de la critique verbale faite par le général de Moltke.

Quelques-uns de ces messieurs ont eu des doutes, au sujet de l'heure du départ des instructions devant être adressées au général commandant la division. J'accorde volontiers que ces messieurs l'auraient peut-être trouvée plus facilement s'il y avait eu dans le thème « *a adressées* ». Mais on pouvait bien admettre que le général commandant la division avait reçu ces instructions avant de se mettre en marche, et il est évident que, même à défaut d'instructions, il aurait dû partir vers 9 heures. Mais, s'il les avait seulement reçues après son départ, il n'aurait pas pu modifier l'ordre de marche, sans qu'il y eût eu perte de temps et désordre. Rien n'empêchait, d'ailleurs, le général commandant le corps d'armée de donner ces instructions plus tôt, attendu que, dès le matin, il avait eu connaissance de l'arrivée de l'ennemi par *Königs-Wusterhausen* et *Mittenwalde*. L'apparition de la cavalerie ennemie à *Waltersdorf* lui importait peu; elle lui donnait tout au plus la certitude qu'à la même heure les colonnes ennemies étaient encore engagées dans les défilés de la *Notte*, et que, par suite, il avait encore plusieurs heures devant lui, avant que l'ennemi pût arriver à proximité de sa position. Il savait, en outre, qu'à midi, la 6e division pouvait être là pour le soutenir, et il devait espérer, par conséquent, pouvoir se maintenir en position jusqu'à cette heure-là. Le flanc gauche de sa position était moins menacé que le flanc droit. En attaquant le premier, l'ennemi s'exposait à compromettre son flanc gauche et sa ligne de retraite. Une attaque de l'ennemi contre le centre et l'aile droite de la position, à *Gr.-Ziethen*, était donc plus probable. Cette position n'a qu'un front de 3^{km},750. Le commandant du corps, ne fût-ce que pour les raisons données ci-dessus, aurait concentré ses réserves derrière son aile droite. Devait-il alors appeler la division de *Tempelhof* sur cette aile, ou ne valait-il pas mieux l'employer plus à droite, pour prolonger son front, ou plutôt en constituer un échelon en avant ?

Il aurait peut-être adressé au commandant de la division l'instruction suivante : « Je chercherai à me maintenir dans la position *Gr.-Ziethen — Rudow*. Je compte qu'à midi, vous aurez débordé mon flanc droit. Si, à votre arrivée, l'ennemi n'a pas encore attaqué, je prendrai moi-même l'offensive, et en ce cas vous constituerez un échelon en avant de la droite du IIe corps. Dans cette marche en échelon, vos mouvements offensifs auront pour but de couper l'ennemi de sa ligne de retraite, par les défilés de la *Notte*, et de le rejeter sur la *Sprée* ».

Ces instructions devaient suffire. Le commandant de la division est un vieux général expérimenté, à qui elles traceront clairement sa tâche. Cette tâche devait être pour lui la bienvenue ; car, tandis que le corps était obligé éventuellement de livrer sur son front un long combat d'usure, il lui incombait la mission agréable d'attaquer le flanc gauche de l'ennemi, et de cueillir tous les succès que promet une attaque dans ce sens.

Occupons-nous maintenant de la 6e division. Cette division pouvait s'avancer jusqu'à hauteur de *Gr.-Ziethen*, sans être inquiétée. Jusque-là, nul ennemi sur son front ni sur ses flancs. Il y avait lieu, toutefois, d'envoyer des reconnaissances du côté de *Gr.-Machnow*. Un ou deux escadrons et quelques reconnaissances d'officiers suffisaient à cet effet. Il n'est pas nécessaire d'employer à ce service tout un régiment de cavalerie, et ce serait une faute que de se servir de la brigade entière. Il ne faut pas attirer trop tôt l'attention de l'ennemi, par un trop grand déploiement de cavalerie. Pour ce motif, je n'aurais pas non plus poussé mes patrouilles au delà de *Gr.-Machnow*. Mais, dès que la division aura dépassé le front du IIe corps, elle aura probablement affaire à l'ennemi sur son flanc gauche. C'est pourquoi la division devra adopter un ordre de marche, qui s'écartera notablement de celui qui est habituellement en usage chez nous ; elle devra être fractionnée de telle façon, qu'elle puisse prendre sa formation de combat, en exécutant simplement un « à-gauche ». Tout d'abord, la division s'écartera de la formation normale, en ce sens qu'elle n'aura pas besoin d'une avant-garde. Si elle veut absolument en constituer une, celle-ci marchera immédiatement en tête du gros.

En outre, bien que la division marche vers le sud, ce sera quand même vers l'est qu'elle s'engagera tout d'abord contre l'ennemi. Mais, pour combattre, la division se formera sur deux lignes ; c'est pourquoi elle marchera en deux colonnes, afin de pouvoir passer à la formation de combat sur deux lignes par le simple commandement de : « Halte ! Front ! » Dans les deux colonnes, on placera en tête les troupes qui devront se trouver les premières en contact avec l'ennemi : or, on a besoin, dès le début, d'infanterie et d'artillerie. Dans la colonne de gauche entrera tout d'abord tout le groupe d'artillerie, sous la protection de trois bataillons d'infanterie ; trois autres bataillons fermeront la marche. La colonne de droite sera composée des six autres bataillons, suivis par la brigade de cavalerie. Si on a besoin de cette dernière, on pourra facilement la porter en avant, pour la faire charger dans ce terrain découvert. Beaucoup de ces messieurs ont placé la brigade sous les ordres du commandant du IIe corps ; à mon avis, ce n'est pas rationnel. D'autres ont fait marcher la brigade avec la division, mais l'ont laissée à la disposition du général commandant le corps d'armée. Mais la brigade est subordonnée au général commandant la 6e division, et on ne lâche pas volontiers ce qu'on détient. En outre, le commandant du corps se trouve à *Gr.-Ziethen*, et de là il ne peut pas juger du moment, où il sera nécessaire d'engager la brigade de cavalerie sur l'aile droite. Le commandant de la division est déjà mieux placé pour cela; mais celui qui est le mieux placé de tous, c'est encore le commandant de la brigade. Une troisième différence entre cet ordre de marche et l'ordre habituel réside dans ce fait, qu'on ne forme pas chaque colonne avec une brigade constituée, mais avec un régiment de chacune des deux brigades, de sorte qu'il suffira d'un simple « à-gauche » pour faire prendre à chaque brigade sa formation normale de combat.

Quelques-uns de ces messieurs ont fait prendre à la division une formation de rassemblement. Le moins qu'on puisse faire à cet égard, c'est de se former en ligne de colonnes serrées, et comme les colonnes de route ont une longueur de 4 à 6 kilomètres, cette opération demandera au moins une bonne heure. Au reste où prendra-t-on cette formation de rassemblement? Si c'est à *Lichtenrade*, et si l'ennemi n'a pas encore dépassé *Selchow*, il faudra se remettre en colonne de route pour continuer à marcher, et on perdra ainsi deux heures. C'est encore une faute que d'ordonner : « La division marchera jusqu'à tel ou tel point et y attendra des ordres. » Messieurs, en ce cas le commandant de la division restera dans une inertie complète. Les ordres qu'on devait lui donner pouvaient lui être adressés, pendant qu'il était en marche. Je ne crois pas non plus qu'il soit opportun de faire passer la colonne de gauche par *Britz* et *Buckow*. Elle s'y croiserait tout d'abord avec les convois et puis, au sud de *Buckow*, avec les réserves du IIe corps, et il lui faudrait quand même faire un crochet sur *Lichtenrade*, ou bien, s'engager de front à *Gr.-Ziethen*.

Je crois donc qu'il vaut mieux engager d'abord les deux

colonnes sur la grande route de *Mariendorf* — *Lichtenrade*. Celle de droite ferait ensuite un petit détour par *Lankwitz* — *Marienfelde*, et à partir de là, elle marcherait à travers champs, dans la direction des petits bois près de *Mahlow*.

Si nous marchons dans la formation qui vient d'être indiquée, notre ordre de bataille sera constitué par le commandement de : « Halte ! Front ! » L'infanterie fera une conversion à gauche. Les voitures de l'artillerie n'auront que mille pas à faire, pour rejoindre les batteries, et la deuxième ligne complétera le dispositif. Le point où se fera ce commandement de « Halte ! Front ! » dépendra de l'ennemi. S'il est déjà en position à *Klein-Ziethen*, l'artillerie se mettra en batterie à l'est de *Lichtenrade*, et c'est en cet endroit que la division se déploiera déjà pour l'attaque. S'il se trouvait encore à *Wassmannsdorf* ou *Selchow*, on continuerait à marcher en avant ; s'il battait déjà en retraite, il faudrait tout d'abord faire occuper, par de l'infanterie, les hauteurs de *Gr.-Kienitz*, où l'artillerie irait ensuite se mettre en batterie. Enfin, si l'ennemi se trouvait encore plus en arrière, on pourrait se porter, le cas échéant, jusqu'à *Gross-Kienitz* et *Klein-Kienitz*, pour l'atteindre devant le défilé, où il perdrait nécessairement du temps.

A la guerre, les dispositions sont dictées par la situation de chaque moment. Je crois qu'au moyen de celles que je viens d'indiquer, on pourra, dans notre cas, obtenir la plus grande somme de succès. J'avoue cependant que certaines dispositions prises par des officiers, qui ont adopté une solution un peu différente, auraient également donné de bons résultats.

SOLUTION DU THÈME 53

Reproduction littérale de la critique verbale faite par le général de Moltke.

Messieurs, la mission assignée à votre division l'a placée dans une situation un peu difficile : il lui faudra marcher, ayant un de ses flancs menacé. Quelques-uns d'entre vous ont donc essayé d'améliorer cette situation, et à cet effet ils ont remis la division en marche le soir même ; ils seront ainsi sûrs d'arriver à *Zehdenick*. Oui, messieurs, mais sur le papier seulement ; car dans la réalité il en sera tout autrement.

D'autres ont fait partir les trains dans la nuit même. Mais, messieurs, les trains sont nécessaires aux troupes au bivouac, et si vous les leur retirez, ce ne sont plus que des impedimenta. Enfin, si on veut les faire partir quand même dans la soirée, qu'on les envoie au moins au delà du *Finow-Kanal*, et non tout d'abord sur un point intermédiaire, à *Prenden*. D'après notre hypothèse, les bivouacs sont établis autour de *Biesenthal ;* quelques-uns de ces messieurs les ont transportés plus à l'ouest. Songez donc, messieurs, à la situation telle qu'elle serait dans la réalité! La division n'est arrivée au bivouac que le soir, c'est-à-dire après une forte étape ; les cuisines sont installées, les marmites placées sur le feu. Voici un officier d'état-major qui vient nous dire : « Il faut bivouaquer ailleurs, vous allez faire encore un petit bout de chemin ». Les hommes seront alors obligés de se remettre en route, les chevaux seront de nouveau sellés et harnachés ; la viande ne sera pas cuite. Tout cela n'arrivera pas en réalité.

D'autres de ces messieurs ont imaginé la situation plus difficile, qu'elle n'a été donnée dans le thème ; ils ont supposé que l'ennemi était déjà à *Basdorf* et qu'il occupait les défilés du *Wandlitzer See* et de *Stolzenhagen*. Il y en a même quelques-uns qui se figurent que l'ennemi est déjà arrivé à *Zerpenschleuse*. Ils se sont dit ceci : « Du moment que l'ennemi vient de *Berlin*, il peut bien faire 26 kilomètres à pied jusqu'à *Basdorf* ». C'est possible ; seulement le thème n'en parle pas. L'ennemi peut évidemment faire suivre la route à l'artillerie et à la cavalerie, et transporter en chemin de fer son infanterie à *Bernau*, pour la fatiguer le moins possible.

J'accorde que, présentée d'une façon aussi laconique, la situation paraît un peu anormale : « Une division prussienne qui se porte de *Frankfurt* sur *Zehdenick*, pendant que l'ennemi est à *Berlin* !!! Mais, pour ne rien omettre dans un thème, il faudrait donner l'histoire de toute une campagne à titre d'introduction. C'est alors seulement qu'on pourrait dire : « Ceci est possible, cela est impossible ».

Or j'ai choisi la 5e division, parce que la composition en est simple et connue de vous tous. J'aurais tout aussi bien pu prendre une division russe ou suédoise ; mais en ce cas, il nous aurait fallu manier des troupes inconnues. Ces messieurs auraient donc dû envisager la situation aussi simplement qu'elle était donnée dans le thème. En y cherchant autre chose, on n'en finira jamais avec les *si* et les *mais*. Est-il bien certain du reste que l'ennemi vient de *Berlin* seulement? Ne peut-il pas venir tout aussi bien de plus loin? Il ne faut donc pas croire que la question renferme une énigme à déchiffrer, et qu'on a voulu vous tendre un piège.

Nous allons commencer par nous demander ce que fera l'ennemi. Il n'est pas vraisemblable qu'il nous attaque dans la nuit. Il lui faudrait traverser une forêt étendue, et il est probable que, dans la soirée du 1er septembre, il aurait déjà fait des préparatifs tels, qu'il n'aurait pas permis à nos reconnaissances d'arriver tranquillement à *Rüdnitz* et à *Ladeburg*. Il est tout aussi invraisemblable qu'il marche le lendemain matin sur *Biesenthal;* il nous emboîterait ainsi le pas et, dans le cas le plus favorable, nous pousserait là où nous voulons aller. Mais s'il prend la grande route de *Berlin* à *Basdorf*, il fera un grand détour. Si vous voulez bien vous donner la peine de mesurer les distances sur la carte, vous trouverez qu'il devra faire environ 7 kilomètres de plus. Il est donc fort probable qu'il poussera tout droit sur *Lanke* ou *Forsthaus Liepnitz*.

La plupart de ces messieurs ont compris que la division ne pouvait plus poursuivre son itinéraire par *Lanke*, et faire ensuite un crochet sur *Klosterfelde;* ils ont donc presque tous pris la route de *Prenden*. Mais en même temps ils ont voulu occuper tous les défilés jusqu'au *Wandlitzer See*, et se sont ainsi étendus sur un front de plus de 11 kilomètres. Ce n'était pas du tout nécessaire; on arrive parfaitement à temps, si on occupe ces défilés l'un après l'autre. Du reste *Utzdorf* et *Lanke* ont déjà dû être occupés par nous.

Mais l'avant-garde actuelle ne pourra pas arriver assez à temps aux défilés de la grande route. D'abord il lui faudrait faire une marche très difficile dans la forêt; la marche seule de *Lanke* à *Utzdorf* est déjà pénible; au nord des prairies marécageuses, il est impossible de faire passer une colonne composée de troupes de toutes armes; il faudrait donc en faire le tour par le sud. Mais, de ce côté, on ne pourrait point se dérober, en cas de rencontre de l'adversaire, et l'avant-garde serait dans une situation critique, si l'ennemi l'attaquait par le sud. Il faudrait que l'avant-garde débouchât ensuite de la forêt, à *Forsthaus Liepnitz*, en une longue colonne, et il ne lui serait guère possible de se déployer assez à temps, et de prendre une formation de combat derrière les défilés de *Drei Heilige Pfühle*. L'avant-garde restera donc là où elle est actuellement, et les défilés sur la grande route seront gardés par un détachement particulier envoyé de *Klosterfelde*.

Quelques-uns de ces messieurs ont voulu attendre de nouveaux renseignements, avant de prendre une décision. Ils perdront ainsi beaucoup de temps et, en fait de renseignements, ils n'apprendront qu'une chose, c'est que des patrouilles ont rencontré des patrouilles. Avant qu'ils sachent par où arrivera l'ennemi, ils auront perdu un temps précieux.

Un de ces messieurs a pris une solution qui s'écarte tout à fait des autres. L'officier dont il s'agit, laisse le gros sur la grande route de *Lanke*, et prend avec l'avant-garde actuelle l'offensive dans la direction de *Ladeburg*. Il est juste de dire que, pour sortir d'une situation donnée, on a le choix entre l'offensive et la défensive; mais dans ce cas-ci on ne connaît pas la force de l'adversaire, et on est obligé de suivre un long défilé à travers une forêt. Je me suis donné la peine d'indiquer sur ce travail les calculs relatifs aux conditions faites aux deux adversaires, partant simultanément l'un de *Biesenthal* et l'autre de *Bernau*. Vous verrez qu'elles sont loin de nous être favorables.

Ce qui me paraît de plus simple et de plus court, c'est la solution que je vais vous lire. Je vous conseillerais de figurer, dans ces sortes de travaux, l'ordre de marche à part, au moyen d'un croquis (en marge), de manière qu'on puisse embrasser d'un coup d'œil la répartition des divers régiments et leur affectation.

1° DISPOSITIONS POUR LA NUIT.

Le bataillon de fusiliers du 8e (supposé faire partie du gros) se portera immédiatement au pont de *Pfauen-Fliess* (ruisseau des paons), placera des petits postes le long du *Langerönner Fliess*, et des sentinelles sur la lisière du bois. Le 1er escadron du régiment de dragons n° 12 retournera à *Dänewitz*, et enverra dans la nuit des patrouilles sur *Ladeburg* et *Bernau*. On reconnaîtra immédiatement les chemins qui conduisent de *Biesenthal* à *Marienwerder*, par la *Stadt-Heide* (Lande communale).

L'avant-garde sera mise au courant de ces mesures, ainsi que des renseignements qu'on se procurera sur la situation de l'ennemi. Elle détachera, dans la soirée même, ou demain matin à la première heure, un bataillon à *Vorwerk Utzdorf*. Elle fera occuper par son infanterie la *Hell-Mühle* et le passage entre les *Hell-Seen*, et enverra des patrouilles d'infanterie sur le chemin de *Bernau* — *Basdorf*. *Lanke* et *Vorwerk Utzdorf* seront mis en état de défense.

2° ORDRE DE MOUVEMENT POUR LE 2 SEPTEMBRE.

(Indiquer l'ordre de marche, au moyen d'un graphique.)

Quartier général de Biesenthal, le 1er septembre,
8 heures du soir.

La division continuera demain sa marche, en passant par *Prenden*. L'avant-garde actuelle lui servira de flanc-garde. Les convois de la division seront réunis demain matin à 5 heures, à la sortie est de *Biesenthal*, et se dirigeront ensuite sur *Marienwerder* par *Unterförsterei Eiserbude*, sous la protection d'une compagnie de grenadiers du régiment n° 8 et d'un demi-peloton du 1er escadron du 12e dragons. A *Marienwerder*, ils recevront de nouveaux ordres.

Une nouvelle avant-garde sera constituée au moyen du régiment de grenadiers n° 12, des 2e et 3e escadrons du régiment de dragons n° 12 et de la 2e batterie; elle partira à 5 heures et se dirigera sur *Klosterfelde* par *Prenden*.

Le gros suivra immédiatement cette avant-garde; mais à partir de *Neudörfchen*, il gagnera la route de *Prenzlau*, en contournant le *Lottsche-See*, au nord de *Klosterfelde*.

A 7 heures, l'ancienne avant-garde évacuera *Lanke* et

Vorwerk Utzdorf pour aller rejoindra le gros par *Prenden.* Il est à prévoir qu'à 9 heures la division sera réunie sur la route de *Prenzlau*, et la nouvelle avant-garde (régiment n° 12) formera à partir de ce moment l'arrière-garde, pendant tout le reste de la retraite. Elle recevra en temps et lieu les ordres nécessaires à cet effet.

3° COMMENTAIRES.

Si le gros fait front sur la route de *Prenzlau*, au *Lottsche-See*, il sera à cheval sur sa ligne de retraite par *Kolonie Berg* et *Zerpenschleuse* et, selon que l'ennemi le suivra par *Lanke* ou *Forsthaus Liepnitz*, il sera couvert en avant par le 12e ou le 52e régiment (ancienne avant-garde) qui continueront ultérieurement à protéger sa retraite. Il pourra renforcer l'un, rappeler l'autre, prendre peut-être l'offensive s'il en trouve l'occasion, ou bien franchir immédiatement le *Finow-Kanal*.

Messieurs, je ne vous propose cette solution qu'à titre d'exemple, et c'est uniquement mon avis personnel que je vous donne ici. Cela ne veut pas dire que d'autres solutions ne soient pas tout aussi bonnes.

SOLUTION DU THÈME 54

Reproduction littérale de la critique verbale faite par le général de Moltke.

Le travail à exécuter comportait la rédaction des dispositions à prendre, pour la marche de la division sur *Osterode;* cela ne voulait pas dire qu'il fallait attaquer l'ennemi le même jour. La distance qui nous sépare de lui est très grande. Même, si nous admettons que notre avant-garde ait été poussée jusqu'à hauteur de *Platteinen*, il nous restera toujours 15 kilomètres à faire, pour arriver aux villages occupés par l'ennemi. La solution qui consiste à marcher demain, pour n'attaquer qu'après demain, n'est donc pas fausse. Mais, messieurs, il y a lieu de considérer cependant que, le jour suivant, nous n'emporterons pas plus facilement les défilés, qui sont déjà par eux-mêmes d'un accès difficile; car si nous remettons notre attaque à après-demain, l'ennemi saura prendre des mesures, pour nous contrecarrer dans cette journée. Il vaudra mieux attaquer le même jour (par conséquent demain). En outre la position, sur laquelle nous sommes en droit de supposer l'ennemi, est dans son ensemble tellement forte qu'une attaque de front ne promet pas de succès; nous devrons donc envelopper l'adversaire, ce qui nous obligera à nous diviser. Or, il ne faut pas que nous bivouaquions pendant la nuit en deux ou trois tronçons; car nous nous exposerions à être attaqués sur un seul point par des forces supérieures.

Quelques-uns de ces messieurs ont prétendu que les renseignements, qu'on possédait sur l'ennemi, n'étaient pas assez précis, pour qu'on pût les prendre pour base d'un ordre de mouvement offensif. C'est évidemment juste; mais nous ne sommes pas obligés de nous baser uniquement sur ce que nous savons; nous pouvons également nous laisser guider par des probabilités.

Or, pour se procurer plus de renseignements, beaucoup de ces messieurs ont envoyé toute leur brigade de cavalerie au delà du *Grabitscheck*. Par ce moyen ils n'apprendront pas beaucoup plus qu'ils ne savent déjà. De ce côté, la cavalerie ne tardera pas non plus à se heurter aux postes d'infanterie de l'adversaire, ce qui ne la renseignera pas mieux. Vous pouvez obtenir ce résultat au moyen d'officiers isolés, accompagnés de quelques cavaliers. Mais si nous lançons notre cavalerie au delà du *Grabitscheck*, nous ne l'aurons plus sous la main.

J'ai dit plus haut que nous étions en mesure de déterminer la situation probable de l'ennemi. Il est en avant d'*Osterode*, pour ainsi dire dans une redoute carrée formée par la nature, entourée de remparts élevés, précédés de fossés immergés. Il aura fait occuper les clefs de cette position, *Hirschberg* et *Klein-Gröben*, par de l'infanterie; deux postes auront été poussés en avant, pour découvrir notre approche. Il se déploiera ensuite du côté vers lequel nous marcherons.

Mettez vous à la place de l'ennemi, à *Osterode*. Il aura certainement pris position le long de la grande route qui conduit à *Hohenstein*, et probablement des deux côtés de la profonde coupure de *Warneinen*. Nous pouvions partir de là, pour rédiger notre ordre de mouvement. Quoi qu'on fasse, l'attaque de cette position sera difficile; mais j'ai déjà dit plus haut que nous devions l'envelopper, c'est-à-dire que nous serions obligés de nous diviser. Nous le pouvons, du reste, puisque nous sommes supérieurs en nombre. Je vous ai donné une division russe à effectif normal, pendant que l'ennemi à *Osterode* est de la force d'une division prussienne. Nous avons ainsi 4 bataillons,

4 escadrons, et 14 batteries de plus que l'adversaire; il nous est donc permis de nous fractionner, et il reste à savoir de quel côté nous exécuterons l'attaque principale. Pour nous porter en avant, nous disposons de trois secteurs, délimités par les coupures profondes du *Grabitscheck* et de la *Drewenz*. Si nous nous avançons dans tous les trois, nous n'aurons nulle part la supériorité du nombre, et nous serons exposés à l'offensive de l'ennemi. Nous ne pouvons donc prendre l'offensive qu'avec la colonne principale. Si nous nous avançons à gauche du *Grabitscheck*, comme l'ont fait beaucoup de ces messieurs, nous nous écartons de notre ligne de communications. Même, si nous pouvons battre en retraite sur *Frogenau*, où quelques-uns de ces messieurs ont envoyé leurs trains, ce ne sera cependant pas notre ligne de retraite. Celle-ci passe par *Hohenstein*, où du reste la plupart de ces messieurs ont laissé leurs trains. En outre, cela ne nous empêcherait pas d'avoir quand même l'ennemi devant nous, sur une position extrêmement solide, qu'on ne pourra aborder que par les défilés formés par des étangs et des vallées profondes.

Une partie de ces messieurs se sont portés de *Schildeck* sur *Dühringen* et n'ont laissé que quelques bataillons, voire même de la cavalerie seulement, devant *Gross-Grüben*. Mais cette marche n'était possible que si *Gross-Grüben* était pris. L'attaque de *Gross-Grüben* s'impose donc tout d'abord. D'autres ont franchi le *Grabitscheck* à l'ouest de *Reichenau*. Ceci, messieurs, est plus grave. Pendant que nous franchirons le *Grabitscheck*, rien n'empêchera l'ennemi de se porter de *Warneinen* sur *Schildeck*, et le voilà au milieu de nous. En outre, d'après la carte, deux chemins praticables (chemins de terre) seulement conduisent de *Reichenau* sur l'autre rive du *Grabitscheck*. A mon avis cette direction-là est la moins favorable.

Quelques-uns ont suivi la rive droite de la *Drewenz*. En opérant ainsi, on assure le mieux ses communications.

On peut attaquer successivement *Osterwein* par *Wittigwalde* et *Jugendfeld;* ce ne sera pas bien difficile et on ne rencontrera que peu de résistance. On pourra ensuite continuer à s'avancer sur *Hirschberg*, en dessinant un mouvement enveloppant, et de là sur *Lubainen*. En agissant ainsi, nous mettrons l'ennemi dans une situation très défavorable, parce qu'il sera obligé de s'adosser au chapelet d'étangs de *Warneinen*, et de découvrir *Osterode*.

Mais, à ces avantages, nous pourrons opposer des inconvénients sérieux. D'abord, nous n'aurons, pour exécuter notre marche d'approche, que de mauvais chemins forestiers, pour la plupart en zigzag. Il ne sera pas possible de marcher en plus de deux colonnes. Une fois *Osterwein* enlevé, le terrain se rétrécit considérablement entre l'*Osterweiner See* et le *Schilling-See*. Dans ce terrain, il ne nous sera pas possible de déployer nos batteries, tandis que l'adversaire, sur les hauteurs de *Hirschberg*, nous opposera une nombreuse artillerie sur un front étendu. Le débouché de la forêt, vers *Bunken-Mühle*, serait extrêmement diffi ile. Vous voyez donc, messieurs, que les avantages et les inconvénients de cette direction se balancent à peu près.

Il en sera de même si nous prenons le troisième itinéraire, celui passant par *Reichenau*. La cavalerie nous précédera; elle marchera devant notre avant-garde et explorera le terrain jusque vers *Gross-Gröben*. Elle ne pourra, du reste, pas aller plus loin; car on ne peut pas exiger d'elle qu'elle attaque *Gros-Gröben*. L'avant-garde seule est à même de le faire, et elle y réussira, parce qu'elle peut envelopper l'adversaire. Mais les attaques suivantes n'en seront pas moins difficiles; elles n'auront des chances de réussir que si nous forçons l'adversaire, au moyen de démonstrations, à faire sortir des troupes de *Warneinen* pour les envoyer sur *Hirchberg*.

Pour faire ces démonstrations, il suffira de peu de monde. Il ne faut point ici des régiments entiers ou des brigades, mais quelques bataillons et quelques pièces seulement; en effet, le terrain couvert que l'adversaire a devant lui, ne lui permettra pas de reconnaître notre effectif, et de savoir ce que cache la forêt. Mais il ne faut pas non plus que ces troupes sortent des bois, sans quoi elles trahiraient leur faiblesse. Ce petit détachement suffira donc pour la démonstration; en outre, il est si petit que, dans le cas où il est refoulé par l'ennemi, il pourra peut-être gagner la grande route par *Osterwein*. Une fois maître de *Gross-Gröben*, on pourra envoyer un détachement sur *Lichteinen;* ce ne sera pas de la cavalerie, mais avant tout de l'artillerie, avec des soutiens d'infanterie. Cette artillerie trouvera d'excellentes positions sur les hauteurs à l'ouest du *Lichteiner See* et à *Lichteinen* même. Elle pourra ainsi prendre d'enfilade le front de l'adversaire, depuis *Lichteinen* jusqu'à *Warnemen*, et facilitera à l'infanterie son entrée dans le défilé de *Lichteinen*, ce qui lui permettra ensuite de gagner du terrain. L'attaque, de ce côté, offre néanmoins des difficultés, et on court soi-même le risque d'être coupé de ses communications en arrière. Les deux directions envisagées ont donc leurs avantages et leurs inconvénients : on ne peut pas dire que l'une soit la mauvaise et l'autre la bonne. Ce qu'il importe avant tout, c'est de prendre de bonnes dispositions.

Il y a cependant une chose, messieurs, contre laquelle je tiens à vous mettre en garde, c'est l'expression : « La troupe devra attendre de nouveaux ordres ». Une telle disposition paralyse l'initiative des chefs subordonnés. Le chef du détachement reconnaît, par exemple, qu'il peut enlever facilement *Osterwein;* mais il n'y est pas autorisé ; ou bien, il s'aperçoit qu'il peut pénétrer dans *Hirchberg*, en même temps que l'ennemi; il n'en a pas le droit, parce qu'il attend un ordre. C'est ainsi qu'on laisse facilement échapper l'occasion favorable. Il ne faut pas perdre de vue que rien ne vous empêchera, à un moment donné, de lui envoyer un ordre pour lui faire modifier, s'il y a lieu, les dispositions qu'il aura prises de sa propre initiative. Les chefs de détachement ne doivent recevoir que des instructions générales, qui n'entravent pas leur liberté d'action. En ce qui concerne le gros des troupes, une disposition de ce genre est tout à fait inutile, parce que le général qui commande l'unité marche la plupart du temps avec le gros.

Il a été dit, en outre : « Je me réserve de donner les ordres ultérieurs ». Oui, messieurs, dans un ordre de mouvement, c'est tout à fait juste; on n'a pas besoin de se livrer à des commentaires et de motiver ses dispositions. Le général commandant une division est en droit de cacher ses desseins à ses subordonnés ; mais, dans un travail d'étude, vous ne pouvez pas garder une telle réserve ; car ce sont précisément vos intentions qui nous permettront de vous juger. Un dernier mot, messieurs, c'est à regret que je me vois obligé d'arrêter ces exercices. Si nous avions plus de temps devant nous, afin de pouvoir discuter quelques autres travaux, nous arriverions très vite à nous entendre.

SOLUTION DU THÈME 55

A. — Solution écrite du général de Moltke.

La flanc-garde (31e régiment, 1er et 2e escadrons du 12e hussards et 1 batterie) recevra l'ordre de ne pas engager le combat ; mais, dans le cas où l'ennemi s'avancerait jusqu'à *Schafstädt*, elle occuperait la ligne *Obhausen — Barnstädt*, où le détachement sera renforcé. En ce cas, les villages d'*Obhausen*, *Barnstädt*, *Nemsdorf*, *Göhrendorf* seront occupés chacun par une compagnie ; 2 bataillons et 1 batterie bivouaqueront au sud de *Grosse-Mühle;* la cavalerie à *Obhausen* enverra des patrouilles sur *Schafstädt* et *Eichstädt*. Toutes ces troupes formeront l'arrière-garde.

L'avant-garde (71e régiment, 3e et 4e escadrons du 12e hussards et 1 batterie) occupera, ce soir même, la ligne *Röblingen — Stedten*. Sur chacun de ces points, il y aura une compagnie. Deux bataillons 1/2 bivouaqueront sur la hauteur de *Laura-Schacht*. La cavalerie à *Schraplau* enverra ses patrouilles jusqu'à *Steuden*.

Les deux détachements se mettront en communication et observeront le ravin.

16e brigade :

96e régiment au cantonnement d'alerte à *Querfurt;*

72e régiment au cantonnement d'alerte à *Lodersleben*, *Döcklitz* et *Gatterstedt ;*

L'artillerie et le 5e escadron du 12e hussards à *Farnstedt*.

Demain, la division continuera sa marche sur *Eisle-*

ben. La 16e brigade se rassemblera, à 6 heures, au nord de *Döcklitz*. Dans le cas où l'ennemi s'avancerait de meilleure heure sur *Querfurt*, l'arrière-garde tenant *Obhausen* et occupant *Querfurt*, se retirerait au delà de la vallée qui sépare ces deux localités. Si l'arrière-garde était vivement pressée par l'ennemi, le gros de la division prendrait position sur les hauteurs, en arrière de *Hornburg*; l'avant garde la prolongerait derrière *Erdeborn*.

B. — Reproduction littérale de la critique verbale faite par le général de Moltke.

Quelques-uns de ces messieurs se sont facilité la tâche, en dépassant *Querfurt*. Il se peut que, dans la situation présente, une marche très longue semble nécessaire; dans certaines circonstances, ce sera la seule branche de salut. C'est le cas de vous rappeler le corps Vinoy, qui a marché jour et nuit et a pu ainsi gagner *Paris*. Mais, dans quel état! Dans notre cas, il n'y avait pas lieu de faire une marche forcée. Pour arriver à *Querfurt*, il y avait 22 kilomètres à parcourir, et, pour une division qui marche sur une seule route, c'est déjà une bonne étape. *Querfurt* permet de bien cantonner les troupes; au commencement de mars, le bivouac n'a rien d'attrayant, et il est surtout très nuisible à la santé des chevaux. En outre, il était expressément dit dans le thème que, le 1er mars, la division devait se porter de *Freiburg* sur *Querfurt*.

D'autres de ces messieurs ont introduit dans la question un élément arbitraire, en admettant l'arrivée de renforts. Or, messieurs, le thème est muet sur ce point. Vous comptez sur l'appui de la 7e division, et prétendez prendre l'offensive, de concert avec elle. Cependant, vous ignoriez complètement, si cette division était déjà arrivée à *Eisleben*. Je m'élève également contre l'ordre donné à une section de munitions de rejoindre la division. Cette mesure décèle, chez quelques-uns d'entre vous, l'intention d'accepter une bataille décisive, quand vous devriez plutôt vous efforcer d'éviter avec soin tout combat. Vous auriez dû être enchantés de savoir vos trains si loin.

A midi, on avait vu l'ennemi s'avançant de *Merseburg* sur *Lauchstädt* et *Clobicau*. C'est tout ce qu'on sait sur son compte. Malgré cela, il n'est pas possible de dire : « J'attendrai de nouveaux renseignements, avant de prendre une décision ». Je me suis déjà élevé précédemment contre le procédé qui consiste à ordonner à une troupe de se porter sur tel ou tel point, et d'y attendre de nouveaux ordres. Un tel ordre ne peut engendrer que l'inertie. Il faut donner l'ordre ferme d'agir, et, le cas échéant, on pourra toujours envoyer un ordre rectificatif, pour faire modifier les dispositions prises. Vous ne pouvez pas savoir si l'ennemi s'arrête aujourd'hui à *Lauchstädt* — *Clobicau* et pousse son avant-garde seulement jusqu'à *Schafstädt* — *Eichstädt* ou *Steuden*, ou bien, s'il se porte plus loin. Ce n'est guère probable, mais du moins possible, et en tout cas vous devez prendre vos précautions.

Si, le 1er mars, l'ennemi ne prend pas l'offensive, il faudra s'attendre, le 2, à ce qu'il dirige ses attaques non sur *Querfurt*, mais sur *Stedten*. Dans la première de ces deux directions, il n'obtiendrait d'autre résultat que d'obliger notre arrière-garde à rétrograder, et à prendre précisément la direction que vous voulez lui imprimer. En ce cas l'ennemi vous emboîterait simplement le pas.

Le 2 mars, il faudra s'attendre, à coup sûr, à voir l'attaque ennemie se produire. On se prémunirait contre cette attaque, en occupant à temps la position favorable offerte par le terrain. Deux voies y mènent; je les considère toutes deux comme bonnes. Ou bien, la flanc-garde reculera sur *Stedten* et, en ce cas, l'occupation d'*Obhausen* incombera à l'avant-garde de la division qui s'y portera à partir de *Göritz*, ou bien, la flanc-garde rétrogradera sur *Obhausen*, et la division poussera un détachement (son avant-garde) sur *Schraplau* et *Stedten*.

Je préfère la seconde solution, parce qu'elle est la plus simple des deux. En tout cas, il est nécessaire que le détachement, envoyé sur *Schraplau*, reçoive l'ordre formel d'occuper ce secteur et de s'y maintenir.

Quelques-uns des travaux donnent une solution qui se rapproche beaucoup de la bonne; mais la mission confiée à chaque détachement manque de clarté. D'autres travaux pèchent au point de vue du fond, mais sont rédigés sous une forme si claire et si précise, qu'on est obligé de convenir que leurs auteurs sont certainement capables de trouver la bonne solution, dans un travail ultérieur.

Si dans plusieurs travaux on a pris la demi-mesure de n'envoyer, le 1er mars, le détachement destiné à *Stedten* que jusqu'à *Döcklitz* ou *Schafsee*, on y devine que leurs auteurs ont été préoccupés de savoir si la distance totale, parcourue par la troupe, ne semblerait pas trop grande. Je crois que dans le cas présent une longue marche pouvait très bien être exécutée. Un régiment isolé fait plus facilement ses 30 kilomètres que toute une division.

En ce qui concerne la marche de la division, dans la journée du 2 mars, je m'élèverai tout d'abord contre un départ exécuté nuitamment. Ce n'est point par une marche de nuit qu'on peut se mettre en sûreté; car l'ennemi peut tout aussi bien se mettre en route à la même heure que nous. Je m'oppose notamment à une marche de nuit des trains; la distance qui les sépare de l'ennemi les protège très suffisamment.

Par quelle route la division devra-t-elle maintenant rétrograder? Un très grand nombre de ces messieurs ont suivi la chaussée; c'est en effet la route la plus sûre. Mais, si vous la faites prendre à la division, vous mettrez votre détachement de *Stedten* dans une situation très critique. Ou bien, il reculera devant les forces supérieures de l'ennemi, et en ce cas votre marche ne tardera pas à être inquiétée (car si l'ennemi se rapproche de vous à la distance de 4 kilomètres seulement, vous serez obligés de déboiter de la route et de vous déployer en partie), ou bien, vous exposerez votre détachement à être anéanti (car pour le soutenir, le cas échéant, la distance depuis *Rothen* — *Schirmbach* est trop grande). Quant à moi, je marcherais en deux colonnes par *Alberstädt* et *Hornburg;* en ce cas, le détachement de *Schraplau* est sûr d'être soutenu assez à temps.

La solution du Thème 56 manque.

SOLUTION DU THEME 57

A. — Solution écrite du général de Moltke.

1° Pour remplir le mieux possible sa mission, le commandant en chef devra s'établir en avant de la ligne à protéger.

Il sera ainsi maître de la forte coupure de la *Seille*, en avant du front; il assurera mieux sa retraite sur *Metz*, et obligera en tout cas l'ennemi à mettre plus de temps, pour atteindre le chemin de fer.

Selon toutes probabilités, l'ennemi utilisera le pont fixe sur la *Moselle*, à *Pont-à-Mousson*, ainsi que les routes débouchant de ce point. Cette donnée détermine la direction à imprimer aux forces principales de la division. Mais la nécessité de couvrir le flanc droit de la division oblige son commandant à détacher une force assez considérable vers la basse *Seille*.

On ne peut encore prévoir s'il sera possible de s'avancer aussitôt après jusqu'à la *Moselle*;

2° La *Seille* étant encore en notre pouvoir, il sera bon d'accorder à la division, fatiguée par un pénible voyage en chemin de fer, les douceurs du cantonnement, en avant de *Courcelles* jusqu'à *Mécleuves* et *Silly*. On pourra du reste partir de ces localités en colonnes de route marchant séparément.

Le 2 mai à la pointe du jour, soit à 5 heures du matin, la 1re brigade d'infanterie, le 1er escadron de hussards, la 1re et la 2e batterie se rassembleront à *Mécleuves*.

Le 1er bataillon du 1er régiment, avec la 1re batterie,

marchera directement sur *Pouilly;* une compagnie de ce bataillon organisera défensivement *Marly*, après avoir détruit le passage en cet endroit.

Selon les entreprises de l'ennemi, la batterie prendra position à la cote 203, à l'ouest de *Pouilly*, ou bien, au sud de cet endroit d'où l'on domine le terrain plat et découvert depuis *Augny* jusqu'à *Coin*.

Le gros de la brigade marchera par *Orny* et *Verny* jusqu'à hauteur de *Louvigny;* mais il laissera à *Verny* le 2e bataillon du 1er régiment avec la 2e batterie, pour occuper le bois de *Lamencé*, avec une compagnie, et *Pommérieux* avec une autre.

Le pont qui communique avec *Coin* devra être détruit, ainsi que celui de *Sillegny;* la batterie, placée à l'est de *Pommérieux* et tout près du village, devra diriger son feu sur ces deux points.

La brigade de cavalerie, qui rappellera ses patrouilles sur l'autre rive de la *Seille*, établira des postes de correspondance sur la route de *Pouilly—Louvigny*. Elle se portera, en outre, de *Verny* sur *Vigny*, et prendra position dans le couvert formé par la vallée, au sud-ouest de cette dernière localité.

A 5 heures également, la 2e brigade d'infanterie, les 2e, 3e et 4e escadrons de hussards, la 3e et la 4e batterie se rassembleront à *Silly*, et s'avanceront par *Vigny* sur *Louvigny*.

Les 10 bataillons, 19 escadrons et 3 batteries, rassemblés vers 8 heures à *Louvigny*, prendront position en avant de la route de *Verny* à *Raucourt*, à la cote 253. *Louvigny* et *Saint-Jure* aux deux ailes seront occupés. Un détachement envoyé à *la Hautonnerie* détruira le pont du *Moulin-Neuf*, et surveillera ensuite ce passage. A *Cheminot*, qu'on devra cerner, on n'enverra qu'un poste d'observation.

Devant le front de la position de *Louvigny*, où l'on peut s'attendre à l'attaque de l'ennemi, il faudra creuser aussitôt des tranchées-abris, qui permettront aux hommes couchés de se mettre à couvert; mais on ne devra pas gêner un mouvement offensif, fût-il même prononcé par la cavalerie.

Pour l'artillerie, il faudra préparer des emplacements sur les points les plus avantageux ; cependant les batteries resteront en arrière, jusqu'à ce que l'attaque de l'ennemi se soit dessinée.

Les ponts sur lesquels passe la route à *Longeville* et aux *Menils*, points de passage qui, du reste, ne sont pas faciles à détruire, seront simplement barricadés, parce qu'il est à désirer que l'attaque se prononce de ce côté, et qu'il faut se réserver la possibilité de se porter en avant vers la *Moselle*.

B. — Reproduction littérale de la critique verbale faite par le général de Moltke.

Nous avions la mission de couvrir la partie la plus exposée du chemin de fer de *Metz* à *Sarrebrück*, la ligne de *Courcelles* — *Han*, contre des entreprises sérieuses de l'ennemi, probablement parce que d'autres trains devaient encore être dirigés sur *Metz*.

Il est tout à fait hors de doute que, pour remplir cette mission, nous devons nous établir en avant du chemin de fer en question. Supposons, messieurs, par exemple, que nous puissions marcher encore pendant six jours à la rencontre de l'ennemi ; après la dernière étape, nous serions en situation, pendant cinq jours, de le maintenir sans combattre, à bonne distance du chemin de fer, et, pendant ce temps, plusieurs corps d'armée pourraient encore arriver par cette ligne.

Ici, les conditions ne sont pas aussi favorables, attendu que la division doit renforcer ultérieurement la garnison de *Metz*. Une offensive contre la *Moselle* est donc exclue à priori. Il faut que nous prenions une attitude plutôt défensive, et que nous mettions à profit les avantages du terrain. Comme nous n'avons plus qu'une seule étape à faire pour rencontrer l'adversaire, il faudra que, le 2 mai, nous cherchions à atteindre la *Seille;* nous verrons plus tard quel point de cette rivière.

Dans les travaux de ces messieurs, j'ai relevé trois sortes de solutions bien tranchées.

D'abord, plusieurs d'entre vous se sont avancés sur *Buchy* ou les environs (*Solgne*, *Luppy*); mais le terrain, de ce côté, n'offre aucun point d'appui; vous y serez exposés à être tournés, et coupés aussi bien du chemin de fer que de *Metz*. Cette forteresse ne se trouve pas seulement sur le flanc de votre position; mais elle est encore, en partie, située en avant du prolongement du front de la division.

Quelques officiers ne veulent donc pas rester à *Buchy;* mais, après avoir attendu de nouveaux renseignements, ils se proposent de marcher au-devant de l'ennemi.

Jusqu'à demain matin, vous n'aurez pas d'autres renseignements sur l'ennemi. Ce que l'on a appris aujourd'hui sur son compte vous est déjà connu. Tout au plus, pourra-t-on vous faire savoir demain que les patrouilles de cavalerie ont reçu, à *Nomeny*, des coups de fusil de l'ennemi, qui a progressé depuis hier, comme elles en ont reçu des hauteurs de la *Moselle*, le 1er mai. Si vous voulez alors marcher contre l'adversaire, vous ne pourrez plus l'empêcher de déboucher, et vous serez peut-être obligés de vous battre dans un terrain tout à fait défavorable. En effet, vous ne savez pas exactement où vous rencontrerez l'ennemi.

Ceux des officiers qui veulent attendre, à *Buchy*, de nouveaux renseignements ne remplissent pas la mission qui leur est confiée. Par là, ils laissent entendre que la situation générale qui leur a été donnée présente, à leur avis, des lacunes, et qu'ils en attendent une nouvelle.

Quelques-uns ont pris une position de flanc à *Verny;* cette solution a du bon; mais elle prête à certaines critiques ; car cette position ne remplit pas tout à fait une des principales conditions d'une position de flanc, c'est-à-dire, elle ne donne pas la possibilité d'agir contre la ligne de retraite de l'ennemi. Tandis que nous nous basons sur le seul point de *Metz*, l'ennemi a bien plus de champ ; il peut se retirer sur tous les points du grand arc de cercle allant de *Pont-à-Mousson* à *Nomeny* et même plus à l'est. Si, par exemple, il a passé la rivière à *Cheminot*, et s'il est obligé de faire front du côté de *Verny*, il aura *Nomeny* derrière lui.

Je crois que, pour couvrir le flanc droit, il conviendra de couper les ponts qui gênent de ce côté; car, dans une offensive quelque peu vigoureuse, on suivra toujours les grandes routes. En tout cas, il faudra encore faire quelque chose pour assurer nos derrières, sans quoi l'ennemi pourrait, au moyen d'une démonstration, nous tromper joliment sur la basse *Seille*, pendant qu'il franchirait la haute *Seille*.

Quant à moi, j'aurais détaché à *Pouilly* un bataillon avec une batterie; le bataillon aurait envoyé une compagnie à *Pouilly* et une autre à *Marly*.

Placée sur la hauteur, à l'est de *Marly*, la batterie dominera tout le terrain entre *Cuvry* et *Coin*. Dans ces conditions, l'ennemi ne pourra pas tenter de jeter un pont sur ces points.

Je me serais donc porté sur *Louvigny*, avec les forces principales. Si, dans ce cas, on détache encore un bataillon avec une batterie à *Verny*, toute la basse *Seille* se trouvera garantie. Si l'ennemi passe alors à *Cheminot*, ce qu'il pourra faire de mieux, il aura de la peine à se déployer dans la zone étroite, à l'est de cette localité, tandis que nous pourrons lui résister sur un front étendu. S'il s'avance par *Nomeny*, nous pourrons tout aussi bien lui tenir tête à *Louvigny*. Par conséquent, je considère comme défectueux le choix de la position de *Buchy*, et je pense qu'une offensive partant de ce point n'aurait pas grande chance de réussir. Une position de flanc à *Verny* donnerait peut-être de bons résultats; mais, quant à moi, je serais allé à *Louvigny*.

Ceux de ces messieurs qui ont adopté une autre solution ont, pour la plupart, développé leurs idées très nettement, tout en arrivant à d'autres conclusions. J'accorde volontiers que le thème était difficile. Un dernier mot : Beaucoup de ces messieurs, et principalement les cavaliers, n'ont pas employé la cavalerie d'une manière judicieuse. Ils lui ordonnent de *se maintenir* sur la ligne de la *Seille*. Je crois que c'est beaucoup trop lui demander; on ne peut pas exiger cela de la cavalerie. Elle se sent toujours mal à l'aise quand elle est démontée, et je crois qu'avec des hommes qui ont mis pied à terre, il est plus facile d'attaquer un village que de le défendre. La garnison d'un village ne sait pas ce qui se passe au dehors; elle pourra craindre que les chevaux de main ne soient ramenés en arrière, etc.

SOLUTION DU THÈME 58

A. — Solution écrite du général de Moltke.

Les hauteurs de *Louvigny* présentent, au sud, une position dominant les pentes qui lui font face de ce côté, et celle-ci a un champ de tir découvert. Établie sur cette position, la division sera reliée en ligne droite avec *Metz*. Quant à l'adversaire, il aura sa ligne de communications sur un de ses flancs, et, à moins de l'abandonner complètement, il ne pourra défiler devant nous.

Après l'attaque infructueuse contre la basse *Seille* et le départ de l'ennemi qui s'en est suivi, il conviendra de confier au 1er bataillon du 1er régiment, avec une batterie, la surveillance du cours supérieur de la rivière jusqu'à *Pommérieux* et d'amener, ce soir même, de *Verny* à *Louvigny*, le 2e bataillon avec la 2e batterie.

PREMIER CAS.

La division fait face au sud et attend l'attaque de l'ennemi.

Comme point d'appui de l'aile droite, on se servira de l'ouvrage existant à la cote 253.

Les berges du ruisseau de *Vigny* devront être garnies ce soir même, au besoin demain matin, de tranchées-abris, et l'on y préparera des emplacements de batteries.

Saint-Jure et *Allémont*, qui se trouvent dans la zone du feu le plus efficace de notre artillerie, seront occupés et organisés défensivement. Après avoir fait occuper les tranchées-abris, l'infanterie prendra position en arrière de la crête de la hauteur, où elle sera à l'abri des vues de l'ennemi; la cavalerie ira se placer derrière *Vigny*, d'où elle menacera le flanc droit de l'ennemi, au cas où il prendrait l'offensive.

L'espace entre *Louvigny* et *Vigny* est trop grand pour qu'on puisse l'occuper entièrement avec une division; cependant, ces deux localités recevront une faible garnison d'infanterie, qui pourra être renforcée, selon la tournure que prendra le combat.

DEUXIÈME CAS.

La division attaque l'ennemi qui se trouve en face d'elle.

L'adversaire a laissé des fractions postées à *Longeville* et aux *Ménils*. Le détachement de *Marieulles* devra faire une marche de 3 à 4 heures, s'il veut se joindre au gros à *Raucourt*. Si l'ennemi s'affaiblit sur ce point, en envoyant de forts détachements contre la voie ferrée (les petits détachements ne sont pas possibles, à cause de notre cavalerie), nous aurons l'avantage dans l'offensive et bien des chances de battre l'adversaire à *Raucourt*, avant l'arrivée des renforts venant de *Marieulles*.

Sous la protection de notre artillerie, les bataillons passeront le ruisseau de *Vigny*. Appuyés à *Saint-Jure* et, au besoin à *Allémont*, ils se formeront sur la rive gauche, sur deux lignes. La cavalerie s'avancera au trot, par la grande route, sur *Louvigny;* elle passera le ruisseau à *Moulin-de-Moince* et s'établira à l'aile droite de l'infanterie, où elle trouvera le terrain le plus favorable pour charger, tout en menaçant la ligne de retraite de l'adversaire. Deux batteries suivront de près les mouvements de l'infanterie et dirigeront, à courte distance, leur feu sur *Raucourt* et le saillant de la forêt de *Ressaincourt*.

L'adversaire se verra obligé de rappeler en toute hâte,

à *Mailly*, son détachement de *Sécourt*; mais, selon toutes probabilités, il aura déjà été battu à *Raucourt*.

Cette offensive ne serait plus possible, si le corps de troupes de *Marieulles* avait pu gagner *Raucourt* avant l'action.

La défensive sur la hauteur de *Louvigny* ne paraîtrait même plus prudente, si ce même corps avait déjà atteint *Cheminot*.

TROISIÈME CAS.

La division se retire sur *Verny*. Elle y est renforcée par le 1er bataillon et la 1re batterie.

Sa retraite s'opère par quatre chemins parallèles, entre *Pommérieux* et *Liéhon*. Ce mouvement, masqué par la crête de *Louvigny*, est d'abord exécuté par les bataillons, ensuite par l'artillerie en échelons, enfin par la chaîne de tirailleurs, et la cavalerie protégeant le flanc de cette chaîne.

La hauteur entre *Verny* et *Chérisey* est une position qui répond à la force de la division et offre un champ de tir découvert. On occupera, à droite, le bois d'*Avigy*. Les réserves prendront position à l'abri des vues de l'ennemi.

L'adversaire ne tentera sans doute pas de continuer à s'avancer vers l'est, sans attaquer la division, qui ne se trouvera qu'à 3km,750 sur son flanc.

La position de *Verny* ne peut être tournée que par son flanc gauche; en ce cas *Orny* et le bois des *Veaux* offriront au défenseur de nouveaux points d'appui. L'assaillant devra, de son côté, assurer suffisamment ses propres communications. La division ne pourra donc s'acquitter de sa *double* mission, si elle a affaire à un ennemi réellement supérieur en nombre; elle ne pourra en remplir *qu'une seule*, celle de renforcer *Metz*. Mais, quand on aura gagné cinq à six jours, il ne sera peut-être plus nécessaire de protéger la voie ferrée; ou bien, d'autres troupes se chargeront de ce soin.

B. — Reproduction littérale de la critique verbale faite par le général de Moltke.

Dans la soirée du 3 mai, nous sommes parfaitement renseignés sur ce qui se passe chez l'adversaire.

Il n'est pas admissible qu'après avoir tenté vainement aujourd'hui de passer la rivière entre *Verny* et *Marly*, il s'avance encore demain contre la basse *Seille*. Nous pouvons donc faire rentrer le détachement de *Verny* à la division, et faire venir à *Verny* celui de *Pouilly*. Je crois même que nous pourrons faire rentrer la batterie de ce dernier détachement. Cette batterie, pour plus de sûreté, pourra laisser quelques pièces en arrière, à *Pommérieux*.

Tous ces mouvements, pour rester inaperçus, devront naturellement être exécutés dans la soirée même du 3, et par *Goin*.

L'ennemi est en face de nous en deux groupes séparés ; la situation de la division de réserve est par conséquent claire.

La plupart de ces messieurs prétendent que dans le cas où l'ennemi attaquerait demain par *Raucourt*, ils pourraient rester à *Louvigny*. J'admets qu'ils n'entendent point par là la position d'aujourd'hui ; car cette position fait face à l'ouest ; si on continuait à l'occuper, elle présenterait le flanc gauche à l'ennemi. J'aurais bien désiré que ces messieurs eussent nettement défini ce qu'ils entendent par position faisant face au sud ; car il faut avant tout se rendre exactement compte de quelle façon on veut employer ses troupes. Quelques officiers veulent transférer leur aile gauche à *Allémont*. Mais il y a un inconvénient à cela, c'est qu'*Allémont* est dominé par la hauteur à l'ouest des bois de *Ressaincourt*, et que cette position est coupée en deux par le ruisseau de *Vigny*, ce qui crée des difficultés aux mouvements des troupes. Quant à moi, je me serais établi sur la ligne *Louvigny — Vigny*, en partant de cette hypothèse que les troupes sont au bivouac le long de la route qui relie ces localités, et qu'elles ont poussé leurs avant-postes du côté de *Saint-Jure* et de *Cheminot*. Or, la position de *Louvigny — Vigny* s'étend à 4,000 pas, et pour une division c'est trop. L'aile droite devra donc être formée par une batterie placée sur la hauteur cotée 253 (au sud de *Louvigny*). Les travaux de terrassement exécutés hier pourront sans doute servir à cet effet. Cette batterie enfilera la vallée du ruisseau de *Vigny* et celle de la *Seille*. Comme point d'appui de l'aile gauche, il conviendrait peut-être de préparer un deuxième emplacement de batterie, à 2,500 pas à l'est de *Louvigny*. En outre, il y aura lieu de creuser une simple tranchée-abri sur le rebord du versant nord de la vallée, afin que par leurs feux nos tirailleurs puissent facilement battre ce couloir. Il conviendra de faire occuper *Allémont*, *Saint-Jure* et *Moulin-de-Moince* par des postes avancés. Les deux premières de ces localités devront être défendues énergiquement, puisqu'elles se trouvent à bonne portée de notre artillerie. En revanche, le moulin ne sera occupé que faiblement, parce qu'il y a là 6 à 8 points de passage. En principe, un ruisseau de ce genre ne constitue pas un obstacle sérieux. A *Wörth*, nous avons franchi un cours d'eau bien autrement difficile. A *Louvigny* et à *Vigny*, je n'enverrais également que de faibles détachements; mais, si plus tard les circonstances l'exigeaient, je pourrais toujours renforcer la garnison de ces villages. La cavalerie sera établie hors des vues, derrière *Vigny*; la réserve derrière l'aile gauche qui formera crochet en arrière; du reste, le plus grand danger pour nous est d'être rejetés sur la *Seille* et coupés de *Metz*.

A cette occasion, je suis obligé de revenir sur quelques travaux, dont les auteurs se sont déclarés pour l'offensive, dans un style clair et net, et empreint d'un cachet tout personnel. Par ce moyen ils répondent, en effet, aux trois cas envisagés... si toutefois ils sont victorieux. Mais cela est fort douteux; car en passant à l'offensive, on abandonne à l'adversaire de force égale tous les avantages de la défense. Nous serions obligés de faire une attaque de front, et nous courrions certainement des risques. L'expérience de la dernière guerre nous apprend que l'offensive n'a réussi, que lorsqu'elle a pu tourner une des ailes du défenseur. Mais pour cela, il faut une supériorité numérique que nous n'avons pas. Cela nous conduit tout naturellement à ne prendre l'offensive, que si l'ennemi commet la faute d'envoyer des détachements du côté de la voie ferrée, et s'il s'affaiblit ainsi, avant d'avoir battu la division. S'il n'envoie que de faibles détachements, il ne pourra, en principe, atteindre le chemin de fer; s'il détache au contraire des fractions nombreuses, nous battrons d'autant plus facilement ce qui restera. Quant aux détachements, ils feront, en ce cas, demi-tour d'eux-mêmes.

Le mode d'attaque peut varier, comme il arrive toujours en pareil cas. A titre d'exemple, je ne donnerai ici qu'un procédé : une conversion à droite de la division avec *Saint-Jure* comme pivot. Je préfère, pour l'infanterie qui est chargée de l'action décisive, le terrain couvert qu'on rencontre par-là, au terrain découvert situé plus à l'ouest. Je concentrerai d'abord les feux de mon artillerie sur le bois de *Ressaincourt*, que je ferai prendre ensuite d'assaut par un régiment d'infanterie partant d'*Allémont*. La possession de ce bois a une double valeur. D'abord je puis rassembler tout mon monde derrière ce bois, et puis partir de là, pour m'emparer facilement du village de *Ressaincourt*. En outre, ce bois m'offre un point d'appui contre le détachement ennemi revenant de l'est. Après avoir gagné la ligne *Saint-Jure* — *Ressaincourt*, la division passera à l'attaque de la position principale de *Raucourt*.

La cavalerie trouvera son emploi en partie à l'aile gauche, pour aller explorer vers l'est, et en partie à l'aile droite, où elle pourra agir dans le terrain découvert, du côté d'*Éply*.

Ce n'est là qu'un exemple; le domaine du possible est vaste.

Quelques officiers veulent poursuivre l'ennemi en passant par *Buchy ;* mais l'adversaire a une certaine avance, et peut, avant notre arrivée, avoir fait occuper par un détachement la hauteur voisine.

Dans ce cas, la division sera obligée, ou bien d'attaquer cette forte position, ou bien de rester à *Vigny;* mais là, elle peut se trouver dans une situation critique, si l'ennemi s'avance par *Buchy* et *Raucourt;* en ce cas, elle sera obligée de se retirer sur *Verny*. Enfin, pendant la marche de la division sur *Buchy*, une arrière-garde laissée à *Louvigny* pour couvrir notre marche de flanc, peut être coupée du gros par une attaque partie de *Raucourt*, si elle ne suit pas le mouvement en temps opportun.

En ce qui concerne le troisième cas, quelques-uns de ces messieurs prétendent pouvoir rester à *Louvigny*, jusqu'à ce qu'ils aient forcé l'ennemi à se déployer. Mais cela n'est pas nécessaire du tout; car l'adversaire se déploiera bien tout seul. Nous ne pouvons contrôler le moment du départ des fractions ennemies de *Marieulles;* mais nous constaterons leur arrivée. Si l'ennemi s'avance sur *Cheminot*, il sera grand temps de se retirer; car la nécessité d'avoir la retraite assurée sur *Metz* prime ici la mission de protéger la voie ferrée.

La division devra donc se retirer d'abord jusqu'à *Verny*. Si l'arrière-garde (qui ne doit rester à *Louvigny* que jusqu'au moment où l'ennemi, parti de *Cheminot* ou de *Saint-Jure*, marche contre elle) était serrée de près, on pourrait faire occuper le bois de *la Hautonnerie* par des fractions chargées de la recueillir. Mais il ne me semble pas judicieux d'arrêter déjà toute la division à *la Hautonnerie*. D'après la carte, la position de *Verny* n'est, du reste, pas mauvaise : l'aile droite est couverte par la

Seille, et une retraite qui se ferait éventuellement plus en arrière serait favorisée par les forêts situées au nord. Les fractions ennemies parties de *Marieulles* auront fait, en arrivant devant *Verny*, une marche de plus de 15 kilomètres, ce qui a bien son importance.

Voilà ce que j'aurais à dire à propos de ce travail. Quand il s'agit de répondre à de pareilles questions, on a volontiers recours aux principes et aux doctrines ; mais principes et doctrines ne peuvent être fournis que par la science, et cette science est, pour nous, la stratégie. Cependant, la stratégie n'est pas de la même essence que les sciences abstraites. Celles-ci reposent sur des vérités immuables et bien définies, qui servent à édifier des systèmes et se prêtent à toutes sortes de déductions. Le carré de l'hypothénuse sera toujours égal à la somme des carrés élevés sur les deux autres côtés, que le triangle rectangle soit grand ou petit, qu'il ait son sommet tourné vers l'est ou l'ouest.

On lit aujourd'hui dans certains ouvrages, ayant un caractère théorique, bien des choses sur les avantages « des opérations par la ligne intérieure ». Malgré cela, il faudra, dans chaque cas particulier, se demander de quel côté il conviendra d'agir.

Dans notre dernier thème, nous nous trouvions également sur la ligne intérieure, et nous connaissions la faiblesse de l'ennemi à *Marieulles ;* cependant, aucun de ces messieurs n'a eu l'idée de passer la *Seille*, pour marcher sur *Marieulles*.

La stratégie est l'application du bon sens à la guerre. La difficulté réside dans l'exécution des opérations ; car nous dépendons d'une quantité innombrable de facteurs, tels que le vent, la température, le brouillard, les fausses nouvelles, etc. S'il est vrai que les connaissances théoriques ne suffisent pas pour nous donner la victoire, nous ne devons cependant pas les négliger tout à fait. Le général de Willisen dit, à juste titre : « Entre savoir et pouvoir, il n'y a que la largeur d'un saut; mais, entre ne pas savoir et pouvoir, la distance est bien plus grande ». C'est de notre propre expérience que nous tirons les meilleurs enseignements pour l'avenir; mais, comme cette expérience sera toujours minime, il faut que l'étude de l'histoire militaire nous fasse profiter de l'expérience d'autrui. Un autre moyen de parfaire notre instruction nous est offert par la recherche de la solution à faire intervenir dans une situation de guerre fictive, comme nous le faisons en traitant nos thèmes tactiques.

SOLUTION DU THÈME 59

A. — Solution écrite du général de Moltke.

L'ennemi arrivant de *Frankfurt* peut avoir l'intention de se porter, en deux marches, de *Kertenhausen* sur *Wolfhagen*, pour faire directement sa jonction avec le corps battu, ou bien il peut vouloir le dégager, en s'avançant contre le flanc gauche des troupes exécutant la poursuite.

Dans le premier cas, il prendra la route passant par *Fritzlar*—*Lohne;* dans le second, celles par *Dorla* et *Nieder-Vorschütz*. La division disséminerait ses forces, si elle voulait garder ces trois directions. Il sera prudent de la tenir d'abord rassemblée à *Gudensberg*, jusqu'à ce qu'on soit renseigné sur la marche de l'ennemi.

A cet effet, on enverra la cavalerie avec l'artillerie à cheval sur *Fritzlar*, *Ober-Möllrich* et *Nieder-Möllrich* et on fera occuper *Werkel*, *Ober-Vorschütz* et *Nieder-Vorschütz* par de l'infanterie chargée de la recueillir.

Si l'ennemi franchit, avec ses forces principales, l'*Eder* à *Nieder-Möllrich*, on pourra immédiatement occuper une position du côté de *Nieder-Vorschütz*. Aile droite : *Ober-Vorschütz*, point fort; aile gauche : *Maderstein* et *Landen-Berg*, faiblement occupés; la réserve derrière *Maderstein;* l'artillerie sur le *Maderholzfeld*.

Si l'ennemi s'avance par *Fritzlar*, on occupera la position de *Dorla;* l'artillerie, des deux côtés du village, commandera les voies d'accès de *Werkel* et de *Wehren* et la vallée de l'*Ems*. *Ober-Vorschütz* sera suffisamment occupé par de l'infanterie. Le gros de la division, placé derrière le *Nacken*, sera complètement dérobé à la vue de l'ennemi et pourra, suivant les circonstances, renforcer l'une ou l'autre des deux ailes.

Si l'ennemi prend la route de *Lohne*, il ne pourra pas défiler à bonne portée de nos pièces et négliger d'attaquer la division. Il lui faudra franchir l'*Ems* et attaquer les hauteurs escarpées du *Weissenborner Feld.*

B. — Reproduction littérale de la critique verbale faite par le général de Moltke.

Nous allons commencer par nous mettre à la place du corps arrivant par le sud. Il semble que celui-ci ait été destiné à renforcer le corps de l'Ouest. Dans l'intervalle, ce dernier a subi une défaite et a été refoulé. Quel sera maintenant le rôle du corps du Sud? De deux choses l'une : ou bien il s'avancera par la route qui conduit au nord, pour soutenir directement le corps ami, ou bien il continuera sa marche sur *Cassel*, pour le secourir indirectement, en menaçant notre ligne de communications. Dans la première hypothèse, il est douteux qu'il trouve encore le corps de l'Ouest à *Arolsen*. On ne peut pas prévoir s'il le rencontrera jamais, et où il pourrait bien le rejoindre. Cela dépendra de l'état moral et matériel des troupes du corps de l'Ouest et de l'énergie de la poursuite.

Qui sait si le second moyen n'irait pas plus droit au but : menacer les communications de l'ennemi, en marchant sur *Cassel?* Mais voilà que le corps du Sud apprend que, dans l'intervalle, une division de l'adversaire s'est avancée au sud de *Cassel*. Cette division le gêne extrêmement. Si le corps du Sud se dirige vers le nord, elle tombera sur son flanc droit; s'il se porte sur *Cassel*, elle fera front de son côté. Il est de l'intérêt du corps du Sud d'attaquer cette division dans la matinée du 3 mai, et j'en conclus que nous, qui représentons la 22e division, nous sommes en droit d'attendre l'attaque de l'ennemi, si nous y trouvons notre avantage.

Quelques-uns de ces messieurs admettent que l'ennemi puisse nous négliger. Ils attachent trop d'importance à cette hypothèse et font bon marché de la conservation de nos propres communications. Si deux troupes adverses se sont rapprochées l'une de l'autre à distance d'étape, elles ne défileront pas, dans la réalité, l'une à côté de l'autre. D'autre part, notre propre ligne de communications est une question très délicate. N'y a-t-il pas eu une situation analogue dans la dernière guerre? Le 18 août, sous *Metz*, nous faisions face à l'est. Mais, veuillez remarquer ceci : deux jours auparavant, nous avions gagné une bataille. Jusque-là, nous avions sagement laissé la Ire armée sur la rive droite de la *Moselle*, pour protéger notre ligne de communications. La situation était bien plus grave en janvier 1871, dans le sud-est de la France. La crise la plus grande se serait produite, si le général de Werder avait été battu par Bourbaki, et si celui-ci s'était avancé vers le Nord, pour se porter contre nos communications. Il aurait fallu former une armée de toutes pièces, pour parer à ce danger.

Si nous étions de taille à lutter avec l'ennemi, ou bien si nous avions la supériorité du nombre, nous ne pourrions mieux faire que de marcher sur *Fritzlar*, pour y accepter une bataille décisive, dans la plaine entre l'*Ems* et l'*Eder*; nous empêcherions ainsi l'ennemi de se porter sur *Arolsen* ou *Cassel*. Or nous savons que nous sommes plus faibles, beaucoup plus *faibles* que l'adversaire; nous jetterons donc un coup d'œil autour de nous, pour voir si le terrain ne pourrait pas compenser notre infériorité numérique. La première chose qui se présente à nos regards, c'est la ligne de l'*Ems*. Nous sommes sûrs de pouvoir l'atteindre avant l'ennemi, et elle nous offre toute une série de bonnes positions; car les pentes nord de la vallée commandent celles du sud, sur presque toute la ligne, et partout nous y trouverons des positions excellentes, avec un champ de tir découvert. Pourvu que nous sachions où prendre position sur l'*Ems*, c'est l'essentiel; car il ne nous est pas possible d'occuper sérieusement tout le secteur de *Kirchberg* à *Böddiger*.

Du reste, la plupart de ces messieurs ont dit avec raison : « Nous ne pouvons pas rester à *Holzhausen*; il faudra se porter plus en avant ». Nous prendrons une formation de rassemblement à *Gudensberg*; pour le reste, nous ferons dépendre nos dispositions de celles de l'ennemi. Que ce soit à *Gudensberg*, au sud-ouest de *Gudensberg*, au *Nacken* ou au *Weinberg*, peu importe! *Gudensberg* est au centre de la courbe que décrit l'*Ems* de ce côté. Pour toutes ces raisons, le thème ne comportait pas non plus la rédaction d'un ordre de mouvement. On ne pourrait y inscrire qu'une simple mise en marche de la division, tout le reste devant être réservé, du moment que la situation n'est pas encore tirée au clair.

En outre, il est de règle générale, en campagne, que toute troupe soit précédée d'une avant-garde. A la guerre, il importe toutefois de ne pas s'astreindre à des règles immuables, mais de prendre, dans chaque cas particulier, les mesures que comporte la situation. Dans ce cas-ci, nous prendrons une formation de rassemblement, qui nous permette de passer immédiatement à la formation de combat. Plusieurs de ces messieurs ont constitué une forte avant-garde : trois bataillons, plusieurs escadrons et une batterie, et n'ont su qu'en faire dans la suite. Ils l'ont poussée sur *Dorla*. Cette direction n'est pas mauvaise; car il est très probable que l'ennemi passera par *Werkel*. Mais, si, toutefois, il passait par *Nieder-Vorschütz* et nous attaquait par là, nous serions privés d'une partie notable de nos forces. Il faudrait alors commencer par les rappeler; nous avons donc tout intérêt à les conserver groupées. Quelques-uns de ces messieurs se sont basés sur des principes théoriques, parfaitement justes en eux-mêmes, et ont essayé d'en déduire la conduite à tenir à *Gudensberg*. Ils ont oublié une chose, c'est qu'il importe, avant tout, d'apprendre ce que fait l'ennemi, le 3 mai, et quels projets il peut bien vouloir réaliser. Notre cavalerie seule nous permettra d'obtenir ces renseignements. Sans doute, la plupart de ces messieurs ont dit : « Il faudra s'éclairer; nous enverrons des reconnaissances d'officiers et des patrouilles en avant! » Mais, messieurs, ces fractions rencontreront des patrouilles ennemies, et si celles-ci sont plus fortes que les nôtres, nos patrouilles et nos officiers seront obligés de revenir sur leurs pas sans avoir rien vu. La cavalerie, il est vrai, ne doit pas batailler; son rôle est surtout de voir. Mais, je crois que c'était le cas ou jamais d'envoyer tout le régiment de uhlans en avant. Il est évident que l'ennemi sera obligé de franchir un des ponts de l'*Eder* à *Fritzlar* ou à *Nieder-Möllrich*. J'enverrais donc un escadron à *Fritzlar*, et, dans chacun des villages d'*Ober-Möllrich* et de *Nieder-Möllrich*, un demi-escadron. Deux escadrons resteraient en réserve. Il faudrait que l'ennemi s'avançât bien vivement, pour que la cavalerie n'eût point l'occasion d'observer les mouvements exécutés au delà de l'*Eder*. Nous ne pouvons pas franchir l'*Eder;* elle sera, sans doute, occupée par l'ennemi; mais je crois qu'une cavalerie aussi forte que la nôtre pourra tenir les pentes septentrionales, jusqu'à ce que les nuages de poussière indiquant l'approche des colonnes ennemies, ou l'ennemi lui-même, fussent devenus visibles. Suivant que l'adversaire passera par *Fritzlar* ou *Nieder-Möllrich*, nous saurons, s'il faudra nous porter sur *Dorla* ou *Maden*.

Si vous voulez bien examiner sur la carte ces deux directions principales, vous verrez que partout nous trouverons de très bonnes positions. A *Maden*, nous pourrons disposer nos réserves derrière le village ou au *Maderstein;* l'artillerie prendra position sur le *Maderholzfeld*. *Ober-Vorschütz* sera solidement occupé. A gauche, on s'établira sur l'*Itters-Berg;* c'est une forte position. Mais si l'ennemi faisait mine de vouloir envelopper notre aile gauche, nous trouverions plus en arrière de nouvelles positions. Les trois points de passage (*Werkel*, *Ober-Vorschütz* et *Nieder-Vorschütz*) devront évidemment être occupés, mais seulement par de petites fractions d'infanterie et non par des bataillons. Cela permettra à la cavalerie de rester plus longtemps en avant, et d'observer l'ennemi avec plus de sécurité. A *Dorla*, il y a également une bonne position. Il est évident qu'à la longue nous ne pourrons pas nous maintenir au saillant de *Werkel*. Une fois que l'ennemi débouchera de *Wehren*, on évacuera tout d'abord la position d'artillerie du *Mühlen-Berg*; mais celle-ci aurait joliment entravé, au début, la marche d'approche de l'ennemi. Nous trouverions ensuite en arrière de *Dorla* une deuxième position avec des points d'appui aux deux ailes, et nous serions à cheval sur notre ligne de retraite.

Il ne reste plus qu'à examiner ce qui se passerait si l'ennemi obliquait vers le nord. Quelques-uns de ces messieurs ont voulu franchir l'*Ems* pour l'attaquer, ou bien, se porter en avant par *Kirchberg* ou par *Wichdorf* — *Merxhausen*, afin de prendre position dans la vallée supérieure de l'*Ems*. Je ne le conseillerais en aucun cas. Il n'y a pas de bonne position dans la vallée supérieure de l'*Ems*; il n'y a pas non plus d'obstacle sur le front, et si l'ennemi nous y faisait face avec des forces égales, il pourrait employer l'excédent, pour envelopper notre aile droite et nous rejeter dans les défilés de l'*Ems*, qui sont précisément difficiles en cet endroit. Dans le cas le plus favorable, il nous resterait encore la ressource de pouvoir battre en retraite sur notre 21e division; mais si nous la rejoignons après avoir été battus, nous ne lui serons pas d'un grand secours. Or, comme l'ennemi nous attaquera quand même, nous trouverons, dans le cas où il se dirigerait vers le nord, une bonne position entre *Kirchberg* et *Dorla*.

Par conséquent, messieurs, formation de rassemblement à *Gudensberg*, comme la plupart d'entre vous l'ont fait; puis, reconnaissance des mouvements exécutés par l'ennemi le lendemain matin; enfin, dispositions ultérieures prises en conséquence. Voilà ce qui me paraît être la vraie solution de la question. J'accorde que le thème était difficile, parce que nous sommes si peu renseignés sur les projets de l'ennemi; mais, à la guerre c'est, en principe, le cas du plus faible.

Vous aurez à traiter encore un autre thème plus simple que celui-ci et vous le traiterez de même simplement, sans chercher à y introduire des facteurs imaginaires. Si certains d'entre vous se sont creusé la tête, pour savoir si le XIe corps était suivi du XIIe et du XIIIe; s'ils se sont demandé : qu'adviendra-t-il si l'ennemi exécute un à-gauche pour faire sa jonction avec le corps de l'Ouest, en un point quelconque de la *Westphalie*, ou s'il s'avance sur *Cassel* par la rive droite de la *Fulda*.....? Mais, messieurs, ce sont là de nouveaux thèmes, pour lesquels il faudrait développer devant vous toutes sortes de considérations militaires, stratégiques et politiques. Tenez-vous-en donc simplement aux données qui vous ont été fournies.

Pour conclure, messieurs, je vous ferai encore remarquer que la succession logique des idées, leur clarté, l'emploi du mot propre et un bon style sont des éléments dont je tiens également compte en corrigeant un thème, même si la solution n'est pas tout à fait conforme à celle qui me paraît être la bonne.

SOLUTION DU THÈME 60

A. — Solution écrite du général de Moltke.

La Chapelle, 1er juin 1879, 6 heures du soir.

ORDRE DE CORPS D'ARMÉE.

La 29e division détachera un escadron, une batterie et la compagnie de pionniers à la 58e brigade, qui devra se tenir prête à se mettre en marche, demain matin à 5 heures, et être rassemblée au sud de *Sermamagny*. La brigade se portera sur *Valdoye*, s'emparera de cette localité et se retranchera aussitôt derrière la *Savoureuse*. Les hauteurs boisées d'*Arsot* et du *Salbert* seront occupées par de l'infanterie. Ceci étant fait, le régiment nº 112 continuera sa marche sur la grande route, dans la direction de *Chalonvillars* en contournant le *Salbert* par le nord. A *Chalonvillars* il attendra l'arrivée de la 57e brigade ou l'y suivra, selon les circonstances.

Les autres troupes de la division seront rassemblées demain matin au sud de *Chaux*; elles se mettront en marche, à 6 heures du matin, et se porteront sur *Chalonvillars* par *Sermamagny*, *Évette*, le *Haut-d'Évette*. Elles occuperont en avant de leur front les hauteurs du *Coudrai* et de *La Côte* et mettront *Essert* en état de défense.

La 28e division, l'artillerie de corps, ainsi que la 1re et la 2e compagnie de pionniers se rassembleront à 6 heures du matin à *La Chapelle* et se porteront sur la ligne *Buc*—*Échenans*, en passant par *Errevet*, *Frahier* et *Chagey*.

L'avant-garde, qui devra être composée de troupes de toutes armes, occupera *Urcerey* et *Argiésans*.

L'artillerie de corps, qui marchera à la queue des colonnes, s'arrêtera à *Chagey*.

Les convois suivront, dans l'après-midi, les unités dont ils font partie.

En portant, le 3, l'aile droite en avant jusqu'à la basse *Savoureuse*, on complétera l'investissement.

La 28e et la 29e division recevront chacune une expédition de cet ordre, le même pour toutes les deux. Il sera communiqué verbalement au commandant de l'artillerie, aux convois et à l'intendance.

B. — Reproduction littérale de la critique verbale faite par le général de Moltke.

J'ai cru vous donner à traiter un thème extrêmement facile ; mais il est surprenant que si peu d'entre vous aient touché juste. A la dernière critique, j'ai déjà eu l'occasion de faire remarquer qu'il n'est pas nécessaire de s'en tenir rigoureusement à des règles générales, et qu'il est parfois permis de s'en écarter. Je crois vous avoir démontré que, dans le thème précédent, il n'était pas d'une nécessité absolue de former une avant-garde. De même aujourd'hui, je voudrais vous convaincre qu'il n'était ni utile, ni judicieux de constituer une réserve destinée à servir de renfort, selon les éventualités du combat. Quand il s'agit d'un front rectiligne, il est tout indiqué que la place de la réserve est derrière le centre, tout en tenant évidemment compte des voies de communication et du terrain. Elle est encore mieux placée, lorsqu'elle est établie au centre d'un arc de cercle, d'où elle puisse rayonner en avant. Mais, la position la plus défavorable qu'elle puisse prendre est celle qu'elle occuperait en arrière d'une ligne convexe, dont les extrémités sont recourbées en avant. Si vous établissez la réserve à *Frahier*, elle aura 7km,500 à parcourir pour aller soutenir l'aile gauche à *Valdoye*, et 15 kilomètres avant de pouvoir appuyer l'aile droite plus au sud, par *Chagey*, vers *Échenans*. Partout où l'on se battra, la réserve arrivera donc trop tard.

Je crois donc qu'il serait plus judicieux de conserver tous les éléments de la même unité groupés, ceux de chaque brigade, par exemple, afin que les unités soient aussi fortes que possible, et que chacune d'elles puisse se constituer elle-même sa réserve. Dans ce but, il faudra évidemment permettre à chaque brigade d'opérer pour son compte, et lui adjoindre les armes spéciales dont elle ne dispose pas d'une façon normale. J'estime que vous pourrez adjoindre à chaque brigade un peloton de cavalerie, pour le service des estafettes, deux batteries complètes et une demi-compagnie de pionniers. Dans ce cas, il vous restera encore l'artillerie de corps tout entière et une partie des pionniers. Malheureusement, le bataillon de pionniers ne compte que trois compagnies qui, dans l'investissement, auront fort à faire. Mais la réserve de pionniers, dont devra pouvoir disposer le général commandant le corps d'armée, se constituera d'elle-même, dès que les brigades auront occupé leurs positions de combat, et qu'on aura vu et reconnu le terrain, où il y aura lieu de faire d'importants travaux de terrassement. C'est là qu'on enverra alors les pionniers; quant à l'artillerie, on l'établira aux endroits où il y aura des positions de batterie.

Je crois donc que chaque brigade trouvera plus rapidement son soutien en elle-même ou dans les brigades voisines, que si elle devait compter, à cet égard, sur une réserve générale, qui ne pourrait trouver, dans ce cas-ci, aucun emplacement favorable. Supposons un instant que *Valdoye* soit attaqué avant que la réserve y arrive; il sera plus avantageux d'amener de *Cravanche* un soutien qui tombera sur le flanc de l'ennemi. Une sortie faite par la place sera toujours une opération difficile; dans ce cas, un petit détachement prenant l'adversaire en flanc produira plus d'effet que 20 bataillons placés derrière *Valdoye*. L'ennemi ne devra jamais perdre de vue qu'il lui faudra rentrer dans la place. En somme, n'oublions pas, messieurs, que la garnison a été renforcée par une brigade mobile seulement, et qu'elle est obligée de surveiller également la direction de l'est. Dans les débuts, cette garnison sera complètement absorbée par l'organisation et l'armement de la place; il lui sera donc difficile de faire marcher plus d'une brigade. Une fois que nous serons installés, l'ennemi aura de la peine à repousser même une seule de nos brigades, pour peu que les deux brigades voisines soient attentives, et prêtes à la soutenir. Mais si l'on voulait cependant former à tout prix une réserve, il faudrait que, dans l'ordre du corps d'armée, on rappelât d'abord en peu de mots la situation générale. On indiquerait ensuite la répartition des troupes, afin que chaque commandant de brigade sache de quoi il peut disposer et sur qui il peut compter.

Avant de nous mettre en marche, il faut savoir où nous voulons aller, et où se trouvent les positions à occuper, pour opérer l'investissement. *Valdoye* se présente à nous tout d'abord. J'ai vu avec peine qu'un très petit nombre d'officiers seulement ont occupé *Valdoye*. Sans doute, cette localité est sous le feu du canon de la place; cependant, sous *Paris*, nous nous sommes rapprochés à une distance bien inférieure à la portée des pièces. Nous avons le plus grand intérêt à boucher ce trou de *Valdoye*. Les troupes d'investissement du côté est ont derrière elles le chemin de fer, s'il n'a pas été détruit; mais nous, nous attendons nos ravitaillements et nos renforts par la route du nord, par *Giromagny* et *Sermamagny*. Nous ne pouvons pas laisser interrompre cette communication; car, dès les premiers jours, il arrivera par cette voie de grands convois de vivres et, si l'on veut assiéger la place, c'est par là qu'il y aura lieu de faire venir tout le matériel de siège, ainsi que les colonnes de munitions. Il faudra donc, à tout prix, être maître de cette route; mais on ne le sera qu'à la condition d'occuper *Valdoye* et les hauteurs boisées des deux côtés de cette localité. Je ne compterais pas à cet égard sur la 1re division de réserve; mais je dirais : « C'est moi qui vais occuper ce point, en même temps que le saillant de la forêt d'*Arsot*, à l'est ». Donc, quoi qu'il arrive, *Valdoye* devra être enlevé, et j'emploierais à cette opération une brigade, afin que nous soyions sûrs de nous emparer de cette localité et des hauteurs boisées. Si *Valdoye* est pris et rapidement mis en état de défense, il suffira d'y laisser un petit détachement chargé de nous avertir en temps opportun, pour que nous soyons en mesure de prendre position derrière *Valdoye*, où nous pourrons déployer notre artillerie tout entière.

Il est indifférent que la 29e division soit à gauche, la 28e à droite ou inversement. Il est tout naturel d'avoir égard à l'ordre de bataille, quand le corps d'armée est réuni tout entier, et d'employer alors la 28e division au sud-ouest et la 29e au nord-ouest. En admettant que nous ayons la 29e division au nord-ouest, la 58e brigade serait destinée à occuper *Valdoye*, ainsi que les pentes boisées de chaque côté de cette localité, et à s'y maintenir d'une manière durable. Avec les autres brigades, nous aurions, sans doute, à faire des marches de flanc, aussi longtemps, qu'avec leur nombreuse artillerie, elles défileront dans des chemins de montagne, en présentant le flanc gauche à la forteresse, et jusqu'au moment où elles auront atteint le point où elles pourront se porter en ligne vers leur gauche. Alors, elles pourront se tirer elles-mêmes d'affaire; mais, tant qu'elles seront engagées dans les chemins de montagne, et qu'elles défileront en longues colonnes, il y aura lieu de couvrir leur marche. Ceci concerne surtout la 28e division qui marche sur *Chagey;* car, à partir de ce point, elle se dirigera vers la forteresse. J'estime donc que *Chalonvillars* est le premier point à occuper pour protéger notre marche, et j'y enverrais la 57e brigade. Il est certain que les brigades de l'aile gauche pourront, le même jour, occuper sans hésiter les positions de combat, qu'elles devront conserver plus tard, une fois l'investissement terminé.

Quelques officiers, qui ont occupé *Valdoye*, ont été par trop prudents; ils ont voulu retarder la marche en avant, jusqu'à ce que *Valdoye* fût pris. Ce procédé offre l'inconvénient de faire arriver les troupes trop tard, et de ne pas leur laisser le temps nécessaire pour prendre les premières mesures de défense. A côté de cela, il y a lieu de remarquer que la mise en mouvement de tout le corps demandera bien une bonne heure; on aura donc, de toute façon, encore une brigade de la 28e division sous la main, pour servir de soutien à la brigade qui livrerait un combat devant *Valdoye*.

La 57e brigade devra être immédiatement mise en marche par *Évette* sur *Chalonvillars*, comme, du reste, la plupart des officiers l'ont fait. Mais, où s'arrêtera-t-elle? Je crois qu'il est nécessaire d'occuper *Essert*, ainsi que les hauteurs boisées au nord et au sud de cette localité. *Essert* est, à vrai dire, situé plus près de la forteresse que *Valdoye;* mais le *Château* seul a des vues sur ce village. La hauteur en avant est cotée 1200 pieds, la vallée 1100. Si, néanmoins, la place avait des vues sur *Essert*, il faudrait se borner à en occuper la partie ouest, et principalement les hauteurs boisées des deux côtés, tout comme à *Valdoye;* car, de cette mesure dépendra la possession de ce village. Une fois *Essert* occupé, on pourra prendre en avant de *Chalonvillars* une bonne position de combat; il faudra donc occuper cette localité dès le 2. Vous couvrirez ainsi toute la marche de la 28e division, à laquelle il conviendra d'affecter une route particulière. Cette route existe; elle passe par *Crevet* et *Frahier*. Or, jusqu'où la 28e division devra-t-elle marcher? Quelques officiers ont prétendu qu'il fallait la porter jusqu'à *Héricourt*, ou même jusqu'à *Brévilliers*. Je n'en vois pas la nécessité. C'est là une marche de 30 kilomètres en pays montagneux, et il n'y a pas de motif assez pressant qui puisse nous obliger à aller si loin. Si vous admettez que la 56e brigade, qui marche en tête, se porte par *Chagey* sur *Buc*, *Mandrevillars* et *Échenans*, que la 55e brigade, au contraire, s'arrête aux environs de *Chagey*, *Luze* et *Couthenans*, vous aurez toute votre division réunie. Si l'ennemi voulait faire une sortie dans cette direction, vous seriez assez forts pour le repousser. Il ne vous restera, alors, qu'à exécuter, le 3, la marche pour arriver du côté de *Botans*.

En ce qui concerne la position de combat, il serait à désirer que la 56e brigade s'avançât de suite jusqu'à *Buc*, pour occuper les hauteurs vers le nord jusqu'à *Chaux-four*. *Valdoye*, *Essert* et *Urcerey* jalonneraient alors la ligne. Pour la 55e brigade à droite, il faudra voir s'il est préférable de la pousser jusqu'à *Botans* ou de la laisser à *Dorans*. Plus tard, elle s'avancera jusqu'au *Grand-Bois*, de même que, sur l'autre rive, la ligne d'investissement sera poussée en avant jusqu'à *Danjoutin*. La dernière brigade arriverait vers midi; elle passerait par *Héricourt*, ou bien elle prendrait, suivant les circonstances, un chemin plus court, celui par *Echenans*. L'investissement serait alors terminé.

Au point de vue des détails, j'aurais quelques mots à ajouter. Plusieurs officiers ont voulu faire sauter la voie ferrée; mais cette opération n'est pas dans le thème. Nous ignorons la situation de l'armée; quant à savoir si nous devons envoyer des reconnaissances vers *Vesoul* ou vers le sud, il faudrait pour cela connaître, d'une manière précise, la situation générale dans son entier, etc. Si le thème n'en parle pas, nous pouvons admettre que, de ce côté-là, nous n'avons rien à redouter. C'est toujours un glaive à deux tranchants que la destruction des chemins de fer; cela peut être inutile, ou même très nuisible. Il faudra donc y réfléchir à deux fois.

Quelques travaux n'ont pas abouti à la solution qui m'a semblé la meilleure; cependant, la situation y est appréciée très judicieusement, quoique les dispositions adoptées n'y soient pas toujours bien appropriées. Il serait impossible, par exemple, de s'arrêter entre *Évette* et *Chalonvillars*, avant que la forêt du *Salbert* fût prise. En outre, faute de s'exprimer clairement sans doute, on a placé, dans quelques travaux, de l'artillerie en tête des colonnes. Or, s'il y avait une poignée de francs-tireurs dans les bois, l'artillerie serait bien vite arrêtée.

SOLUTION DU THÈME 61

A. — Solution écrite du général de Moltke.

L'avant-garde (3 bataillons, 3 escadrons, 1 batterie et 1 section d'ambulance) partira à la pointe du jour; elle remplira le rôle de flanc-garde et passera par *Wewer*, *Ober-Tudorf* et suivra ensuite le *Haarweg*, en se faisant précéder par sa cavalerie. Elle s'opposera à toute tentative que fera l'ennemi pour franchir l'*Alme*.

Gros (10 bataillons, 1 escadron, 3 batteries et tous les convois) : en une seule colonne sur la route, à la même hauteur que le détachement; il sera précédé d'un escadron. Les convois à la queue, l'artillerie derrière le 3e bataillon.

La flanc-garde ne sera renforcée que dans la mesure du nécessaire.

On défendra, s'il y a lieu, la zone boisée. Le combat sera rompu par l'aile gauche; on gagnera la coupure de l'*Oster-Schledde*.

Si toute la division est obligée de se déployer, le régiment de tête du gros fera par le flanc gauche; pendant qu'il s'avancera, la 10e brigade formera la 2e ligne en déboîtant de la grande route. Les convois continueront leur marche sur la route, en arrière de la zone de combat.

B. — Reproduction littérale de la critique verbale faite par le général de Moltke.

Le thème nous représente une division en marche vers le *Rhin*, et qui doit tout d'abord se porter, le 2 avril, de

Paderborn sur *Gesecke*. Il se peut que son arrivée sur le *Rhin*, à date fixe, soit de la plus haute importance ; sa marche est par conséquent l'objet principal à considérer. Nous n'avons pas mission d'attaquer l'ennemi, qui se présente au sud de *Haaren*, et il n'est nullement question de franchir l'*Alme* pour livrer bataille. Notre seul but est de nous porter sur *Gesecke*. Pendant la marche, nous ne prendrons pas non plus position, pour nous laisser attaquer par l'ennemi, si nous pouvons l'éviter. Si ce n'est pas possible, nous tâcherons du moins de ne pas être attaqués dans une position faisant face à l'ouest; car, en ce cas, nous ne pourrions continuer notre marche qu'après avoir infligé une défaite à l'ennemi. Or nous n'avons pas le droit d'admettre cette hypothèse, parce que l'ennemi est vraisemblablement aussi fort que nous. Si nous sommes obligés de prendre position, soit avec une partie de nos forces, soit avec toute la division, nous ferons notre possible pour faire face du côté du sud-est; car nous n'aurons ainsi qu'à livrer un combat d'arrière-garde et, dans le cas le plus défavorable, nous serions repoussés vers notre objectif. Si nous pouvons éviter de combattre, nous devons le faire, n'importe comment. Du reste, le thème montre déjà le danger qu'il pourrait y avoir pour nous, si l'ennemi, qui s'est montré au sud de *Haaren*, venait se jeter sur la route que nous suivons. Aussi, tous ces messieurs ont-ils reconnu avec raison qu'il était nécessaire de couvrir notre flanc gauche, et qu'on devait profiter, à cet effet, de la coupure de l'*Alme*, qui court à peu près parallèlement à notre route de marche et paraît assez importante. Mais plusieurs moyens ont été proposés. Si nous jetons tout d'abord un coup d'œil sur la carte, nous voyons que la distance de *Paderborn* à *Gesecke* est plus courte que celle de *Haaren* (sud) à *Salzkotten*, par exemple, si l'ennemi, comme il est probable, suit la route la plus directe, c'est-à-dire celle passant par *Wevelsburg*.

D'après cela, notre tête serait bien près d'atteindre

Gesecke, quand l'ennemi arriverait à *Upsprunge*. Mais notre colonne a plus de 7km,500 de longueur; l'ennemi rencontrerait tout au moins la queue de notre colonne, si nous ne prenions pas de dispositions. Sans doute, le passage du défilé lui demandera du temps; puis il lui faudra se déployer et s'avancer en formation de combat contre nous. Mais cela ne suffit pas; il faut qu'il se heurte à une vive résistance à la sortie du défilé.

A cet effet, on a proposé dans plusieurs solutions de faire longer l'*Alme* pour toute la division. Ce ne serait pas prudent, à mon avis. Si la colonne a une profondeur normale de plus de 7km,500, elle s'allongera tellement sur les chemins de terre, que sa profondeur sera peut-être du double. Il faudrait des heures à la division pour se déployer entièrement sur sa tête. Elle pourra certainement soutenir plus facilement sa flanc-garde, si le gros suit la route. En principe, une grande unité, telle qu'une division composée de troupes de toutes armes, n'abandonne la grande route, que si elle y est absolument forcée.

Supposons, messieurs, que la flanc-garde ait à livrer combat à *Wevelsburg* : vous la soutiendrez bien plus facilement, en partant de la route; car la distance à franchir est beaucoup plus courte que la longueur de la colonne engagée dans des chemins de terre. S'il devient nécessaire de soutenir la flanc-garde, les trois bataillons du régiment de tête feront simplement par le flanc gauche, et seront immédiatement prêts à recueillir la flanc-garde, vers la lisière sud de la zone boisée. La solution la plus satisfaisante consisterait donc à faire suivre la route au gros, et à envoyer le long de l'*Alme* une flanc-garde fortement constituée. La plupart d'entre vous l'ont, du reste, fort bien compris.

Encore une remarque, à propos de l'appréciation de la situation : « Une division prussienne marche vers le *Rhin* ». De ce côté donc, bien qu'on ne l'ait pas dit expressément, il n'y a rien à craindre. Malgré cela, certains d'entre vous ont supposé que la division pouvait être attaquée à la fois par l'ouest et par le sud. Cependant, messieurs, je ne puis pas avoir l'intention de vous tendre un piège. Néanmoins, plusieurs d'entre vous ont détaché en avant, sur la route, une forte avant-garde de 3 à 4 bataillons avec de l'artillerie et de la cavalerie. D'ordinaire, il est de règle qu'une troupe ne se porte jamais en avant, sans se faire précéder d'une avant-garde; mais l'art de la guerre ne trace pas des règles fondamentales qu'il faille appliquer dans tous les cas; il ne donne pas de formules qui nous permettent de vaincre toutes les difficultés. A la guerre, il importe d'apprécier sainement chaque situation en particulier, et de prendre les mesures qui y répondent le mieux.

A mon avis, nous n'aurions pas besoin d'une avant-garde dans ce cas-ci. Ce sera la flanc-garde qui nous servira d'avant-garde, en suivant la direction dangereuse. Il suffira de se faire précéder par un peloton de dragons, chargé de voir ce qui se passe en avant. Dans certaines circonstances, il faudra donc savoir s'affranchir des règles ordinaires. Dans notre cas, l'avant-garde et le gros marcheraient ensemble, si la flanc-garde avait besoin d'être secourue.

La plupart d'entre vous, messieurs, ont reconnu avec raison que pour retarder la marche de l'ennemi, il fallait constituer une forte flanc-garde. Une partie des officiers y ont employé de 4 à 5 bataillons et de 2 à 3 batteries. Je ne pense pas que cela soit nécessaire; 1 régiment et une batterie y suffiront en principe. Il est également à désirer que cette colonne ne s'allonge pas démesurément; car, une petite colonne se meut plus rapidement qu'une grosse. Une chose me surprend : vous avez tous compris la question de telle façon, que vous avez cru nécessaire d'indiquer au chef de détachement une position à occuper. Comment pouvez-vous savoir où notre homme devra prendre position? Cela ne dépendra-il pas de l'ennemi? Il suffira de dire au commandant de la flanc-garde : « Tu empêcheras l'ennemi de franchir l'*Alme* », et il ira là où l'ennemi voudra effectuer son passage. Notre homme sera assez intelligent pour comprendre qu'il ne peut pas rester à *Tüdorf*, si l'ennemi passe à *Ahden* ou ailleurs. Mais si la flanc-garde prend, par exemple, position à l'étang de *Stüssau* ou en arrière de *der Lohn*, ayant la forêt immédiatement devant son front, comment ferez-vous pour rappeler ce détachement, pendant que la colonne continuera sa marche? En ce cas, vous seriez obligés d'arrêter la division à *Salzkotten*.

J'adjoindrais donc toute la cavalerie à la flanc-garde; elle la précéderait au trot et arriverait probablement sur l'*Alme* en même temps que l'ennemi. Si nous admettons que le 1er au soir l'avant-garde de la division était installée à *Wever*, elle sera plus près de *Graffeln* que l'ennemi, qui s'est arrêté en arrière de *Haaren*. Il est probable que notre cavalerie arrivera au défilé avant l'infanterie ennemie, et elle l'occupera provisoirement, en faisant mettre pied à terre à une partie de ses dragons. Les coups de carabine, qui seront tirés, indiqueront ensuite au commandant de la flanc-garde le point vers lequel il devra hâter sa marche.

Il ne serait pas logique d'indiquer au détachement un point où il devra s'arrêter, alors que l'ennemi pourrait bien franchir la rivière plus en amont. Si malgré tout on ne pouvait pas empêcher l'ennemi de franchir l'*Alme*, s'il avait déjà jeté sur l'autre rive plus de troupes que nous ne pourrions lui en opposer (ce qui n'est pas probable), et si la flanc-garde était forcée de rétrograder, la division serait obligée de détacher une fraction pour la recueillir. Quoi qu'il en soit, je pense que nous nous trouverions alors entre *Gesecke* et *Salzkotten*, et que nous pourrions envoyer un régiment, ou plutôt les fractions qui nous paraîtraient nécessaires, du côté de la lisière des bois. Libre à nous de battre ensuite en retraite sur *Gesecke*; la seule chose à craindre, c'est que nous fussions serrés un peu de trop près par l'ennemi; mais nous arriverons toujours à *Gesecke*. Là, nous trouverons une coupure que nous pourrons occuper, celle de l'*Oster-Schledde*.

J'ai déjà dit précédemment que, pendant la marche, on ne devait pas prendre position. Or, il y a un certain nombre de travaux qui se ressemblent, et dans lesquels une flanc-garde est bien détachée le long de l'*Alme*; mais leurs auteurs arrêtent le gros dans une position intermédiaire, en arrière d'*Upsprunge*, tout bonnement pour couvrir la marche des convois. Ceux-ci devront, par suite, défiler sous la protection de la division. L'essentiel, cependant, c'est la division et non les convois. Il vous faudra, messieurs, au moins une heure pour prendre cette position intermédiaire, et vous exposerez ensuite pendant plusieurs heures la division à être attaquée, par un ennemi de force égale, dans une situation où elle aura le pont de la *Lippe* sur ses derrières, et la direction de sa marche sur le prolongement de son flanc droit. A mon avis, ce sont des inconvénients sérieux qu'on peut éviter; ou bien, la flanc-garde suffira pour arrêter l'ennemi et permettre à la division de continuer sa marche sans être inquiétée, ou bien, il faudra soutenir cette flanc-garde et, dans ce cas, un combat sera engagé au sud de la route.

Ce serait une très mauvaise mesure que de laisser ses convois en arrière. Nous ne savons même pas si l'ennemi franchira la rivière, pour se diriger sur *Salzkotten*. S'il apprend l'existence d'un grand convoi à *Paderborn*, il est peu probable que nous revoyions jamais nos trains.

Pour terminer, je vais vous lire la minute de ma solution : La division continuera sa marche, le 2 avril, par *Salzkotten*. L'avant-garde actuelle, portée à 3 bataillons, 3 escadrons, 1 batterie, 1 section d'ambulance, formera une flanc-garde de gauche, qui partira à 5 heures du matin, passera par *Wever* et *Ober-Tudorf* et suivra le *Haarweg*, précédée de sa cavalerie qui allongera l'allure. Le détachement marchera à la rencontre de l'ennemi, partout où il cherchera à franchir l'*Alme*. (Son chef aura ainsi toute liberté d'action.)

Le gros (10 bataillons, 1 escadron, 3 batteries, 1 compagnie de pionniers avec l'équipage de pont et 1 section d'ambulance) marchera à hauteur de la flanc-garde; il sera précédé par l'escadron; l'artillerie sera placée derrière le 3e bataillon de la tête; tous les convois serreront sur la queue de la colonne. La flanc-garde ne sera soutenue que par les forces strictement suffisantes, pour permettre au gros de continuer sa marche; elle sera, le cas échéant, recueillie sur la lisière sud de la zone boisée. S'il y a lieu de déployer toute la division, le régiment de tête fera par le flanc gauche. Pendant qu'il se portera en avant, la 2e brigade, déboîtant en ordre serré, entrera dans le dispositif de combat.

Les convois continueront leur marche. Rompre le combat par l'aile gauche. Gagner le secteur en arrière de l'*Oster-Schledde*.

SOLUTION DU THÈME 62

A. — Solution écrite du général de Moltke.

Une simple attaque de front exécutée contre les défilés de l'*Alme*, qui paraissent très solides, promet peu de succès ; dans le cas le plus favorable, on obligerait l'ennemi à se retirer en bon ordre.

Le régiment nº 60, renforcé par une batterie et un demi-escadron, traversera le *Pröwenz-Holz* et prendra position à *Steinhaus*, en se défilant des vues de l'ennemi.

La division s'avancera contre *Drei Eichen;* l'avant-garde se déploiera, pour aller s'emparer de ce point. Suivant l'attitude de l'avant-garde ennemie, on ne tardera pas à reconnaître si l'adversaire est décidé ou non à poursuivre son offensive.

Si l'avant-garde ennemie oppose une résistance énergique, le gros se déploiera en avant de l'*Oster-Schledde ;* le régiment nº 60, prenant *Hanneböls-Linde* comme point de direction, se jettera sur le flanc des colonnes qui franchiront l'*Alme*, et le gros de la division prendra l'offensive au moment opportun.

Si l'avant-garde ennemie se replie par hasard, après une simple escarmouche, la division continuera sa marche vers l'*Alme;* le régiment nº 60, prenant par *Büren*, se portera contre le flanc gauche de l'ennemi.

B. — Reproduction littérale de la critique verbale faite par le général de Moltke.

La division a été chargée d'infliger autant que possible

une défaite à l'ennemi. Je m'imagine aisément qu'au quartier général de *Gesecke*, cet ordre a été tant soit peu critiqué. On aura dit : « Comment, nous devons infliger une défaite à l'ennemi ! Mais il occupe une position formidable derrière la rivière. Que faire pour arriver à nos fins? En principe, nous devons marcher vers le *Rhin;* jusqu'où faudra-t-il courir après l'ennemi? » La responsabilité de l'ordre incombe au général en chef de l'armée ; mais son exécution est du ressort de la division. Le général en chef a, sans doute, des raisons pour donner cet ordre. Il se peut qu'il ne soit pas enchanté de savoir une division ennemie en position si près d'une route, qui devra peut-être servir de ligne d'étapes. Le 60e régiment est précisément disponible ; on nous l'affecte, en exprimant le désir qu'au moyen d'un brusque retour offensif, il soit remédié à l'inconvénient signalé. Bon gré, mal gré, nous devons donc nous mettre à l'œuvre, pour accomplir notre tâche.

Maintenant, il faudra se poser tout d'abord cette question : Quelles peuvent bien être les intentions de l'ennemi? Il n'y a que deux cas à envisager ; le troisième, qui consisterait à supposer que l'ennemi pourrait se retirer sans combattre, est à éliminer de la discussion. En cas de retraite de l'ennemi, nous ne pourrions que rendre compte au général en chef que, l'adversaire ayant disparu, nous n'avons pas pu lui infliger de défaite ; cela va de soi. Il reste à examiner ces deux cas : ou bien, la division ennemie franchira l'*Alme* pour nous attaquer, ou bien, elle restera en position et voudra se défendre derrière la rivière. Vous n'aurez qu'à attaquer la position de *Drei Eichen*, pour connaître immédiatement les intentions de l'ennemi. Si vous rencontrez, en cet endroit, l'avant-garde d'une division exécutant un mouvement offensif, elle acceptera la lutte et ira jusqu'au bout, étant sûre d'être soutenue, à bref délai, par la division qui marche sur ses traces. Si, sur la position de *Drei Eichen*, il n'y a que l'arrière-garde d'une division arrêtée ou battant même en retraite, elle n'acceptera pas la lutte; en tout cas, elle ne l'acceptera pas en avant du défilé : elle rétrogradera. Bien qu'il vous suffise d'attaquer, pour connaître les intentions de l'adversaire, il serait néanmoins trop tard après, pour prendre des dispositions applicables à tous les cas. Il faudra donc, en principe, combiner ses mesures de telle sorte, qu'elles conviennent aux deux cas envisagés.

Plusieurs d'entre vous, messieurs, ont fait dépendre leur résolution d'une reconnaissance exécutée au préalable par la cavalerie. En agissant ainsi, vous renoncerez à toute initiative. La matinée se passera sans que vous soyez renseignés par la cavalerie, si celle-ci opère toute seule; car l'ennemi n'évacuera point sa position de *Drei Eichen*, s'il n'a affaire qu'à de la cavalerie. Il ne faut pas vous attendre, le moins du monde, à ce qu'elle vous apprenne si, oui ou non, l'ennemi repasse l'*Alme*. Il sera donc préférable de prendre d'emblée une résolution.

Quelques-uns de ces messieurs ont été d'avis qu'il fallait prendre position du côté de *Gesecke*. Ils veulent attendre que l'ennemi prononce une attaque décisive, pour passer à l'offensive au même moment. C'est parfait, messieurs; mais qu'adviendra-t-il si l'ennemi ne vient pas nous chercher? Faudra-t-il alors rendre compte dans les termes suivants : « Nous avons eu la bonne intention d'infliger une défaite à l'ennemi; mais il s'est bien gardé de venir ». Ce n'est pas admissible; car, en agissant ainsi, nous ne remplirions pas notre mission. Ajoutons à cela que, de fait, il n'y a pas de ce côté une seule position digne de ce nom. La position près de l'*Elsinger Warthe* a immédiatement devant son front la grande forêt de *Pröwenz*. Nous ne savons pas quelles forces l'ennemi pourrait bien envoyer de ce côté; mais il est probable qu'il attaquera notre aile droite. A plus forte raison, ne pourrons-nous pas nous porter plus en avant, ayant cette forêt immédiatement devant notre front. De même, la position de *Wester Warthe* ne se recommande en rien. Dans ce terrain, il n'y a pas de points d'appui ; le profond ravin coupe plutôt le champ de bataille en deux et interrompt les communications avec l'arrière. D'une manière générale, je ne suis pas d'avis de prendre position à *Gesecke*. Plus la position serait rapprochée de la route, plus celle-ci se trouverait près du prolongement de notre front, de sorte qu'en cas d'insuccès (ce qui est du domaine des choses possibles) la division serait obligée de franchir la route en rétrogradant, et de s'engager dans un très mauvais terrain.

Bien que nous ayons trois bataillons de plus (grâce au 60e régiment, que nous pouvons garder en réserve ou charger de prolonger notre front, dans l'attaque), nous dirons avec raison qu'une simple attaque de front, exécutée contre la position de l'ennemi, aurait peu de chances de réussir. Évidemment, nous devons tenir nos éléments groupés sur la rive nord de l'*Alme;* si l'ennemi nous y attaque, il faudra lui opposer des forces à peu près égales aux siennes. Mais nous disposerons toujours d'un excédent de troupes, que nous pourrons utiliser dans une contre-attaque, prononcée de préférence contre le flanc gauche de l'ennemi. Si vous renforcez le 60e régiment au moyen d'une batterie ou de quatre pièces, si vous le détachez sur *Steinhaus*, en lui laissant sa liberté d'action, il vous y rendra les meilleurs services. Il va de soi que le commandant du régiment aura mission de tomber sur le flanc gauche de l'ennemi, au moment où celui-ci franchira l'*Alme*, afin de le contraindre à s'arrêter immédiatement. Il le ferait, du reste, spontanément. L'ennemi devra nécessairement détacher des forces sur sa gauche, ce qui facilitera à notre division son débouché de la forêt. Si l'ennemi prend position derrière l'*Alme*, le commandant du détachement s'emparera de *Büren*. Admettons même que *Büren* soit occupé. D'après la nature du défilé, le 60e a toutes chances de pouvoir le forcer. En ce cas, il pourra hardiment se porter contre l'aile gauche de l'ennemi, ou bien, sur sa ligne de communications. Il ne courra aucun risque : dans la forêt, on ne pourra guère le serrer de près, et il aura immédiatement derrière lui sa ligne de retraite par *Erwitte*. Le mouvement offensif de ce détachement aura une grande influence sur l'issue de la lutte engagée sur l'*Alme;* car l'ennemi, ne pouvant juger des forces qui se porteront contre lui à travers la forêt, enverra un détachement à leur rencontre, ce qui affaiblira d'autant son front. Cela permettra peut-être à notre gros d'enlever les points de passage difficiles.

Encore une question! Comment disposerons-nous du gros de la division? A ma grande satisfaction un très grand nombre de ces messieurs ont parfaitement saisi le joint, en admettant en principe que nous ne devions pas nous battre face à l'est. Ils ont poussé une avant-garde sur *Drei Eichen*, mais seulement au moment où ils ont mis leur gros en mouvement. Ils traversent la forêt en plusieurs colonnes, en refusant leur aile gauche, de sorte que si l'ennemi franchit l'*Alme*, il leur suffira d'une simple conversion pour entrer en ligne. Ils mettront l'ennemi dans la situation la plus critique. Une fois qu'il aura effectué son passage, il devra faire par le flanc; les défilés se trouveront donc sur son flanc gauche. Vous aurez par suite les plus grandes chances de remporter un succès décisif. Mais, si l'ennemi reste derrière l'*Alme*, il ne sera possible de l'attaquer, à mon avis, que par *Büren*. Malheureusement les officiers, qui ont pris de très bonnes dispositions pour le premier cas, ont peu ou point envisagé le second, dans lequel l'ennemi reste en position derrière l'*Alme*. Pour remplir notre tâche, cela est cependant absolument nécessaire. D'autres de ces messieurs ont présenté des solutions différentes, et il n'y a rien d'étonnant à cela. J'admets que les opinions puissent différer, pourvu qu'elles soient raisonnées et formulées avec clarté.

SOLUTION DU THÈME 63

A. — Solution écrite du général de Moltke.

Le détachement peut s'opposer à la marche de l'ennemi, en s'établissant sur la hauteur en arrière de *Rezonville*. Mais dans cette position ses ailes ne sont pas appuyées; il est adossé à un défilé, et en raison de la supériorité numérique que possède évidemment l'adversaire, il ne tarderait pas à être débordé et refoulé.

La position de *Gravelotte* est déjà meilleure. L'ennemi est forcé de s'avancer par la route, sous le feu de notre artillerie ou de traverser la vallée, sous le feu de nos tirailleurs. En défendant le village et les fermes, on peut l'arrêter des heures entières. Mais lorsque finalement le détachement se verra obligé d'abandonner la position, sa retraite sera des plus difficiles. Il convient aussi de ne pas perdre de vue que la vallée encaissée de la *Mance* rendrait pour ainsi dire impossible tout retour offensif tenté par nous, pour regagner le terrain perdu, et cela même en y employant les troupes de la garnison renforcée.

En prenant une position de flanc à la *Malmaison* face au sud, le détachement court le risque de se voir coupé de *Metz*.

En adoptant par contre une position semblable face au nord, au *bois des Ognons*, le détachement remplit sa mission de la façon la plus complète, et ses communications avec *Metz* sont assurées par les deux ponts d'*Ars-sur-Moselle*.

Les bataillons occuperont la lisière, la cavalerie s'établira à couvert à l'est du saillant nord-est du bois. Les batteries se placeront au rentrant du bois (1); elles y seront abritées des feux de flanc et elles pourront battre la route de la manière la plus efficace, tandis que les tirailleurs, poussés en avant, gêneront les troupes qui chercheraient à traverser la vallée. Enfin les forts, de leur position dominante, pourront, malgré une distance de 6,000 mètres nous prêter l'appui de leurs gros calibres, puisque le terrain ne sera plus masqué par le détachement.

L'ennemi est absolument hors d'état de juger combien nous avons de monde dans le bois. Tant que nous serons sur son flanc, il ne pourra pas s'installer sur le plateau; il faut donc qu'il nous débusque. En admettant même que nous ayons perdu la lisière, nous pouvons faire durer toute la journée un combat dans un bois, qui ne permet pas à l'adversaire de tirer parti de sa supériorité numérique.

Si le 2 le détachement n'est pas complètement rejeté de l'autre côté de la Moselle, le *bois des Ognons* formera une excellente base, d'où les renforts tirés de la garnison pourront s'avancer et chercher à regagner le terrain perdu.

B. — Reproduction littérale de la critique verbale faite par le général de Moltke.

Le thème dit que *Metz* est menacé d'un siège, et que nous devons empêcher l'adversaire de se rendre maître du plateau de *Gravelotte*. On n'assiège pas une ville comme

---

(1) La clairière formée par le rentrant est imparfaitement figurée sur la carte au $\frac{1}{80.000}$; sur les cartes allemandes elle est limitée à l'est par un saillant de bois qui est déterminé : à l'ouest, par le prolongement du chemin de crête qui traverse le *bois des Ognons*; au nord, par la limite des communes de *Gravelotte* et d'*Ars*; à l'est, par un chemin d'exploitation qui vient aboutir dans la vallée de la *Mance*, entre les deux moulins.

(*Note du traducteur.*)

Metz avec un faible détachement. Nous pouvons donc être sûrs que l'ennemi arrivera en force, et il faut compter ici sur au moins 80 à 100,000 hommes. Nous ignorons si, pour le moment, nous n'avons affaire qu'à des têtes de colonnes, et si l'ennemi s'avance par plusieurs routes ou par une seule. Ce qu'il y a de certain, c'est qu'il possède une supériorité numérique considérable. Dans ces conditions, l'offensive permettrait difficilement d'arriver à un résultat quelconque; elle peut, par contre, entraîner un désastre. Nous devons donc chercher à compenser notre faiblesse numérique, en nous donnant l'avantage du terrain; en d'autres termes, nous devons chercher une position défensive.

La première position qui se présente à nous est celle qui est constituée par la hauteur à l'est de *Rezonville*. Mais le village est situé dans le fond d'une vallée qui n'offre par elle-même aucun obstacle naturel. Il n'existe pas de points d'appui pour les ailes, et le temps manque pour avoir recours à des travaux de fortification passagère; car il est possible que l'ennemi arrive à *Rezonville* en même temps que nous. De plus, la position peut être tournée de toutes parts; l'ennemi n'a qu'à s'avancer par la voie romaine, pour déborder notre aile droite. Ceux d'entre vous, qui ont choisi cette position, ont obéi à des considérations qui sont très justes en elles-mêmes. Ils ont voulu obliger l'ennemi à un déploiement prématuré et gagner ainsi du temps, ce qui est important. Mais il ne faut pas oublier que la question est bien différente, si au lieu d'opérer avec un effectif considérable, on n'opère qu'avec un faible détachement. Dans le premier cas, lorsqu'on réussit, par exemple, à faire déployer un corps d'armée marchant sur une seule route, la chose dure de 3 à 4 heures. Mais, dans le cas actuel, l'ennemi ne déploiera que son avant-garde. Le déploiement de 5 à 6 bataillons n'est pas bien long, et si nous sommes alors obligés de nous retirer, nous n'aurons pas gagné beaucoup de temps.

Si nous acceptons le combat, nous risquons de voir l'ennemi s'attacher à nous et nous suivre pas à pas. Il n'a pas besoin pour cela d'interrompre l'action ; il peut continuer à s'avancer en formation de combat, et arriver en même temps que nous sur le plateau de *Gravelotte*. Il serait illusoire de s'imaginer que l'on pourrait se retirer lentement, en s'arrêtant de temps à autre pour résister; dans la réalité cela n'arriverait sûrement pas.

Une deuxième position est celle qui se présente en arrière de la partie supérieure de la vallée de *Gorze*. Ceux d'entre vous qui l'ont adoptée ont établi leur artillerie sur les hauteurs 964 et 956 (1). Ceci est très rationnel; car il est nécessaire que l'artillerie soit placée assez en avant, pour battre la convexité formée par le flanc du ravin. Mais cet emplacement est dominé de la rive opposée, et en avant de l'aile droite se trouve un bois que notre faible effectif nous interdit d'occuper; si l'ennemi y pénètre, le feu de son infanterie forcera notre artillerie à battre en retraite. L'aile droite est, du reste, la plus exposée, et je ne crois pas que dans ces conditions il soit possible de résister bien longtemps.

La position de *Gravelotte — Mogador* enfin présente l'avantage de favoriser la concentration des forces, et nous avons à notre disposition tout le temps nécessaire pour la retrancher. Les deux routes venant du côté de l'ennemi s'y rencontrent; il est par conséquent plus difficile à l'adversaire de la déborder; mais immédiatement en arrière nous avons un défilé formidable. Si l'ennemi tourne notre aile droite et s'avance jusqu'au chemin creux (2), la re-

---

(1) Les cotes 964 et 956 de la carte allemande au $\frac{1}{25.000}$ correspondent, sur notre carte au $\frac{1}{80.000}$, aux points suivants : la cote 964 est à environ 100^{m} à l'est de la cote 301 du $\frac{1}{80.000}$, la cote 956 est au sud-est de la poste de *Gravelotte*, à peu près à l'*s* du mot poste. (*Note du traducteur.*)

(2) Ce chemin creux n'est autre chose que la grande route de Metz qui est fortement en déblai entre *Gravelotte* et la vallée de la *Mance*.

(*Note du traducteur.*)

traite devient impossible (je suppose que nous ayons fait occuper la *Malmaison* par un détachement qui observera l'ennemi et se retirera à un moment donné sur *Gravelotte*). Mais si d'autre part nous nous retirons à temps sur le plateau de *Saint-Hubert* (1), nous perdons tout espoir de pouvoir reprendre l'offensive le lendemain, à l'arrivée de la garnison complétée à son effectif de guerre.

Vous avez reconnu, messieurs, et fait ressortir exactement les inconvénients de toutes ces positions; vous avez cru cependant devoir occuper celle qui vous semblait la moins mauvaise. Je suis sûr que vous avez fait cette réflexion : on nous a posé là une singulière question; il n'y a pas moyen de la traiter d'une manière satisfaisante.

Moi aussi je suis d'avis qu'on ne saurait atteindre le but proposé, en se plaçant à cheval sur la ligne de marche de l'ennemi. Mais peut-être y a-t-il moyen d'éviter une rencontre directe?

Cherchons à nous rappeler un instant quelles sont les propriétés des positions de flanc. Une position de flanc est celle que l'on prend parallèlement à la ligne d'opérations de l'ennemi, et dans le voisinage de cette ligne. C'est une position que l'adversaire ne peut négliger, sans sacrifier ses communications — qu'il ne peut attaquer, sans faire un changement de front, ce qui l'amène à avoir sa ligne de communications sur un des flancs — c'est enfin une position qui a pour effet de détourner l'adversaire de son but, s'il a engagé la poursuite, après avoir été victorieux.

Mais il ne faut pas perdre de vue qu'en nous plaçant ainsi sur le flanc de l'adversaire, nous aussi nous abandonnons notre ligne naturelle de retraite. En règle générale, on ne prendra donc une position de flanc que dans son propre pays, lorsqu'on sera sûr d'avoir derrière soi

(1) Il y a là une réticence; ajouter : afin de ne pas être coupés. (*Note du traducteur.*)

une région amie, qui puisse nous faire vivre; en pays ennemi, la chose sera beaucoup plus difficile. De plus, nous présentons à l'ennemi un de nos flancs; il est donc nécessaire que l'aile menacée trouve un appui solide dans le terrain, sans quoi l'ennemi s'avancera en diagonale et nous culbutera successivement d'un bout à l'autre.

Dans le travail qui nous occupe plusieurs positions de flanc ont été proposées. Nous en avons d'abord une face au sud, dans le bois qui longe la voie romaine. La lisière de ce bois a une longueur de 3,000 pas; il n'est donc pas possible de l'occuper sérieusement. L'aile droite n'a pas d'autre point d'appui que la lisière ouest et l'ennemi ne tarderait pas à s'emparer du saillant. S'il s'avançait sans précautions suffisantes sur *Rezonville*, on pourrait peut-être saisir un moment favorable, pour déboucher brusquement et semer le désordre dans son avant-garde. Mais ce ne serait pas encore là un résultat bien important.

On a encore proposé une position de flanc à la *Malmaison*. Elle présente les mêmes inconvénients que la précédente. Ceux d'entre vous qui ont adopté l'une ou l'autre de ces positions auraient dû se mettre ceci dans l'esprit : c'est qu'une fois le combat engagé, ce n'est plus en faisant un simple à-gauche que l'on peut espérer regagner *Gravelotte*. Peut-être, la retraite sur *Metz* serait-elle possible en faisant des détours par *Chantrenne* et *Woippy;* mais l'entreprise n'en resterait pas moins dangereuse.

Une solution meilleure est celle qui consiste à prendre une position de flanc dans les environs de *Flavigny*, face au nord, la ligne de retraite droit derrière soi, obligeant, il est vrai, à faire un détour assez long pour regagner *Metz*. De toute façon, l'ennemi sera évidemment forcé de changer alors la direction primitive de sa marche; mais le plateau de *Gravelotte* lui reste. De plus, cette position est située trop en avant, et l'accès en est très difficile. Si l'on s'y porte par la route, on risque de rencontrer déjà l'ennemi à *Rezonville*, et il n'y a, pour ainsi dire, pas de chemins pour s'y rendre par le bois.

Il ne reste donc plus, en dernière analyse, qu'*une* solution : c'est l'occupation de la lisière nord du *bois des Ognons*.

Messieurs, figurez-vous cette lisière occupée par deux bataillons, fractionnés en colonnes de compagnie, ayant leurs tirailleurs en avant, une batterie étant placée dans le rentrant rectangulaire (1), où elle sera à l'abri des feux de flanc, qui pourraient venir de l'autre côté de la vallée. Un chemin part de cette clairière et conduit en arrière en ligne droite. Si ce chemin est impraticable pour l'artillerie, les deux batteries trouveront place à côté du saillant nord-est du bois. C'est là également un endroit tout indiqué pour la cavalerie, qui y sera parfaitement à couvert ; il est bien entendu qu'elle n'y viendra qu'après avoir été obligée de quitter *Rezonville*, où elle se tiendra d'abord, pour assurer son service de surveillance.

Cette position remplit bien les conditions exigées d'une position de flanc. Outre les chemins qui traversent la forêt, elle a derrière elle une route qui conduit à *Ars*, où l'on trouve deux ponts. La *Moselle* elle-même assure la communication avec *Metz*. L'aile gauche a pour point d'appui le ravin de *Gorze*. Vous allez me dire, sans doute : « Mais, avec tout cela, l'accès de *Gravelotte* reste parfaitement libre, et, tout en nous attaquant, l'ennemi se portera sur le plateau ! » L'observation est très juste ; mais je vous répondrai en vous disant que ce plateau, l'ennemi ne le possède pas. Tant qu'il peut s'attendre à nous voir déboucher du bois pour l'attaquer en flanc, il ne saurait établir sur cette hauteur ni parc d'artillerie, ni parc du génie. Il ne peut pas se rendre compte des forces

---

(1) Voir la note au bas de la page 267.

que recèle ce bois, et il ne cessera d'être menacé qu'après l'avoir occupé tout entier. Nous n'avons pas à craindre que l'ennemi occupe le plateau de *Saint-Hubert*, qui est sous le feu des forts. L'ennemi n'a pas autre chose à faire qu'à nous attaquer et à nous refouler. Il traversera la vallée à droite et à gauche de la route ; arrivé sur le plateau, il fera un changement de direction à droite, sous le feu de notre artillerie, et attaquera ensuite la lisière du bois, que nous aurons eu tout le temps d'organiser, et que défendra notre infanterie.

Je pense que l'ennemi s'installera d'abord à couvert, le long du pli de terrain qui précède le bois (1), qu'il déploiera son artillerie et qu'il attendra l'arrivée de forces suffisantes, pour pouvoir attaquer notre aile gauche, en même temps qu'il nous attaquera de front. Si nous perdons la lisière, nous serons forcément obligés de reculer, et nous battrons lentement en retraite jusqu'au coude de la route. Ce sera alors une action engagée parallèlement dans un bois touffu et très peu praticable. Les chemins qui le traversent sont de perpétuels défilés ; l'ennemi ne pourra donc tirer aucun parti de sa supériorité numérique; tout ce qu'il pourra faire, c'est d'amener constamment des renforts, pour combler les vides qui se produiront en avant. Mais nous aussi, nous avons eu le soin de garder un bataillon en réserve. Quant à sa cavalerie et à son artillerie, l'ennemi ne pourra plus s'en servir, du moment que ses tirailleurs auront abordé la lisière ; et nous ne craignons pas d'être tournés, à cause des ravins profonds, qui nous couvrent à droite et à gauche.

L'action se déroulera donc parallèlement ; l'adversaire ne progressera que péniblement, pied à pied. Le combat

---

(1) Sans doute la petite vallée qui s'étend à peu près parallèlement à la grande route de *Metz*, entre cette route et la lisière nord du *bois des Ognons*. (*Note du traducteur.*)

pourra être ainsi traîné en longueur, jusqu'à la nuit, et pourvu que nous conservions la lisière sud, cela suffira pour nous permettre de reprendre l'offensive le lendemain, quand les renforts arriveront. En tout cas, cette offensive sera plus facile à entamer ici que s'il fallait traverser le défilé de *Gravelotte*.

C'est là la meilleure manière de résoudre cette question difficile. Cela n'empêche pas que parmi ceux d'entre vous qui ne sont pas tombés sur cette solution, il y en a un grand nombre qui ont fourni d'excellents travaux, dénotant une conception nette et une appréciation exacte du terrain, au point de vue militaire.

SOLUTION DU THÈME 64

A. — Solution écrite du général de Moltke.

L'occupation, à l'est de *Blumberg*, des hauteurs qui descendent en pente douce vers l'est, et s'étendent du *Döring-See* aux abords de *Kibitz-See*, sur un front de 5,000 pas, répond bien à l'effectif du corps ennemi, et lui permettra, en outre, de tenir en réserve des forces suffisantes, sur des emplacements défilés aux vues de l'adversaire. Une attaque de front exécutée contre cette position entraînerait des pertes excessives, occasionnées par les effets du feu d'un ennemi embusqué probablement dans des tranchées-abris, et ayant retranché ses batteries.

D'autre part, la configuration du sol permettra de faire occuper, par des forces relativement faibles, la ligne *Seefeld — Krummensee* et de la défendre contre les entreprises éventuelles de l'adversaire, ce qui permettra d'employer une partie considérable du corps à l'attaque de l'une ou l'autre des deux ailes de l'ennemi. En avant de toutes les deux, des parcelles de bois faciliteront la marche d'approche. Cependant l'enveloppement de l'aile droite de l'adversaire n'aurait, en cas de réussite, d'autre résultat que de refouler l'ennemi sur sa ligne de retraite, tandis que l'offensive exécutée contre son aile gauche menacerait aussitôt ses communications, ce qui influerait certainement la défense opposée sur sa position principale.

En conséquence, la 4e division sera chargée de défendre notre front.

La 7e brigade d'infanterie occupera une position défilée en arrière du *Fenn-Berg*. Ses tirailleurs seront poussés en avant, jusqu'à la route où ils creuseront des tranchées-abris, si du moins les fossés et les parcelles de bois ne les protègent pas suffisamment. On ne détachera qu'un poste d'observation à *Krummensee;* à *Seefeld* on placera, par contre, un bataillon chargé de servir de soutien aux trois batteries de la division, qui engageront sur le *Spitzberg* la lutte contre l'artillerie ennemie.

La 8ᵉ brigade d'infanterie, l'artillerie de corps et la 3ᵉ brigade de cavalerie seront rassemblées à la *Ziegelei*, sur le chemin de *Seefeld* à *Werneuchen*, où elles resteront en réserve pour renforcer le front, ou soutenir l'attaque exécutée par l'aile droite, suivant la tournure du combat.

C'est la 3ᵉ division qui sera chargée de cette attaque. Trois des batteries du groupe d'artillerie se mettront en batterie sur la hauteur, qui se trouve immédiatement au nord de *Löhme*.

L'infanterie de la division s'avancera par échelons, de façon que la 5ᵉ brigade, avec une batterie, forme l'échelon le plus avancé. Elle occupera la forêt au sud de *Reh-Bruch* et, à partir de là, elle lancera sur les bois de *Helenenau* des tirailleurs appuyés par leurs soutiens ou par les bataillons en 2ᵉ ligne.

A gauche, la 6ᵉ brigade suivra le mouvement de la 5ᵉ, en restant en liaison avec la 4ᵉ division. Dès que la 6ᵉ brigade masquera les batteries de *Löhme*, celles-ci se rapprocheront du bois.

Le commandant du corps d'armée saisira le moment où il sera nécessaire de renforcer l'artillerie divisionnaire, au moyen de l'artillerie de corps, ou d'engager, s'il y a lieu, la brigade de cavalerie.

Enfin, suivant les progrès accomplis par l'aile droite dans la *Christinen-Heide*, il déterminera le moment où la 7ᵉ brigade devra passer de la défensive à l'offensive.

B. — Reproduction littérale de la critique verbale faite par le général de Moltke.

Messieurs, la situation, telle qu'elle est donnée dans le thème, est évidemment très défavorable au corps ennemi. Nous pouvons bien admettre que celui-ci a été surpris par l'approche du IIe corps, et qu'il n'a eu connaissance de la marche de l'adversaire sur *Werneuchen*, qu'après avoir traversé *Bernau* dans la matinée, comme il est dit dans le thème.

Nous pouvons admettre en outre qu'il ignorait la supériorité numérique du IIe corps.

Le corps ennemi n'a donc pu agir autrement que de faire un crochet à gauche, après avoir dépassé *Bernau*, et de prendre position à *Blumberg*, face à l'est. A mon avis, il n'avait pas du tout mal choisi son terrain; car il ne faut pas considérer comme un désavantage bien sérieux la différence d'altitude de quelques mètres, que l'on constate à 1000 pas en avant. La position permet d'obtenir par le feu, d'excellents effets dans toutes les directions. L'aile droite, il est vrai, ne trouve pas dans ce terrain, des obstacles auxquels elle puisse s'appuyer; mais il n'y a pas de mal à cela; la cote 235, où il y aura une batterie, lui servira de point d'appui. La masse principale du corps a pris position derrière les hauteurs, à l'abri des vues de l'ennemi, et peut se porter dans toutes les directions, par des cheminements défilés. L'aile gauche est un peu difficile à placer, en ce sens qu'il n'est pas possible d'occuper en totalité les parcelles de bois, sans vraiment trop affaiblir la défense sur le front. Le plus grave inconvénient de tous, c'est que la ligne de communications se trouve absolument sur le prolongement d'un des flancs.

Il va de soi que le corps ennemi ne pourra pas continuer demain sa marche sur *Berlin*. Même si le IIe corps restait immobile, dans une inertie complète, ce serait un coup de folie, que de marcher sur une ville ayant une population d'un million d'habitants, quand on a immédiatement sur ses derrières un ennemi supérieur en nombre. Il n'est donc pas du tout nécessaire que nous cherchions à nous glisser entre l'ennemi et *Berlin*.

Si nous nous mettons maintenant à la place de l'ennemi, nous voyons qu'il peut tout d'abord réunir toutes ses forces et prendre l'offensive dans la direction de *Werneuchen*. S'il réussit à nous rejeter de la position que nous occupons actuellement, sa ligne de communications s'améliorera au fur et à mesure qu'il progressera. Plus il dépassera *Werneuchen*, plus sa ligne de retraite deviendra normale par rapport à *Bernau*. Si, en fin de compte, il réussit à nous battre complètement, la route de *Berlin* lui sera ouverte par surcroît.

Quant à savoir comment tournera cette entreprise, c'est une autre affaire. Certes, ce ne serait pas la première fois que, de deux troupes, la plus faible battrait la plus forte, surtout si cette dernière s'est affaiblie, en envoyant au loin de gros détachements.

Dans notre cas, cette hypothèse est invraisemblable, mais néanmoins possible, et nous ne pouvons pas en faire totalement abstraction. Nous devons également nous préoccuper de nos communications. Nous tournons le dos à l'*Oder*, sur laquelle on ne rencontre pas de ponts depuis *Cüstrin* jusqu'à *Schwedt* et, en cas d'échec, nous serions obligés de faire également une sorte de crochet. En tout cas, nous devons assurer la protection de nos convois.

Le corps ennemi pourrait tenter autre chose, ou plutôt adopter une autre ligne de conduite, c'est-à-dire rester immobile et attendre sur sa position notre attaque de front. Mais voici qu'une autre considération intervient, et elle a une valeur décisive : c'est qu'en cas d'insuccès, l'ennemi se trouverait dans une situation très défavorable. Il pourrait être refoulé dans une direction qui entraînerait pour lui les plus graves conséquences. Ce cas est donc encore plus invraisemblable.

L'ennemi cherchera donc à sortir le plus tôt possible de sa situation critique. Ce ne sera évidemment pas possible sans livrer combat; car les deux corps sont trop rapprochés l'un de l'autre pour éviter une rencontre. Comment l'ennemi pourra-t-il exécuter cette retraite? Probablement il laissera provisoirement ses batteries en position et acceptera la lutte d'artillerie ; une partie de son infanterie fera une démonstration sur les hauteurs, et elle ne se retirera qu'après le départ du gros. Pour effectuer sa retraite, l'ennemi dispose de trois routes : *Blumberg — Börnicke*, *Blumberg — Bernau* et le chemin passant par *Birkholz* et aboutissant ensuite à la route. En les utilisant toutes trois, il diminuera considérablement la profondeur de ses colonnes. Tout dépendra de la conservation des parcelles de bois entre *Löhme* et *Börnicke*. S'il est obligé de se déployer, ce qui est faisable au moyen d'un simple à-droite exécuté par ses trois colonnes, il se trouvera formé sur trois lignes successives qui pourront se soutenir mutuellement. Il ne le fera qu'à son corps défendant, après avoir continué sa marche le plus longtemps possible. C'est pourquoi il lui importe, avant tout, de gagner du temps.

Ces considérations nous dictent notre conduite. Du moment que nous avons bivouaqué devant l'ennemi, nous avons placé naturellement des avant-postes à peu près sur la ligne *Löhme — Seefeld — Krummensee*. Nous prendrons nos dispositions d'après les trois hypothèses données ci-dessus, et les forces, que nous affecterons aux divers éléments de notre dispositif, dépendront des probabilités plus ou moins grandes en faveur de chacun des cas envisagés.

Parlons d'abord de la sécurité de notre front. Il est plus que probable que nous en chargerons la brigade de gauche. Quelques-uns de ces messieurs ont désigné, à cet effet, la 6e brigade ; si elle a bivouaqué à l'extrême gauche, il n'y a rien à dire ; mais il fallait, en ce cas, faire mention de cette supposition. Pour nous garantir sur notre front, nous emploierons donc la 8e brigade d'infanterie, renforcée par le régiment de cavalerie divisionnaire. Cette brigade trouvera une bonne ligne de défense dans la coupure désignée sous le nom de *Hoher Graben*. La cavalerie se portera au delà de *Krummensee* et surveillera l'ennemi. Deux batteries seront placées en arrière du *Fenn-Berg*, deux autres en arrière du *Spitz-Berg ;* en cas d'attaque, elles pourront enfiler tout le front. Quelques-uns de ces messieurs ont poussé leur artillerie plus en avant ; mais alors elle est exposée au feu concentrique de l'artillerie ennemie. La brigade a, en outre, deux autres missions à remplir : occuper l'ennemi et le maintenir en position. Ce n'est pas au moyen de fractions à rangs serrés que l'on obtiendra ces résultats, mais par des tirailleurs auxquels il ne sera pas difficile de trouver des couverts, grâce aux accidents du terrain. Enfin, cette brigade participera également à l'attaque de front ; mais, pour éviter des pertes inutiles, elle ne prendre l'offensive qu'au moment où le combat sera bien engagé à l'aile opposée. Voilà l'ensemble de la tâche de cette brigade. Si elle s'aperçoit que l'ennemi décampe, elle se portera évidemment en avant, sans hésiter un instant.

La 7e brigade sera tout simplement placée en réserve. Elle semble devoir être le mieux placée en arrière de *Löhme*, d'où elle pourra renforcer la 8e brigade, et soutenir en même temps l'aile droite. De *Löhme*, elle pourra également diriger une attaque de flanc contre une offensive ennemie qui pourrait se produire.

Il nous reste encore toute la 3e division pour prendre l'offensive. Plusieurs de ces messieurs ont, avec raison, désigné cette division à cet effet ; mais ils la font passer par *Weesow*, *Wilmersdorf* et *Börnicke*. C'est là une marche de plus de 7 kilomètres ; ils perdent ainsi du temps qui profitera à l'ennemi. Leur solution a, en outre, l'inconvénient de fractionner le corps en deux parties restant sans liaison ; car la brigade en réserve ne suffit pas à assurer les communications. Plusieurs de ces messieurs ont fait organiser des points de passage sur l'*Igel-Pfuhl*. A quoi bon? Entre l'*Igel-Pfuhl* et *Löhme*, il y a assez de place pour deux brigades. Si nous déployons la 6e brigade de telle façon que son aile gauche soit appuyée à *Löhme*, trois de nos brigades seront accolées, pendant que la 4e sera placée en réserve. La 5e brigade s'avancera un peu plus au nord et dessinera un mouvement enveloppant.

Il ne s'agit pas ici de tourner l'ennemi, mais de l'envelopper par le chemin le plus court, passant à droite de *Löhme*. La 5e brigade marchera ensuite contre les *Fenn-Fichten*, la 6e contre *Reh-Bruch*. Si les parcelles de bois ne sont pas occupées, tant mieux ! Elles serviront de points d'appui à l'offensive ultérieure. Si elles le sont, nous avons assez d'artillerie pour en préparer l'attaque. Il importe que nous nous emparions rapidement de toutes ces parcelles de bois, et que nous obtenions des succès de ce côté. L'aile droite de l'ennemi ne pourra probablement pas gagner *Bernau;* elle sera obligée de se retirer par *Zepernick* ou *Buch*, et devra essayer de faire sa jonction avec le reste du corps, derrière la *Panke*.

Il y a plusieurs travaux qui n'ont pas exactement abouti à la solution que je propose ; mais ils sont bien raisonnés et rédigés avec clarté. Ils dénotent chez leurs auteurs du jugement et du coup d'œil militaire. C'est l'essentiel ; car, ni l'art de la guerre, ni l'art en général ne sont subordonnés à des règles immuables. Pour l'un comme pour l'autre, la connaissance des règles ne saurait tenir lieu de talent.

SOLUTION DU THÈME 65

A. — Solution écrite du général de Moltke.

(La critique verbale a été faite lors de la discussion du thème 66.)

1° Le détachement bivouaquera sur la lisière de la forêt entre le *Langguther See* et le *Lobe-See*. Avant-postes le long de la *Passarge*. Une compagnie entière à la *Langguther Mühle*;

2° On partira de bonne heure, soit à 6 heures du matin.

Les dragons et la batterie n° 1 précéderont la colonne, en allongeant l'allure. Deux escadrons occuperont, jusqu'à l'arrivée de l'infanterie, les parcelles de bois le long de la série d'étangs entre *Eissing-See* et *Mahrung-See*; quatre pièces en arrière de *Ramten* — *Locken-Teich* (*Mühlen-Teich*).

Les deux autres escadrons continueront leur marche, et occuperont, de même, le secteur entre *Mahrung-See* et *Narien-See*; deux pièces à l'est de *Horn*.

La brigade d'infanterie suivra la route de *Mohrungen*; la batterie entre les deux régiments, le 21e en tête (au début, ni avant-garde ni arrière-garde). Les chasseurs à la queue.

Les avant-postes suivront le mouvement, dès que la colonne aura dépassé *Worleinen*.

En deçà de *Locken*, les deux premiers bataillons du régiment n° 21 déboîteront de la colonne vers la droite, relèveront les deux escadrons de dragons, et prendront éventuellement position entre *Locken* — *Mühlen-Teich*. Ils seront renforcés, s'il y a lieu, par le bataillon de chasseurs et l'artillerie du gros. Ces fractions suivront le gros dès qu'il aura atteint *Eckersdorf*, et formeront dès lors l'arrière-garde.

En quittant *Eckersdorf*, le bataillon de fusiliers du régiment n° 21 tournera *Horn* à l'est, afin d'occuper le secteur tenu provisoirement par les dragons.

Le gros contournera *Horn* à l'ouest, et prendra position au nord de cette localité, jusqu'à ce que le corps ait dépassé *Himmelforth;* il rappellera toutes les fractions détachées et se retirera, en combattant s'il y a lieu, sur *Himmelforth — Pfeilings.*

SOLUTION DU THÈME 66

A. — Solution écrite du général de Moltke.

La zone d'attaque du corps de l'Est est délimitée par le *Narien-See* et la *Passarge;* elle est coupée en deux dans le sens de sa longueur, par la série d'étangs qu'on rencontre dans la vallée de *Banners — Lettau — Waltersdorf.* L'assaillant sera obligé de décider s'il veut faire avancer ses forces réunies dans un des secteurs, ou bien, les répartir entre les deux.

S'il a connaissance de la présence, à *Herzogswalde*, d'une fraction importante de l'adversaire, il est peu probable qu'il se porte avec toutes ses forces contre le front *Liebstadt — Pittehnen*, parce que cette fraction, s'avançant entre le *Milden-See* et le *Wuchsnig-See*, tomberait sur son flanc gauche et ses derrières. Il lui faudrait nécessairement faire passer une partie notable de ses troupes par *Lettau*, pour occuper la flanc-garde adverse et la contenir. Il se serait donc affaibli, avant de paraître devant la position du IIe corps, et l'attaque contre cette position ne dépendrait pas moins de l'issue du combat livré à *Herzogswalde*.

Si, au contraire, le corps de l'Est se décide à marcher avec ses forces réunies contre la flanc-garde, il se peut que celle-ci, malgré le terrain favorable, soit repoussée. En ce cas, sa ligne de retraite ne passerait pas entre les deux étangs, par où elle masquerait le IIe corps; mais le détachement rétrograderait en combattant, et prolongerait l'aile droite de ce corps par *Workallen*. Toute poursuite exécutée par l'ennemi serait arrêtée par un mouvement offensif, prononcé par le gros qui marcherait sur *Achthuben*. Si ce gros poussait tout droit sur *Banners*, le corps de l'Est serait obligé de faire immédiatement demi-tour, pour ne pas être coupé de sa ligne de communications.

Le corps de l'Est ne pourra donc faire autrement que de se fractionner.

Si le groupe principal de ses forces se dirige sur *Herzogswalde*, il ne rencontrera pas le gros de l'adversaire et s'exposera à perdre sa ligne de communications. La flanc-garde ne devra donc s'attendre à autre chose, qu'à faire face à une attaque secondaire, à laquelle elle résistera, en utilisant les avantages du terrain, tout en se tenant prête à tomber, avec sa réserve, sur le flanc gauche des troupes ennemies chargées de l'attaque principale. Il importe peu de savoir quelles forces seront employées à cette diversion. Ce ne sera qu'après que la flanc-garde aura été refoulée au delà d'*Alt-Bolitten*, que cesseront les actions de flanc au moyen desquelles le détachement et le gros pourront se soutenir réciproquement. Dans la journée du 3 avril, le détachement ne rejoindra donc pas immédiatement le corps d'armée; mais il restera sur sa position extrêmement favorable; il s'y installera solidement et s'y maintiendra le plus longtemps possible.

B. — Reproduction littérale de la critique verbale, faite par le lieutenant-général comte de Waldersee,

EN LIEU ET PLACE DU GÉNÉRAL DE MOLTKE.

Messieurs, un corps d'armée s'efforce d'opérer sa jonction avec un autre, qui se trouve à environ trois ou quatre étapes de lui, et marche également vers le point de concentration. Il constate sur son flanc droit le voisinage très gênant d'un corps ennemi. Par suite, il appuie légèrement à gauche, pour éviter autant que possible le contact de l'adversaire et charge un détachement de la force d'une brigade mixte de veiller à la sécurité de sa marche. Telle est la situation qui est le point de départ des deux thèmes (nos 65 et 66).

La tâche imposée à la brigade, le 2 avril, est bien différente de celle qui lui incombera le 3. Le 2 avril, il s'agit de couvrir la marche du corps, et d'éviter, autant que possible, tout combat, afin que le corps ne soit pas obligé de faire front et de s'engager. Le 3 mai, la brigade a pour mission de couvrir le déploiement du corps; non seulement elle ne doit pas éviter le combat, mais elle devra le provoquer, ou du moins ne s'y soustraire en aucun cas, afin de donner au corps d'armée le temps d'achever son déploiement, et d'empêcher qu'il soit entraîné, ce jour-là, dans un combat sérieux, parce que c'est vers le soir seulement que le Ier corps d'armée pourra entrer en ligne.

Si l'on considère le terrain, on trouve que le IIe corps d'armée est séparé de l'ennemi par la *Passarge*. Dans cette partie de son cours, elle n'est qu'une petite rivière assez insignifiante, qui ne constitue pas un obstacle sérieux. On peut s'en assurer facilement; il n'y a, pour cela, qu'à suivre les chemins qui aboutissent à tel ou tel point de la rivière et se prolongent sur la rive opposée, indiquant ainsi des gués. En principe, il n'est pas facile à un détachement d'un effectif si faible de couvrir le cours d'une rivière sur une si grande longueur; de plus, l'orientation de la *Passarge* ne s'y prête pas : à partir du *Mahrung-See*, elle coule vers la droite et se rapproche ainsi de l'ennemi. Celui-ci pourrait franchir la rivière, avant qu'on soit en mesure de s'y opposer. Ce qui ressort clairement sur la carte, c'est la série d'étangs formée par l'*Eissing-See*, le *Mahrung-See* et le *Narien-See*, qui sont orientés parallèlement au cours de la *Passarge* et à la direction suivie par le corps d'armée. Ces étangs couvrent le flanc droit du corps; entre eux, il n'existe que deux défilés. Il s'agira donc, pour le détachement, de les barrer tous deux à l'ennemi. La plupart de ces messieurs ont touché juste, en accordant le plus d'importance au défilé de *Locken*. Ils se sont efforcés d'y prendre position, d'y attendre tout d'abord l'ennemi, pour continuer ensuite leur marche, après un certain laps de temps. Cependant, le défilé entre le *Mahrung-See* et le *Narien-See* a également son importance. Beaucoup de ces messieurs l'ont un peu perdu de vue. L'ennemi peut tout aussi bien prendre l'offensive par là que plus au sud. Nous ne savions pas où était l'ennemi. Dans le thème, on le suppose à *Allenstein*. Rien ne prouve que ce renseignement soit encore exact; l'ennemi peut s'être rapproché, avoir marché sur *Deppen* et y avoir jeté des ponts; il se peut qu'il débouche de ce côté, ou plus en amont.

Je vais examiner maintenant les dispositions prises le 1er avril, au soir. C'est à dessein que je commence par là, et vous allez le voir. Bien que nous n'ayons pas eu la même tâche à remplir, le 1er et le 2 avril, il y avait cependant lieu de comprendre, dans une seule et même discussion, les opérations de ces deux journées; car elles sont intimement liées entre elles. Habituez-vous, messieurs, en prenant vos mesures pour la soirée, à envisager en même temps celles pour le jour suivant. En choisissant les emplacements pour la nuit, on doit se préoccuper de gagner du temps et de l'espace pour la marche du lendemain.

Si ces messieurs étaient partis de là, ils auraient, sans doute, choisi leurs bivouacs plus en arrière qu'ils ne l'ont fait. L'endroit le plus convenable, à cet effet, se trouve entre le *Langguther See* et le *Lobe-See*. Dans notre cas, il ne peut être question d'autre chose que d'un bivouac; car nous nous trouvons à proximité de l'ennemi, et nous ne sommes arrivés que tard dans la soirée au bout de notre étape. Si nous voulions encore nous installer au cantonnement, nous perdrions, d'une part, le peu de temps qui nous reste avant la nuit, et, d'autre part, le rassemblement du détachement demanderait beaucoup de temps le lendemain, de sorte que les troupes se reposeraient moins au cantonnement qu'au bivouac. Sans doute, il n'y a pas de plaisir à bivouaquer dans la Prusse orientale, le 1er avril. La carte est en partie peu lisible, et il se peut que cette circonstance ait été une source de difficultés pour beaucoup d'entre vous; le cours de la *Passarge*, à travers le *Langguther See*, en particulier, n'est pas facile à retrouver du premier coup.

Nous voici arrivés à *Langguth* avec l'intention de continuer notre marche le lendemain. Il nous faudra donc franchir la *Passarge* à la *Langguther Mühle*, et mettre cet obstacle entre nous et l'ennemi, de façon à simplifier considérablement nos mesures de sécurité. Une partie de ces messieurs ont choisi un bivouac au sud de *Langguth*, et beaucoup d'entre eux ont adopté des cantonnements très étendus. Le meilleur emplacement se trouve, en tout cas, entre les deux étangs; si le bivouac s'étend jusqu'à *Lobkeim*, on pourra y comprendre ce village. En ce qui concerne le service de sûreté, il suffirait presque d'occuper la *Langguther Mühle*. Il sera bon, cependant, de pousser les avant-postes plus loin, pour être bien certain de pouvoir déboucher dans tous les cas. Pour le placement des avant-postes, l'ancien cours de la *Passarge* me paraît tout indiqué. Si l'on pousse de ce côté environ deux compagnies, auxquelles on adjoindra quelques cavaliers pour la transmission des renseignements, et si l'on fait occuper la *Langguther Mühle* par une compagnie, on aura fait tout le nécessaire. Beaucoup de ces messieurs sont allés trop loin dans la fixation de l'effectif des avant-postes; il y en a qui sont allés jusqu'au tiers de l'effectif total. C'est bon aux manœuvres. Là, nous voulons, autant que possible, exercer toutes nos troupes au service de sûreté; c'est pourquoi il est dit dans les instructions que, dans les manœuvres des unités opérant isolément, un tiers de l'effectif y sera employé. A la guerre, il faut tâcher d'assurer ce service avec le moins de monde possible ; car les fractions aux avant-postes ne se reposent pas la nuit. Moins il y en aura, mieux cela vaudra. Dans notre cas, trois compagnies et quelques cavaliers, suffiront amplement. Or, on a affecté beaucoup de cavalerie aux avant-postes. Il n'y a aucune raison pour cela. La cavalerie, elle aussi, a besoin de se reposer. On a également envoyé de la cavalerie en reconnaissance le soir même. Figurez-vous des patrouilles parcourant, la nuit, un pareil terrain; si elles sont accueillies par des coups de fusil au coin d'un bois quelconque, elles feront demi-tour, et nous n'en saurons pas plus qu'auparavant. Laissez-les donc se reposer. Le service de découverte demande à être fait au grand jour.

Certains officiers sont encore allés plus loin, en ce qui concerne les mesures pour la soirée. Dans beaucoup de travaux on a attaché une grande importance au défilé de *Pulfnick*, et on s'est efforcé d'y arriver le soir même pour l'occuper. Le texte du thème où il est dit : « Il envoie un détachement qui, après une longue marche exécutée sur des chemins de terre, etc.. etc. » (Thème 65), signifie que les troupes sont fatiguées et ont besoin de repos ; il ne peut donc être question d'autres mouvements. Il ne faut même pas aller jusqu'à *Locken*. Donnez aujourd'hui du repos à vos troupes, et repartez demain matin de bonne heure. Il n'y a pas lieu d'admettre que l'ennemi vous devance ; ses patrouilles ont rétrogradé sur *Alt-Schöneberg*, et il n'aime pas à marcher la nuit.

On a également ordonné de détruire des ponts le soir même, en particulier celui de *Pulfnick*. On n'a pas fait attention qu'à côté de ce pont, il y a deux gués. A quoi bon cette destruction? En outre, la compagnie de pionniers a été envoyée seule par monts et par vaux, pendant la nuit, avec mission de détruire des ponts. Ce n'est pas admissible. Jusqu'à la cavalerie, à qui on n'a pas épargné la corvée de détruire des ponts! D'abord, la cavalerie, en général, n'en a pas les moyens; car on ne sait pas si les ponts sont de pierre ou de bois. Toutes ces dispositions sont faciles à prendre sur le papier; mais, dans la réalité, il est rare qu'on puisse les exécuter.

Résumons donc les dispositions à prendre dans la soirée. Voici ce que je propose : Passage de la rivière à *Langguther Mühle*, occupation d'un bivouac choisi convenablement entre *Lobe-See* et *Langguther See*, service de sûreté assuré par trois compagnies au plus; quant au reste, repos.

Le lendemain matin, il faudra évidemment partir de bonne heure. Nous sommes au 1er avril, aux environs de l'équinoxe du printemps; le soleil se lève à 5 h. 38; vers 5 heures, il commence à faire jour. Une marche qui commencerait plus tôt serait donc une véritable marche de nuit. Je proposerais donc de partir à 6 heures; il fera jour depuis une heure; les troupes auront le temps de se reconnaître et de faire la soupe ou le café; seules, les armes montées seront réveillées un peu de meilleure heure.

Il s'agira d'atteindre de bonne heure le défilé entre *Eissing-See* et *Mahrung-See*, pour y barrer la route à l'ennemi. Ce défilé communique avec le passage de la *Passarge*, à *Pulfnick*. Plusieurs de ces messieurs ont mis ce dernier point en état de défense; cependant le terrain ne s'y prête pas, attendu que, sur sa rive droite, la *Passarge* est bordée d'une forêt. On n'est pas en situation de constater la marche d'approche de l'ennemi, qui peut arriver jusqu'au bord de la rivière sans être inquiété. On y est en outre assez gêné et, en occupant ce point, on a un défilé peu commode derrière soi. N'en parlons plus, nous serons mieux placés et mieux groupés sur le plateau de *Locken*, avec la dépression et les étangs devant nous. Prenez, messieurs, la résolution d'y attendre l'ennemi, et vous aurez, à mon avis, touché juste.

Mais il faudra y arriver de bonne heure. C'est pourquoi

quelques-uns de ces messieurs se sont fait précéder par de la cavalerie, et lui ont fait prendre aussitôt position en cet endroit. Mais personne ne s'est décidé à adjoindre de l'artillerie à cette cavalerie. C'est une idée courante que l'artillerie à cheval peut seule suivre la cavalerie. Il n'en est rien cependant : l'artillerie de campagne le peut tout aussi bien. L'utilisation de l'artillerie a, dans notre cas, une grande importance; car il s'agit pour nous d'arrêter l'ennemi. S'il n'y a là que quelques escadrons, combattant peut-être à pied, l'ennemi s'avancera hardiment, du moment qu'il aura seulement reçu des coups de carabine, et il est bien douteux qu'on puisse l'arrêter longtemps. Or supposez maintenant que cette cavalerie soit accompagnée d'artillerie, vous pourrez lancer des obus sur l'ennemi, dès qu'il aura franchi le pont de *Pulfnick*. L'ennemi sera obligé de s'arrêter; il ne s'avancera pas à l'étourdie; mais il s'éclairera tout d'abord. Nous aurons ainsi un certain délai, et c'est là notre but. Il faudra gagner le temps nécessaire au détachement pour arriver sur les lieux. Faites donc partir de bonne heure le régiment de dragons, en lui faisant allonger l'allure, et adjoignez-lui une batterie. Le régiment prendra position derrière la série d'étangs, l'artillerie se mettra en batterie, et on attendra ainsi l'ennemi.

Le détachement lui-même se mettra en route sans se fractionner davantage; car le régiment de dragons constitue son avant-garde. Il n'est pas non plus nécessaire de désigner une arrière-garde; celle-ci se constituera d'elle-même, au moyen des fractions aux avant-postes qui fermeront la marche, à distance convenable. Faites donc marcher le détachement, à rangs serrés, en une seule colonne, sur la grande route, les deux batteries derrière le bataillon de tête, les divers éléments serrant bien les uns sur les autres. Quelques-uns de ces messieurs ont laissé, pendant un certain temps encore, des troupes à *Langguth*. Cette mesure n'a pas sa raison d'être; il ne faut pas non plus s'arrêter à cette considération, que l'ennemi pourrait s'avancer par *Langguth*. S'il le faisait, il n'y aurait qu'à le laisser venir; car il ne rencontrerait que la queue du corps, qui s'est fait précéder de ses convois. Si l'ennemi se heurte à notre arrière-garde, rien de mieux; il nous poussera là où nous voulons aller. Il n'y a pas lieu, en ce cas, de lui mettre des bâtons dans les roues. S'il constate notre présence à *Locken*, il ne s'avancera même pas de ce côté; il sera obligé alors de détacher une flanc-garde, pour ne pas être arrêté dans sa marche.

De même qu'il importe d'avoir des troupes au défilé de *Locken*, il est nécessaire de montrer à temps des troupes entre les deux autres étangs, soit à l'est de *Horn*. Dès que la tête du détachement arrivera à *Locken*, il sera bon de lancer une partie de la cavalerie et de l'artillerie plus en avant, pour faire face à l'ennemi du côté de *Horn*. Prenez environ deux escadrons et deux pièces; ils pourront jouer le même rôle que ceux qui avaient précédé le détachement à *Locken*. Cette démonstration, bien qu'elle n'assure pas une protection absolue, produira quand même l'effet désiré.

Il nous reste à savoir combien de temps on stationnera devant les défilés. Beaucoup de ces messieurs ont fait, à cet effet, un calcul reconnu exact pour la plupart d'entre eux; mais pour savoir à chaque instant, sans se tromper, où se trouve le corps, il ne faut pas cesser d'être en communication avec lui. C'est là-dessus qu'il faudra se baser, pour porter le détachement du défilé de *Locken* sur celui de *Horn*.

Outre ces mesures, il sera cependant nécessaire de s'éclairer plus en avant du côté de l'ennemi. Quelques patrouilles suffiront certainement à cet effet. Plusieurs de ces messieurs ont lancé tout le régiment de dragons en avant; d'autres, quelques escadrons seulement. Je proposerais de n'envoyer que des patrouilles, auxquelles on désignerait *Seubersdorf* comme objectif. Tout d'abord, il faudra évidemment s'éclairer du côté d'*Alt-Schöneberg*. Ces patrouilles resteront un certain temps sur le terrain en avant, pour observer la marche de l'ennemi. S'il est constaté que l'ennemi passe ce jour-là la *Passarge* à *Kallisten* ou en amont de ce point, le détachement stationnant à *Locken* aura bien le temps de lui barrer la route à *Horn*. S'il franchit la rivière à *Pulfnick* et se porte sur *Locken*, la résistance, qu'on lui opposera, dépendra de l'effectif des forces adverses. Le terrain se prête beaucoup à un combat d'arrière-garde. Pour commencer, on évacuera la première position, afin de rétrograder d'abord derrière le *Lockener Fliess* (ruisseau de *Locken*) et ensuite sur *Eckersdorf*. Partout on trouvera de quoi appuyer ses flancs; on ne risquera pas d'être tourné et, quoi qu'il arrive, on sera certain de pouvoir se retirer lentement.

Quelques-uns de ces messieurs ont tenu compte du défilé de *Gross-Hermenau*. Ce défilé est sur la route de marche du corps; il n'y a donc pas lieu de le prendre en considération dans ce travail. Si d'autres de ces messieurs ont résolu de déboucher de *Langguth*, pour marcher à la rencontre de l'ennemi, c'est une faute; car il est dit dans le thème : « de ne pas combattre sans nécessité absolue ».

Or la journée s'est écoulée sans que le détachement ait été attaqué à *Locken* ou à *Horn*. Le corps d'armée a exécuté sa marche sur *Mohrungen*. Le 3 avril, il veut marcher sur *Liebstadt*, et le détachement devra de nouveau le côtoyer sur sa droite. Les patrouilles constatent, au matin, que l'ennemi, en force considérable, s'est porté sur *Deppen*, et qu'il bivouaque à *Schlitt*. Après le départ du détachement, qui s'est mis en route de bonne heure, et pendant sa marche sur *Herzogswalde*, de nouveaux renseignements arrivent. On apprend que l'ennemi se dispose à franchir la *Passarge* à *Deppen*. Des deux côtés du pont qui y existe déjà, il en construit d'autres; c'est une preuve qu'il veut jeter des forces importantes sur l'autre rive.

D'après le thème, le détachement était alors arrivé à

Herzogswalde, et avait fait occuper le *Ponarien-Wald* par le bataillon de chasseurs. Le thème ne dit pas où se trouvait alors la cavalerie. Cependant, si ces messieurs veulent bien se pénétrer de la situation, ils reconnaîtront que la place de la cavalerie est sur le flanc droit. J'aurais donc envoyé tout le régiment de cavalerie sur les hauteurs de *Seubersdorf*, d'où l'on peut observer l'ennemi ; éventuellement il pourra se porter encore plus loin, du côté de *Waltersdorf*. Il nous importe d'empêcher, autant que possible, l'ennemi de voir ce qui se passe chez nous. Le corps d'armée doit se déployer à *Liebstadt*. Si des patrouilles ennemies réussissent à s'avancer jusqu'à hauteur de *Banners*, elles pourront observer ce mouvement. C'est là ce qu'il faut empêcher. Il faudra donc donner au régiment de cavalerie l'ordre de s'avancer sur *Seubersdorf*, de gagner des points convenables, d'où il puisse surveiller l'ennemi et découvrir la direction de sa marche, de masquer en même temps nos propres mouvements, et d'empêcher, à cet effet, la cavalerie ennemie de se porter sur *Banners*.

L'ennemi ne pourra se porter en avant que dans la zone entre la *Passarge* et la série des grands étangs. La largeur de cette bande de terrain dépasse 7 kilomètres ; elle est partagée en deux secteurs par le petit chapelet d'étangs, qu'on rencontre de *Waltersdorf* au *Wuchsnig-See*. Dans chacun de ces secteurs, il y a une espèce de dos de pays, dont les déclivités sont orientées du côté des chapelets d'étangs et de la *Passarge*. C'est l'idée que je me fais à peu près de ce terrain ; en tout cas, la route de *Waltersdorf — Liebstadt* suit la crête du secteur est. Le thème nous apprend que le détachement est resté sans ordres. Tout ce qu'il sait, c'est que le corps, dont la tête est arrivée à 10 heures à *Liebstadt*, doit se déployer en cet endroit, et y attendre le Ier corps, qui arrive de *Wormditt*, en longeant l'autre rive de la *Passarge*, mais ne peut atteindre *Schwenkitten* que vers le soir. La distance de *Kallisten* à *Liebstadt* est d'environ 11 kilomètres. Les renseignements reçus démontrent que l'ennemi a franchi la *Passarge* à 10 heures, et s'est déployé des deux côtés de la route de *Waltersdorf*. Si l'ennemi peut s'avancer sans être inquiété, il est certain qu'il atteindra le corps entre midi et une heure. Il l'obligera à livrer bataille ou à se retirer. Il appartiendra au détachement d'écarter le danger que la marche de l'ennemi fait courir au IIe corps.

Le détachement devra donc se résoudre à combattre isolément. Il nous reste à savoir dans quelles conditions il engagera la lutte. Comme nous l'avons vu, le terrain est partagé en deux secteurs par un chapelet de petits étangs. L'ennemi peut les longer à droite ou à gauche, ou bien, il peut diviser ses forces et s'avancer dans les deux secteurs. S'il calcule juste, il doit tâcher d'atteindre le corps d'armée le plus tôt possible, pour le rejeter dans une direction qui l'empêche d'opérer sa jonction avec le Ier corps. Cette considération le portera à s'avancer dans le secteur de droite. En ce cas, il rencontrera l'aile gauche du IIe corps et il y a des chances pour qu'il le coupe de la *Passarge*. Comment le détachement pourra-t-il déjouer les projets de l'ennemi ? Il est en position à *Herzogswalde*. La carte est extrêmement difficile à lire, et elle ne permet pas de se faire une idée exacte du terrain. Moi-même, j'ai mis beaucoup de temps à y voir clair. J'estime que la partie sud de *Herzogswalde* est dans un bas-fond, et que dans la partie nord le terrain remonte légèrement. Au sud, *Herzogswalde* est dominé par des hauteurs. Les collines entre *Herzogswalde* et le *Wuchsning-See* présentent un ensemble très complexe. On trouve de ce côté un certain nombre de mamelons, séparés par des dépressions irrégulières, dont une partie sont profondes. Du côté des bois, dont la partie ouest porte le nom de *Ponarien-Forst*, le terrain descend d'abord en pente douce ; puis il remonte pour redescendre vers l'ancien étang de *Bergling-See*, qui a été desséché. Bref, le terrain est ondulé, mais ces ondulations sont orientées dans différentes directions, et on peut les utiliser difficilement. Comme point saillant du terrain, à signaler la hauteur du *Teufels-Berg*, qui domine sensiblement tout le reste du terrain ; elle est attenante à une sorte de plateau nettement délimité, qui me semble être, dans une certaine mesure, une bonne position pour le détachement. Sans doute, cette position aurait devant elle une zone boisée, et on peut se demander s'il faut la comprendre ou non dans le terrain à défendre. Quant à moi, je ne le ferais pas ; elle offre pour nous le grand avantage de nous soustraire en partie aux vues de l'ennemi. Imaginez-vous que le détachement ait pris position sur le plateau, au sud de *Herzogswalde*. En ce cas, l'ennemi marchant sur la grande route pourra difficilement le négliger. Il s'exposerait à être pris en flanc. En outre, le terrain entre la *Passarge* et le petit chapelet d'étangs est assez étroit et à peine suffisant, pour le déploiement d'un corps d'armée.

L'ennemi pourrait également se décider à s'avancer par le plateau de gauche, et à attaquer le détachement. En agissant ainsi, il nous servirait à souhait ; il cesserait de prendre le corps pour objectif et, pour ce jour-là, il lui faudrait renoncer à l'attaquer ; car nous serions en droit d'espérer gagner un temps considérable. Le détachement serait obligé, en ce cas, de livrer combat et, s'il était repoussé par l'ennemi, de rétrograder sur *Alt-Bolitten*, pour prolonger, de ce côté, l'aile droite du corps d'armée.

Il est probable que l'ennemi n'adoptera aucune des solutions dont nous avons indiqué la possibilité jusqu'ici ; mais il essaiera de s'avancer par les deux secteurs. Il sera alors obligé de se fractionner, et d'attaquer quand même le détachement ; car il ne peut en aucune façon dépasser *Banners*, aussi longtemps que le détachement stationnera à *Herzogswalde*. En occupant ce point, on assurera, dans tous les cas, le déploiement du corps d'armée, et on gagnera assez de temps pour retarder, jusqu'au soir, le moment où l'ennemi pourra marcher à l'attaque.

D'une façon générale, ces messieurs ont bien compris la situation dans ses grandes lignes. Il y a eu cependant des divergences à propos du choix de la position, sur laquelle on veut attendre l'ennemi. Quelques-uns de ces messieurs s'avancent jusqu'à la lisière de la zone boisée, pour y attendre l'adversaire. Messieurs, cette lisière a une longueur de 5 kilomètres ; elle est donc beaucoup trop étendue. Chez une partie d'entre vous, on voit percer le désir d'attirer particulièrement l'attention de l'ennemi. Celui-ci ne s'avancera pas sans s'éclairer. S'il apprend qu'il y a sur ses flancs une troupe quelconque, il va de soi qu'il devra chercher à en reconnaître la force. Il ne sera pas bien nécessaire d'user de moyens particuliers, pour éveiller son attention. D'autres de ces messieurs ont poussé les choses encore plus loin, et ont proposé des mouvements offensifs, brusques et de courte durée. Ce sont des procédés qui ne me paraissent pas très logiques. En agissant ainsi, ces messieurs s'éloigneront beaucoup trop du corps d'armée, et ils courront le risque que l'ennemi se jette sur eux et les anéantisse. Quoi qu'il puisse arriver, la retraite devra s'effectuer du côté de l'aile droite du corps. Quelques-uns de ces messieurs ont désigné *Liebstadt* comme point de direction, en cas de retraite ; cela ne me paraît pas judicieux. Nous devons démasquer le front du corps, sans quoi il ne pourra peut-être même pas nous recueillir, et nous l'exposerions à être attaqué le jour même.

Dans beaucoup de travaux, on a souvent négligé de parler du régiment de dragons. Celui-ci se trouvait à *Seubersdorf* ou à *Waltersdorf*. Ce qu'il aura de mieux à faire, c'est de rétrograder par la grande route, et de rejoindre le détachement, en contournant le *Wuchsnig-See* par le nord. Il n'est pas probable que, dans un combat, on puisse l'utiliser. Mais, placé à *Waltersdorf*, il est en mesure de surveiller la marche d'approche de l'ennemi; il empêchera en même temps l'adversaire de s'éclairer en aval de la *Passarge*, et de voir clair dans notre situation.

D'après tout cela, résumons encore une fois la solution donnée par le Maréchal.

POUR LA SOIRÉE DU 1er.

Bivouac entre le *Langguther See* et le *Lobe-See*, avec un petit service de sûreté.

POUR LA SOIRÉE DU 2.

Départ matinal (6 heures); pousser en avant, sur le défilé de *Locken*, le régiment de dragons avec une batterie; occuper ultérieurement cette position avec le gros du détachement; envoyer deux escadrons et deux pièces sur *Horn;* s'éclairer ensuite en avant et attendre, jusqu'à ce que la situation de l'ennemi soit tirée au clair; porter éventuellement le détachement sur *Horn*.

POUR LA SOIRÉE DU 3.

S'éclairer du côté de *Deppen*. Position du détachement un peu au sud de *Herzogswalde*, où il attendra l'attaque directe de l'ennemi.

Si l'ennemi devait commettre la faute de ne s'avancer que par la grande route, tenter alors une attaque contre son flanc gauche. A mon avis, la meilleure direction à prendre à cet effet, c'est de contourner le *Wuchsnig-See* par le nord. Si l'ennemi n'attaquait le détachement qu'avec une faible partie de ses forces, celui-ci lui opposerait également une petite partie des siennes, et se jetterait avec le reste sur le flanc gauche de l'ennemi. Si le détachement est repoussé, retraite vers l'aile droite du corps d'armée. En considérant les distances et les heures de la journée, on peut compter sûrement que l'ennemi ne réussira pas, ce jour-là, à engager le IIe corps dans une bataille.

D'une manière générale, je puis dire que les officiers ont bien saisi la question, et que la plupart d'entre vous l'ont développée avec clarté. Il importe moins au Maréchal que vos idées concordent exactement avec les siennes, que de vous voir motiver vos résolutions d'une manière claire et nette. Il y a peu de ces messieurs dont on puisse dire qu'ils ont été complètement à côté de la question.

Paris. — Imprimerie L. Baudoin, 2, rue Christine.

Paris. — Imprimerie L. Baudoin, 2, rue Christine.

www.ingramcontent.com/pod-product-compliance
Lightning Source LLC
Chambersburg PA
CBHW050510270326
41927CB00009B/1978
* 9 7 8 2 0 1 3 7 4 1 3 9 2 *